赛达破产法丛书

总主编 李曙光

实务系列

影子银行监管

国际经验与中国问题研究

封延会 贾晓燕 著

YINGZI YINHANG JIANGUAN

GUOJI JINGYAN YU ZHONGGUO WENTI YANJIU

法律出版社 LAW PRESS · CHINA | 北京

图书在版编目(CIP)数据

影子银行监管 : 国际经验与中国问题研究 / 封延会, 贾晓燕著. -- 北京 : 法律出版社, 2024
(赛达破产法丛书 / 李曙光总主编)
ISBN 978 - 7 - 5197 - 7404 - 2

Ⅰ. ①影… Ⅱ. ①封… ②贾… Ⅲ. ①非银行金融机构 - 金融监管 - 研究 - 中国 Ⅳ. ①F832.39

中国版本图书馆 CIP 数据核字(2022)第 238072 号

影子银行监管:国际经验与中国问题研究
YINGZI YINHANG JIANGUAN:GUOJI JINGYAN YU ZHONGGUO WENTI YANJIU

封延会 贾晓燕 著

责任编辑 肖 越 魏艳丽
装帧设计 汪奇峰

出版发行 法律出版社
编辑统筹 法商出版分社
责任校对 王 丰 郭艳萍
责任印制 胡晓雅
经 销 新华书店

开本 710 毫米×1000 毫米 1/16
印张 17.75 **字数** 300 千
版本 2024 年 1 月第 1 版
印次 2024 年 1 月第 1 次印刷
印刷 北京建宏印刷有限公司

地址:北京市丰台区莲花池西里 7 号(100073)
网址:www.lawpress.com.cn
投稿邮箱:info@lawpress.com.cn
举报盗版邮箱:jbwq@lawpress.com.cn

销售电话:010 - 83938349
客服电话:010 - 83938350
咨询电话:010 - 63939796

书号:ISBN 978 - 7 - 5197 - 7404 - 2 **定价**:68.00 元
凡购买本社图书,如有印装错误,我社负责退换。电话:010 - 83938349

“赛达破产法丛书”总序

李曙光

2012年10月,国际破产协会(INSOL)年会在荷兰海牙召开。我携弟子张钦昱与会,并在会后与当时在荷兰马斯特里赫特大学留学的另一名学生陈夏红会合,三人结伴同游伊比利亚半岛。当航班在里斯本波尔特拉机场降落,我们一行在机场大厅寻找出口,不期然间,看到一个与英文 exit 并列的葡萄牙语单词:Saída。这是我们认识的第一个葡萄牙语词汇,显而易见,它就是出口的意思。这个葡萄牙语单词,拼写和发音都近乎汉语拼音,我们一下就记住了。我一直在为自2008年5月创建的足球队寻找一个合适的正式队名,随着葡萄牙、西班牙的旅程次第展开,我们一路聊着足球,突来灵感,Saída,配上“赛达”的汉语音译,不就是我们需要的足球队队名吗?真是“踏破铁鞋无觅处,得来全不费工夫”。

足球,作为一种最受人们喜爱的游戏,以其符合人性的天真自由的理念与严谨公平的规则成为最好的市场经济模拟。所有的类足球运动游戏与市场经济,实际上都不能缺了“出口”。市场经济的“出口”就是市场退出,就是“破产”。

Saída——“赛达”的内涵是丰富的:

“赛”,可以理解成比赛、竞赛。市场经济是一套理想的经济交易与选择体系,也是一种竞争性游戏。这种游戏的魅力在于它是一种自由的比赛,一群自由的企业,一群自由的组织,一群自由的个人,可以自由选择参与其中的竞赛,也是一种充斥专业活力与创意冒险的竞争。

“赛”,也可以理解为赛道或者规则。自由也有天花板,市场经济自由竞争是在规则支撑下的有序竞争、良性竞争。要实现市场经济自由竞争的理想,公平竞争的规则不可缺位,优胜劣汰的淘汰机制则是游戏吸引力的题中应有之义。

市场经济中任何自由的企业与个人,一方面要努力工作,创新冒险,去赢得竞赛;另一方面,也必须接受失利失败的可能。足球比赛与市场经济的压力与残酷性也表现在这方面。而这一点,恰恰是破产,这个文明社会法治框架下主体退出的商业安排,对这种压力与残酷性能提供一个最好的 Saída。

“达”,可以解释成到达、抵达。在足球世界中,球员参与比赛的目的就是去赢得比赛,要赢得比赛,必须要有球技与体能作基础,这是参与一项竞争运动的门槛与前提。在市场经济中,任何市场主体参与竞争,也是有行业门槛与合理目标的,为了抵达这个目标,市场主体需要专业能力,需要卧薪尝胆,需要殚精竭虑。恰当的目标,能够激发每一个市场主体的创造力,能够为市场主体提供绵延不绝的驱动力,能够延续市场主体基业长青的生命力。反之,因各种因素,市场竞争失败,则要及时止损,有序破产清算退出,以待来日东山再起。

“达”,也可以理解成通达、练达。球员在球场上要眼观六路,耳听八方,要有大局意识,球能传递出去。不仅要对自己的位置自负其责,而且要有补位意识。一个失球,虽可能是队友犯错引发的,但能补位而未补,则导致整个球队的失败。市场经济更是充满竞争,危机四伏,危中有机,机中藏危。主体视野开阔,具有大局观与系统思维,不能本位主义,更不能团队如散沙。市场主体也需要具有“世事洞明皆学问、人情练达即文章”的圆润。唯其如此,才能在波诡云谲的市场竞争中,立于不败之地。即便遇到挫折,陷入困境,也可即时重整,采取有效的拯救措施,转危为机。

无论如何,Saída——“赛达”与破产法是非常契合的。破产法作为市场经济的基本法,关注和研究的就是市场主体的“出口”问题。破产法的制度与程序设计,无论是破产清算后彻底退出市场,还是重整与和解后重新焕发活力,无非为陷入困境的市场主体提供各种各样的“出口”,为充满无限可能的市场主体寻找出路。Saída——“赛达”,通过公正公平的竞赛而达到,通过自由开放的出口而到达,这不正是破产法的内在精神吗?

中国破产法的实施恰逢中国传统经济结构性调整以及国际贸易大变局时期。如何应对这一经济与国际贸易大变局,面对经济结构调整如潮涌来的大挑战,对世界范围内的破产法理论与中国破产重组前沿问题的研究就显得尤为必要。为进一步整合中国破产法理论界与实务界研究力量,法律出版社法商分社社长薛晗提议将国内同行的优秀作品汇集成中国政法大学破产法与企业重组研究中心出品的精品丛书,我欣然同意,并力主将丛书命名为“赛达破产法丛书”。

我希望在不久的将来,“赛达破产法丛书”能够成为破产界同行阅读优质文献、分享顶级作品的平台之一。由此,感谢并期待各位同行的襄助和支持!

是为总序。

序

诺贝尔经济学获得者莫顿提出的金融功能理论认为,功能观关注金融体系需要行使哪些经济功能,然后去寻求一种最好的组织机构。机构的形式随功能而变化,即机构之间的创新和竞争最终会导致金融系统执行各项职能的效率的提高。金融功能比金融机构更稳定。影子银行体系的形成与发展为此理论作了最好的注脚。

20世纪70年代以来,西方国家金融去监管化为金融产品、金融机构和金融市场的创新创造了无与伦比的环境。影子银行最终发展成一个庞大的体系,以交易型、市场化的金融改变了以金融机构为中心的“关系型”金融;以“发起－分销”模式为代表的证券化,一方面为市场创造了除美国国债之外另一种3A级的抵押品,另一方面,又将货币市场基金、商业银行、证券公司、住房抵押贷款机构、保险公司连接为一个整体。

证券化过程中的道德风险损害了金融产品的质量,金融产品的高度复杂化使之偏离了定价基础,交易型的金融对流动性的高度依赖造成了体系的脆弱,金融机构之间的高度关联便利了风险的传导。研究影子银行体系的构成和作用机制是构建新的监管政策的基础。

危机后加强影子银行的监管成为国际金融监管协调与国内金融改革的重要方面。但发达国家金融改革更多地分析影子银行的内在缺陷,采取有针对性的监管措施。金融创新与金融监管的博弈是金融发展的不竭动力。影子银行带来的变革如此深刻,使金融体系永远不可能再回到过去。

中国影子银行的发展、构成、特点要考虑中国金融市场发展的特定阶段,考虑中国金融监管体制。由于严格的金融管制,影子银行主要表现为原有金融体系的“跑冒滴漏”,表现为对原有管制的逃逸。因此与国外影子银行不同,在中国官方的语境中,影子银行被污名化。诚然,在防范和化解金融风险的背景下,对影子银行进行规范甚至是取缔具有天然的正当性。但这显然不是问题的答案。

2008年金融危机爆发被视为延宕近40年的新自由主义的终结。距离危机已过去十余载,在西方发达经济体中影子银行早已恢复了昔日的规模。金融是一个法律密集型的领域,特别是债的制度和规则。在中国,完善金融立法,包括建立金融机构破产制度,推动金融深化和金融市场化才是我们的方向。

我是怀着悲伤、遗憾与纪念的心情来写这篇序的。当此书付梓之际,第一作者也是我指导的博士封延会副教授已经离世一周年。延会在2022年12月22日,也是疫情在中国最肆虐之际,突发疾病不幸离开了我们,时年45岁。延会是位极具内秀才华又极有恒心和极其刻苦的人。他身上有太多让人记忆深刻难以忘怀的故事。2005年5月,他就报考我的博士,但是一击不中,第二年再考又失利了。那时候考博竞争太激烈。一般情况下,两年考不上博,多数人就退出了。但延会矢志不渝,连考五年,终于在2010年得偿所愿,考入法大,与王海明、刘颖一起进入我门下学习。正因为如此经历,我们师生之间形成了一种非常特别的感情,他对我恭敬从命有加,深度参与了我的教育部重大攻关项目国有资产法律保护机制研究等课题。他与夫人贾晓燕伉俪情深,博士毕业后返回山东理工大学任教。虽然人在淄博,但延会心系北京,经常来京参加我的课题会、学术沙龙与同门各种活动,经常是带着闺女玫君全家一起出动,每次来京必第一时间来看我,恭邀我餐聚。他乐于助人,与同学同门关系情谊深厚,互动甚密,他与夫人还专程接我去山东理工大学法学院作学术讲座。

人生无常,学术思想常青。延会早在博士读书阶段就敏锐捕捉到影子银行的监管问题,并将其作为博士论文的选题。当时,这个选题非常前沿,影子银行问题在中国只是暗流涌动,但是延会写得很专业、很精彩,对影子银行本身及其监管的诸方面进行了透彻的阐述。近年来,我一直建议他出版这本书,一年多前他也终于与夫人贾晓燕一起把此书修改完毕,交付出版社,并嘱我写序。我因俗事繁杂,暂未顾及,未曾想延会竟不期撒手归云,没有看到此书出版,真是一大憾事。感谢门下弟子薛晗社长,不仅精心编辑此书,而且持续督促我完成此序。在此书即将付梓之际,怀着悲喜之情,与延会聊会儿天,写了这些文字,以告慰延会。是为序。

李曙光于蓟门法大

2023年冬月

前　　言

金融危机之后，对危机根源的探究成为学界研究的热点。反思与研究从不同的角度展开，不同视角下(政治、经济、金融、法律)得出的结论差异巨大。但从金融领域来看，影子银行体系的生成与过度发展导致了金融产品、金融结构和金融体系的全面变化，并因此使原有的金融监管面临挑战或部分失效才是危机爆发的根本原因。对影子银行的风险及其监管问题的研究成为监管部门、业界和学界关注的焦点。以危机为契机，从经济法学的视角研究影子银行监管问题对完善我国金融体系、保障金融稳定具有重要意义。总体上本书分为七个部分：

首先是导论。本部分阐述了本书写作的背景和意义、研究现状和文章的主要内容与主要创新。重点是分析学界对影子银行问题的研究状况。总体而言，对影子银行问题的研究在2009年之后才刚刚开始。早期国外对这一问题的研究是结合对金融危机的分析而展开的，对影子银行体系在金融危机中的作用、运行机制、风险与监管问题都广泛涉及。而国内也很快注意到影子银行的问题，并给予了较多的关注。但法学领域的分析几乎处于空白，从经济法的角度审视影子银行的监管问题对于完善这一领域的研究具有重要意义。

第一章研究影子银行体系内涵、功能与结构。影子银行这一概念在金融危机后才被媒体和公众广泛使用，将其从一个媒体名词转化为一个具有普遍共识的学术概念，精确地界定其范围，明确其监管政策并不是一件简单的事情。虽然影子银行体系中的实体早已存在，如投资银行、货币市场基金、商业票据、证券回购、证券化、金融衍生品等，但影子银行作为一个信用中介链条，运用特有的工具(如证券化、特殊目的实体)，形成了有别于传统银行的商业模式，并实现了"类银行"的期限转换、信用转换等功能，这却是一件全新的事情。本书基本认同金融稳定理事会对影子银行的界定：游离在常规银行体系之外的承担信用中介职能的机构和行为的体系。当然，具体构成要结合各国银行部门和金融体系的机构和监管状况来分析。本章从影子银行与传统银行体系的横向比较中分析影子银行如何部分实现了银行的功能,并复刻了其风险。在纵向比较中观察分析影子银行的业务链条,各主体使用的金融工具和其运作的基本特点。

第二章是对影子银行体系的理论阐释。20 世纪 70 年代以后,新自由主义开始从理论走向政策实践,金融去监管化成为其经济政策的重要组成部分。而明斯基提出了金融不稳定理论,对金融市场和金融创新的发展趋势做了极富洞察力的研究,指出了金融发展中所蕴藏的风险和危机的爆发。另外金融中介机构与金融市场的关系理论也是影子银行研究中应当特别关注的,毕竟与传统商业银行不同,以影子银行为代表的市场化金融有其独特的优势。这些有助于我们理解商业银行与影子银行之间既竞争也合作的关系。

第三章研究了影子银行体系的风险与监管失败。影子银行的产生与发展既延续了银行(banking)原有的风险,如由于期限错配产生的流动性风险,信用转化中导致的“挤兑”风险等,也有影子银行发展所导致的新型风险,如由于产品的高度复杂导致的金融体系的脆弱性,资本监管带来的监管套利问题,影子银行体系运作中的道德风险。监管失败是导致影子银行问题的重要原因,本章分析了影子银行体系中抵押贷款标准的监管问题,证券化的监管问题,场外衍生品的监管,机构(包括投资银行和商业银行)监管方面的问题。

第四章研究了影子银行交易结构与监管——以证券化为例。证券化首先改变了银行的业务模式,使银行从原有的关系型银行向交易型银行转变,从贷款的“发起—持有”模式转变为“发起—分销”模式。证券化将整个金融体系联结为一体,充分体现了影子银行交易型金融的特点,诸多的金融机构在其中共同发挥作用,实现了信用创造。证券化更重要的作用在于创造出了大量高等级的证券,替代或补充市场融资对合格抵押品的需求,融通便利了金融交易。证券化的发展也产生了诸多问题,如道德风险、过度证券化带来的复杂化金融产品、对系统性风险关注的不足等。

第五章是国际影子银行监管的框架设计与法律改革。加强对影子银行体系的监管是危机后各国金融监管反思的一部分。对影子银行统一的监管框架尚处于探索和形成当中。金融市场发达的国家和地区如美国、欧盟等在危机后都纷纷调整自己的监管政策、监管法律和监管体系。国际组织特别是金融稳定理事会在统一监管政策方面发挥了非常重要的作用。域外监管法律的调整对于我国影子银行监管政策的确定有很好的借鉴意义。

第六章研究了中国影子银行的特性和监管改革。由于中国金融市场所处的发展阶段和中国自身的监管安排，中国影子银行的发展具有同国外不同的表现形式。从根源上讲，影子银行的产生都是对金融管制、监管的逃逸，对税收的逃避。我国影子银行更多体现为摆脱金融管制以及民间金融的发展。另外对中国影子银行问题除从机构和实体角度进行考察之外，还应该关注其业务层面和金融体系的关联程度。本章对中国影子银行体系中的主要形式即理财产品、信托、民间金融进行了分析。它们都寻求监管套利，开展信用中介行为。对于中国影子银行的监管，应当遵循几个基本原则，即尊重金融创新、坚持市场化方向、坚持市场开放性、保持适度监管。具体的政策建议方面，我们认为当前针对影子银行问题应当从以下方面进行完善：(1)范围上，建立全面的监管；(2)注意数据和信息的收集；(3)加强监管部门之间的合作；(4)推动资产证券化进程；(5)加强信息披露；(6)制定放贷人条例；(7)制定统一的金融服务法案。

最后是本书的结论。

中英文全简称表

中文名称	英文名称	简称
金融危机调查委员会	Financial Crisis Inquiry Commission	FCIC
担保债务凭证	Collateralized Debt Obligation	CDO
金融稳定论坛	Financial Stability Forum	FSF
金融稳定理事会	Financial Stability Board	FSB
资产支持商业票据通道	Asset – Backed Commercial Paper Conduits	
结构化投资工具	Structured Investment Vehicle	SIV
资产支持商业票据	Asset – Backed Commercial Paper	ABCP
货币市场共同基金	Money – Market Mutual Funds	MMF
拍卖利率优先股	Auction Rate Preferred Stock	ARPS
拍卖利率证券	Auction Rate Securities	ARS
《社区再投资法案》	Community Reinvestment Act	CRA
联邦国家抵押协会	Federal National Mortgage Association	FNMA
房地美	Federal Home Loan Mortgage Corporation	FHLMC
政府支持企业	Government – Sponsored Enterprise	GSE
《金融机构改革重建及增强法案》	Financial Institutions Reform, Recovery, and Enforcement Act	FIRREA
《2008 年住房和经济复苏法案》	Housing and Economic Recovery Act of 2008	HERA
全国不动产抵押贷款协会(吉利美)	Government National Mortgage Association	GNMA
资产支持证券	Asset – Backed Security	ABS

续表

中文名称	英文名称	简称
抵押贷款支持证券	Mortgage - Backed Securities	MBS
住房抵押贷款支持证券	Residential Mortgage - Backed Securities	RMBS
担保抵押债券	Collateralized Mortgage Obligation	CMO
特殊目的实体	Special Purpose Vehicle	SPV
重组信托公司	Resolution Trust Corporation	RTC
商品期货交易委员会	Commodity Futures Trading Commission	CFTC
信用违约互换	Credit Default Swap	CDS
货币监理署	Office of the Comptroller of the Currency	OCC
《格雷姆 - 里奇 - 比利雷法案》(《金融现代化法案》)	Gramm - Leach - Bliley Act	
美国储蓄管理局	Office of Thrift Supervision	OTS
骆驼信用评级指标体系	CAMELS Rating System	
合格住房抵押贷款	Qualified Residential Mortgage	QRM
浮动利率抵押贷款	Adjustable Rate Mortgage	ARM
国际证监会组织	International Organization of Securities Commissions	IOSCO
美国储蓄管理局	The Office of Thrift Supervision	OTS
综合受监管实体规划	Consolidated Supervised Entity	CSE
影子银行绿皮书	Green Paper Shadow Banking	
证券交易委员会	Securities and Exchange Commission	SEC

目　　录

导　论

第一节　研究背景与意义

如同既往的所有危机一样，次贷危机在几乎毫无征兆的情况下突然爆发并迅速地演变为一场深刻的经济危机。英国的顶级经济学家们在给女王的信中坦诚"没能预测出这次危机的时间、幅度和严重性是许多智慧人士的集体失误，无论国内还是国际上的学者，人们都没能将系统性风险视作一个整体"①。危机是人们检视、反思、修正并重新起步的节点。对 2008 年金融危机爆发的根源及经济体系中存在的问题，不同的学者从不同的角度提出了诸多见解：如从行为与社会学的角度对人性贪婪的分析；从金融创新与发展的角度分析金融监管的不足；从宏观经济政策方面认为 21 世纪以来美国长期采取低利率的政策造成流动性泛滥②；从国际经济角度看，在新兴市场国家（如中国）、石油生产国与发达国家（如美国）之间长期存在的国际收支不平衡（贸易逆差）是经济危机爆发的根源；还有认为西方自 20 世纪 70 年代以来推行的以"自由化、私有化、市场化"为代表的新自由主义是经济危机爆发的根源。③ 研究分析的学科视角与时间跨度都非常大。这些研究都从各自的角度阐述了不同因素与危机之间的逻辑关联，都有各自的合理之处。笔者认为，从金融发展以及经济法学所主张的监管范式来看，影子银行体系（shadow banking system）的形成与发展是现代金融创新的重要方式，而金融法律与金融监管未能有效地约束金融创新，未能缓释或消除金融发展中的风险是金融危机的症

---

① British Academy Forum, *The Global Financial Crisis—Why Didn't Anybody Notice?*, Financial Times (June 17, 2009), http://media.ft.com/cms/3e3b6ca8 – 7a08 – 11de – b86f – 00144feabdc0.pdf.

② 参见［美］约翰·泰勒：《经济政策与金融危机：关于错误根源的实证分析》，载《比较》2011 年第 3 期。

③ 参见韩晶：《新自由主义：金融危机的根源》，载《经济研究参考》2009 年第 24 期。

结所在。

危机之后逐渐显露的“影子银行体系”逐渐成为学者所关注的热点。2009 年成立的 FSB 发布的报告中指出,对 20 国集团和欧元区资金流量的统计数据显示,全球影子银行体系的总规模从 2002 年的 26 万亿美元增加到 2007 年的 62 万亿美元,尽管在 2008 年有所回落(59 万亿美元),但在 2011 年重新站上了 67 万亿美元的高位。2009 ~2011 年影子银行体系在总金融中介中的占比为 25%,较 2007 年的 27% 有所降低。粗略而言,影子银行体系的总规模大约占银行体系资产的一半。2011 年全球影子银行规模约占全球 GDP 的 111%,低于 2007 年峰值时的 128% 的水平。① 自 2011 年以来,FSB 一直对影子银行体系进行年度监测活动,以评估其全球趋势和风险。在 2018 年发布的年度报告(同时也是最后一次发布影子银行检测报告)②中“首次将中国非银行金融实体纳入 FSB 狭义的影子银行类别”。2016 年,29 个监测区域的狭义标准③的影子银行增长 7.6%,达到 45.2 万亿美元,占全球金融资产总额的 13%。中国的规模为 7 万亿美元(占 15.5%)。

影子银行的发展绝对已经成为金融体系中的重要组成部分。随着对其在金融体系中的地位、作用、运作方式、风险等研究的愈加充分,监管者也越来越认识到影子银行体系的发展对现代金融结构、金融市场产生的深刻影响,以及其对金融监管和宏观调控产生的挑战。研究影子银行体系的发展、构成、运作乃至监管等问题,能够更深刻地理解现代金融市场发展的趋势和隐藏的风险,揭示金融危机爆发的根源,探索形成有效的监管规则,维护金融稳定。

研究影子银行的发展与法律监管对于中国也具有重要的指导意义:通过分析西方金融市场发展的规律,借鉴其发展的经验,参与国际金融监管规则的制定,并完善国内的金融监管体系。虽然在金融危机中我国金融机构的直接损失并不大,但金融危机仍然对我国经济产生了重大影响,危机后国际社会重构金融监管规则,重塑金融监管体制,对此我们不能置身事外。尽管中国的金融市场远称不上

---

① See Financial Stability Board (FSB), *Global Shadow Banking Monitoring Report* 2012, http://www.financialstabilityboard.org/publications/r_121118c.pdf.

② See Financial Stability Board (FSB), *Global Shadow Banking Monitoring Report* 2017, https://www.fsb.org/wp-content/uploads/P050318-1.pdf.

③ 根据金融稳定理事会的方法和分类指南,狭义影子银行包括被金融当局评估参与信用中介的,可能构成金融稳定风险的非银行金融实体。2015 年后 FSB 首次采用了新颖方法测算影子银行部门的规模,该方法基于金融实体与影子银行活动相关的五种经济功能之间的映射关系。与前几年报告中监测所有非银行金融中介相比,这种新方法导致影子银行的范围要窄得多。Financial Stability Board (2015a), *Global Shadow Banking Monitoring Report* 2015, 12 November.

发达,但中国式的影子银行问题依然在严格金融管制的夹缝中生长、发展,并迅速地引起了监管者的关注。① 一方面,同国外的金融市场一样,它反映了金融体系和金融监管存在的缺陷;另一方面,由于金融市场化程度较低,金融管制严格,中国影子银行的发展模式与国外差异较大。而金融危机也正是改革的契机。通过分析中国金融市场中存在的影子银行的现状,探寻其发展规律,在其发展之初即纳入法律的有序状态,防范可能的风险。

从更深远的角度来看,在经过了 40 多年的经济改革以后,中国金融体制也有待更大的突破。国外金融市场发展与市场监管的经验对我们有巨大的借鉴意义。中国金融四十人论坛顾问谢平认为,中国金融业也存在重大监管挑战,这些挑战将在很大程度上决定中国金融业未来 5 ~ 10 年的发展。他认为我国金融监管有 5 个优先课题,其中之一就是监管影子银行系统。在他看来,中国的影子银行系统的经营行为带来了两个方面的挑战。首先,影子银行系统本质上是监管套利,降低了货币政策和审慎监管的有效性。其次,它们给银行带来了或有负债。当投资项目失败时,银行为了维护自身信誉,可能不得不承担部分损失。②《金融业发展和改革"十二五"规划》也指出:危机促使全球金融监管规则不断改进,加强金融宏观审慎管理、防范系统性金融风险已成为国际社会共识,对资本、流动性、系统重要性金融机构和"影子银行"的监管将得到加强,这为我国借鉴国际标准、推进金融改革提供了新动力。同时还要加强对系统性金融风险的防范预警,"加强对'影子银行'体系的统计监测、风险评估和宏观审慎管理"③。2018 年 6 月,央行等多部委印发的"十三五"(2016 ~ 2020 年)现代金融体系规划,提出积极稳妥防范处置近中期金融风险,清理整顿影子银行。④ 可见,影子银行已经成为我国金融市场发展的重要问题,并引起了学界和监管层的讨论,它成为我国今后一段时期金融监管改革的重要内容。

从国际层面上看,危机后对影子银行体系的监管是国际金融监管改革的一个

---

① 参见刘明康:《坚定信心 扎实工作 科学发展我国银行业》,载中国政府网,http://www.gov.cn/gzdt/2011 - 10/19/content_1973462.htm。

② 参见谢平:《中国金融监管的五个优先课题》,载金融四十人论坛网 2012 年 5 月 2 日,http://www.cf40.org.cn/news_detail/3739.html。

③ 中国人民银行等:《金融业发展和改革"十二五"规划》,载中国政府网,http://www.gov.cn/gzdt/att/att/site1/20120917/1c6f6506c7f811c1674e01.pdf。

④ 深圳市地方金融监督管理局:《国家"十三五"现代金融体系规划正式印发》,载深圳市金融办网 2018 年 6 月 5 日,http://jr.sz.gov.cn/sjrb/xxgk/ghjh/fzgh/content/post_3174784.html。

重要组成部分。各国(地区)或国际金融组织也在深刻反思金融自由化的政策对金融体系的影响,调整自己的监管政策。FSB、国际清算银行(BIS)、国际货币基金组织(IMF)、欧盟等都逐步推出各自的监管文件,引领监管方向,推动国际监管协调与统一。中国应当积极参与这一进程,并有力地推动国内金融体系的改革。

第二节　影子银行问题研究综述

一、国外研究状况

(一)金融市场发达国家对影子银行的认识

美国是2008年金融危机的策源地,同时也是影子银行体系最发达的国家。[①]金融危机后美国成立了FCIC,对危机进行深入调查,并举行了系列听证,其中一个专题就是针对影子银行体系的。经济学家弗里德曼(Paul Friedman),贝尔斯登前首席执行官詹姆斯·E. 凯恩(James E. Cayne)及前首席运营沃伦·J. 斯佩克特(Warren J. Spector),美国SEC前主席克里斯托夫·考克斯(Christopher Cox)、威廉·唐纳森(William Donaldson)等都参加了听证,并发表了自己在影子银行运作及监管方面的看法。FCIC也发布了关于影子银行与金融危机关系的工作报告。[②] 该报告界定了影子银行的性质、内涵及范围并分析了其在金融危机中的作用。该报告认为影子银行体系的构成包括货币市场基金、对冲基金、投资银行、金融公司、资产支持商业票据等金融机构,使用各类金融工具。在影子银行系统中产生的类似于银行体系的挤兑(run on)引发了系统的脆弱性并暴露了监管的不足。FCIC形成的最终调查报告在第二章专题分析了影子银行体系在金融危机中的作用机制。该报告指出了影子银行的发展、金融监管的不足、抵押贷款运作模式等领域的深刻变革,认为证券化、机构性金融、衍生品等运作模式在影子银行体

---

① See Financial Stability Board (FSB), *Global Shadow Banking Monitoring Report* 2017, https://www.fsb.org/wp-content/uploads/P050318-1.pdf. 由于统计口径上的变化,美国2011年占全球影子银行比重从超过40%降低到2016年的31%。

② See Financial Crisis Inquiry Commission/Preliminary Staff Report, *Shadow Banking and the Financial Crisis* 9, n.8 (May 24, 2010), http://fcic-static.law.stanford.edu/cdn_media/fcic-reports/2010-0505-Shadow-Banking.pdf.

系的发展中起到了非常重要的作用。[①]

美联储纽约分行(以下简称纽联储)的佐尔坦·波扎尔(Zoltan Pozsar)(2010)等完成了一份员工报告——《影子银行》(*Shadow Banking*)[②]。该报告对影子银行的产生、发展,以及不同的金融机构在影子银行体系中的作用机制、与传统银行体系的关联等进行了深入的研究。他们认为,20 世纪 80 年代以后,基于市场的(market - based)金融体系极大地改变了美国金融结构,而影子银行便是其中最重要的机构。影子银行形成了一个纵横交错的复杂的金融中介网络,它们利用证券化、资产支持票据、资产支持证券、债务抵押债券和债券回购等方式提供信用供给,进行期限和流动性的转换,并对房地产泡沫的形成和金融危机的发生起到了极其重要的作用。该报告将影子银行分为了政府支持的、银行系统内部的(internal)和外部的(external)影子银行三个子体系(sub - system)。另外纽联储的 Tobias Adrian、Hyun Song Shin(2009)完成的报告中,认为影子银行反映了金融市场的统一性,沟通了传统银行和资本市场。但证券化、杠杆的使用以及期限错配对金融稳定造成影响,并强调对这些领域进行监管。[③] 他们认为,影子银行的发展对全球金融体系产生了深远的影响。资产证券化开始被作为一种转移信贷风险的方式,能够吸收风险。但相反,由于银行和其他的中介利用杠杆相互持有证券反而增加了金融的脆弱性。除对金融监管方面的探讨之外,税收法律问题在影子银行的发展和金融危机的发生方面发挥的作用同样得到了关注。必须指出的是,无论是官方的调查还是学者的研究,都深刻地认识到了影子银行体系对金融稳定的影响,并试图通过审慎监管减小这种影响。但所有人并未否定影子银行系统存在和发展的合理性,包括最终的监管改革法案——多德 - 弗兰克法案也仅从透明度、杠杆率和系统性风险的角度加强了对其的监管。

相对而言,欧盟在对影子银行的研究及相关的改革方面起步较晚,这主要是由于危机后,欧盟主要致力于泛欧层面监管结构的调整,建立宏观审慎的监管框架。欧洲影子银行的规模也非常大,FSB 的调查报告显示,2011 年欧盟和英国影子银行体系的规模分别为 22 万亿美元和 9 万亿美元,分别占全球总量的 33% 和

---

① See Financial Crisis Inquiry Commission Report, http://fcic - static. law. stanford. edu/cdn_media/fcic - reports/fcic_final_report_full. pdf.

② See Zoltan Pozsar et al., *Shadow Banking*, http://www. newyorkfed. org/research/staff_reports/sr458. pdf.

③ See Tobias Adrian & Hyun Song Shin, *The Shadow Banking System, Implications for Financial Regulation*, Staff Report No. 382 (July 2009), http://www. newyorkfed. org/research/staff_reports/sr382. pdf.

13%。2012 年 3 月欧盟委员会通过了影子银行绿皮书。[①] 该文件界定了影子银行的含义、风险以及突出的问题。绿皮书给出了对影子银行的监管措施,包括直接监管影子银行的行为,也包括间接监管。欧盟委员会将在此文件以及欧盟的金融监管机构工作的基础上决定后续的工作,包括采取必要的立法措施。欧洲央行也于 2012 年 4 月发布了《欧元区影子银行概览》,[②]对欧盟范围内影子银行体系的发展状况做了调查研究,并与美国的发展情况作了对比。2016 年 6 月,欧洲央行发布《欧元区的影子银行:投资基金领域的风险和脆弱性》。该文指出欧元区影子银行业的增长速度超过了美国,金融结构也发生了较大变化。非银行金融部门在金融领域中正变得越来越重要。在欧元区大约 68 万亿欧元的金融部门总资产中,不包括保险公司和养老基金在内的非银行金融机构持有约 28 万亿欧元(40.5%)的资产。传统信贷机构持有的资产约 31 万亿欧元(46%)。[③]

英国对影子银行问题也非常关注,2012 年 3 月英国金融服务管理局(FSA)前主席阿代尔·特纳(Adair Turner)在一次演讲中也阐述了其对影子银行体系的看法。[④] 他首先界定了影子银行行为的内涵、起源和规模,并指出,虽然在金融危机中影子银行体系中的金融机构损失惨重,相关指标的下降表明了风险降低,但这并不意味着该问题彻底解决。影子银行对金融不稳定的作用机制反映了金融体系的深刻变革,现代金融体系中仍然存在很多导致金融不稳定的因素,并且今后仍将会有新的问题产生。他强调应当在与银行系统的相互关系中理解影子银行。英国金融服务局发布特纳报告(Turner Review 2009)[⑤],提出应当改革现有金融监管体系,加强对对冲基金等影子银行的监管。英格兰银行前副行长保罗·塔克(Paul Tucker)(2010)同样也谈到了影子银行与金融稳定、金融市场的关系。[⑥] 他

---

① See European Commission, *Green Paper Shadow Banking*, http://ec. europa. eu/internal_market/bank/docs/shadow/green - paper_en. pdf.

② See European Central Bank(ECB), *Shadow Banking in the Euro Area an Overview*, http://www. ecb. int/pub/pdf/scpops/ecbocp133. pdf.

③ See European Central Bank(ECB), *Shadow Banking in the Euro Area: Risks and Vulnerabilities in the Investment Fund Sector*, No. 174(June 2016), https://www. ecb. europa. eu/pub/pdf/scpops/ecbop174. en. pdf? ae21851ee9a2348c3d345a3a32fa4027.

④ See Adair Turner, *Shadow Banking and Financial Instability*, A speech delivered by Lord Turner at the Cass Business School, http://www. fsa. gov. uk/library/communication/speeches/2012/0314_at. shtml.

⑤ See Adair Turner, *A Regulatory Response to the Global Banking Crisis*, http://www. fsa. gov. uk/pubs/other/turner_review. pdf.

⑥ See Paul Tucker, *Shadow Banking, Finacing Markets and Finacial Stability*, at a Bernie Gerald Cantor(BGC) Partners Seminar, London(January 21, 2010), http://www. bis. org/review/r100126d. pdf.

并不纠结于对影子银行的界定，而是认为影子银行具有同传统银行一样的特征：流动性服务、期限转换和杠杆。他对影子银行体系中的重要机构包括货币市场基金、金融公司、资产支持商业票据、结构化投资工具、证券交易商进行了分析。前英格兰银行行长马克·卡尼(Mark Carney)(2014)提出，影子银行的监管应当从三个方面着手。首先，限制传统银行对影子银行的风险敞口，在行业之间设置一道“防火线”。其次，使处于影子银行系统核心的机构和市场更具弹性。最后，建立成熟的框架，以便监测和应对影子银行带来的金融稳定风险。①

（二）影子银行的监管研究

加强对影子银行的监管成为危机后国际金融监管改革的一个重要组成部分，其中最具影响力的是 FSB。2010 年 11 月，首尔峰会完成新的银行资本标准(《巴塞尔协议Ⅲ》)的修订后，20 国集团领导人确定了金融部门监管中其他值得关注的问题。其中“加强对影子银行的监管”成为共识之一，并要求 FSB 与其他国际标准制定机构合作，制定相关建议。FSB 随即成立特别工作组(task force)，并于 2011 年 4 月发布了一个背景说明《影子银行：问题的范围》②，对影子银行问题做了基本梳理，明确了以下三个方面问题：(1)影子银行系统的定义；(2)监测影子银行系统的潜在方法；(3)对影子银行系统可能的监管措施的分类。并广泛地征求金融机构以及其他国际金融监管主体的意见。2011 年 10 月 27 日，FSB 正式发布了《FSB 加强影子银行监管的建议》③，系统阐述了对影子银行监管的策略。第一，对影子银行的监管依赖于对影子银行的明确定义和对它的识别。FSB 建议分两个步骤来进行。首先从较宽泛的角度关注所有的非银行类的信用中介，使数据和信息的搜集能够涉及所有的与影子银行相关的风险。其次应当重点关注那些能够引发系统性风险和进行监管套利的非银行类信用中介。第二，对影子银行的监测问题，建议分为三个阶段进行。第三，对影子银行的监管措施，明确了监管的

---

① See Financial Stability Board(FSB), *Shadow Banking: Strengthening Oversight and Regulation Recommendations of the Financial Stability Board*, http://www.financialstabilityboard.org/publications/r_111027a.pdf.

② See Financial Stability Board (FSB), *Shadow Banking: Scoping the Issues*, (April 12, 2011), http://www.financialstabilityboard.org/publications/r_110412a.pdf.

③ See Financial Stability Board (FSB), *Shadow Banking: Strengthening Oversight and Regulation Recommendations of the Financial Stability Board*, http://www.financialstabilityboard.org/publications/r_111027a.pdf.

总原则,并从六个方面提出了11项具体的监管建议:(1)关注银行与影子银行之间的交易;(2)对货币市场基金的监管;(3)其他的影子银行机构;(4)对证券化的监管;(5)对证券的借贷与回购的监管;(6)其他的应对已有的创新的监管措施。当然必须说明的是FSB也注意到了不同的国家金融发展阶段的不同,各国影子银行体系表现方式的不同,其建议的适应性应当结合各个当事国自己的金融发展状况具体分析。在《FSB加强影子银行监管的建议》的基础上,又由5个工作组就影子银行体系中的五个方面开展进一步的研究,以形成一个全面的政策建议,具体包括:(1)银行与影子银行系统的关联;(2)货币市场基金;(3)其他影子银行实体;(4)证券化;(5)证券借贷与回购。2013年FSB又陆续发布了证券借贷与回购①、影子银行实体监管的咨询报告。②

巴塞尔委员会作为对银行监管的重要国际组织,也致力于推动银行监管规则的修改。《巴塞尔协议Ⅲ》特别提到加强宏观审慎,防范系统性风险,增强金融的稳定性。Ojo和Marianne(2011)认为在宏观审慎方面确定一个统一的标准对于缓释风险、防止监管套利具有重要意义。《巴塞尔协议Ⅲ》制定的严格的监管措施对金融稳定以及影子银行监管将产生重要影响。③

(三)学界对影子银行问题的研究

危机后对影子银行进行探究的文献非常多。国外学者对影子银行的研究主要从两个进路展开。

宏观视角。探究影子银行对整个金融体系和金融监管的影响。例如,Yeva Nersisyan和L. Randall Wray(2010)从宏观角度对金融危机的发生以及影子银行体系在其中的作用进行全面的分析。④ 在他们看来,明斯基之后的后凯恩斯主义

---

① See FSB, *Policy Framework for Addressing Shadow Banking Risks in Securities Lending and Repos* (August 29, 2013), https://www.fsb.org/wp-content/uploads/r_130829b.pdf.

② See FSB, *Strengthening Oversight and Regulation of Shadow Banking—A Policy Framework for Strengthening Oversight and Regulation of Shadow Banking Entities* (November 18, 2012), https://www.fsb.org/wp-content/uploads/r_121118a.pdf.

③ See Ojo D. Delaney Ph. D. & Marianne, *Financial Stability, New Macro Prudential Arrangements and Shadow Banking: Regulatory Arbitrage and Stringent Basel Ⅲ Regulations* (June 8, 2011), Business Expert Press June 2013 ISBN 13 978 1 60649 700-5, https://ssrn.com/abstract=1859543.

④ See Yeva Nersisyan & L. Randall Wray, *The Global Financial Crisis and the Shift to Shadow Banking* (February 25, 2010), Levy Economics Institute Working Paper No. 587, https://ssrn.com/abstract=1559383.

者认为，危机的发生在于资本主义的固有缺陷，即明斯基所称的“货币管理资本主义”(Money Manager Capitalism)，影子银行体系的发展是其重要的表现。在这个体系中，杠杆水平不断提高、金融分层使金融部门在国民收入中的比重不断提升，即金融化(financialization)。他们分析了影子银行从对冲性融资到投机性融资再到庞氏融资的转化。对于危机后美国的救市政策，他们也认为将注定失败，应当收缩金融部门的规模并从根本上改变金融的运作模式。José Viñals(2010)研究了影子银行对中央银行金融调控和货币政策执行的影响。① 影子银行由于杠杆的使用，增强了信用供给，极大地增加了流动性，对传统央行的货币政策手段构成了挑战。James Crotty(2008)对新的金融结构(new financial architecture)——一个全球一体化的巨型银行系统和所谓的“影子银行体系”——进行了深刻反思，并认为其是造成2008年金融危机的根源。② 在资本市场有效性理论的支持下，对影子银行体系中的机构和行为缺乏有效的监管甚至根本没有对应的监管，他对金融体系中的证券化、高杠杆、不透明、反向激励等提出了质疑，认为这是产生系统性风险并导致次贷危机的根源。Jason Hsu 和 Max Moroz(2010)认为，影子银行体系的“挤兑”在次级贷款损失乃至整个金融系统损失中起到了极其重要的作用(significant factor)。由于影子银行使用高杠杆，在资产价格下跌和保证金要求上升的情况下，其被迫出售非流动性资产导致了资产价格下跌循环。另外，在金融危机中存在的信息问题、机构问题，以及依赖历史数据对未来风险进行估值、缺乏多方清算机制等导致了金融危机的扩展。③ Margaret Blair(2010)研究了金融创新与影子银行的关系问题。由于金融创新，包括货币市场基金、垃圾债券、私募基金、资产证券化、衍生品、回购等，金融公司可以使用更多的杠杆，以此能够借入更多同时提供更多的信用。这使得金融体系使用了更多的债务，创造了更多的信用，助推了资产泡沫。影子银行的发展造成了金融体系的脆弱，并造成了社会收入和财富方

---

① See José Viñals, *Central Banking Lessons from the Crisis*, IMF Policy Paper(May 27, 2010), http://www.imf.org/external/np/pp/eng/2010/052710.pdf.

② See James Crotty, *Structural Causes of the Global Financial Crisis: A Critical Assessment of the "New Financial Architecture"*, Cambridge Journal of Economics, Volume 33, Issue 4, July 2009, p. 563 – 580, https://doi.org/10.1093/cje/bep023.

③ See Jason C. Hsu & Max Moroz, *Shadow Banks and the Financial Crisis of* 2007 – 2008 (November 2, 2010), in The Banking Crisis Handbook, Chapter 3, p. 39 – 56, Greg Gregoriou ed., CRC Press, 2009, http://ssrn.com/abstract=1574970.

面的不公平。[①] Alan Moreira(2013)建立了一个宏观金融模型解释影子银行的运作机制,将风险资产转化为证券。这些证券具有高度流动性。影子银行崩溃,则导致流动性供应萎缩,流动性溢价和贴现率上升,资产价格、投资和经济增长下降。[②] Zoltan Pozsar(2015)与传统影子银行的研究主要集中在影子银行的批发融资和私人货币创造方面。而本书的研究则关注影子银行中涉及杠杆率和高收益的超额回报所引发的系统问题。[③]

微观视角。通过分析影子银行性质、作用机制等,透视其如何弱化了或逃避了监管,并导致了金融的不稳定。其中加里·戈顿(Gary Gorton)(2009)的研究认为,影子银行体系是2008年信用危机的中心,而事实上影子银行就是一个真正的银行体系(a real banking system),与传统银行一样易产生银行式的恐慌。2007年8月开始的危机即是例子。但与历史上的危机不同的是,此次银行恐慌是一场批发性的恐慌(wholesale panic),而不是零售性的恐慌(retail panic)。银行恐慌表现为一个金融公司对其他金融公司的挤兑,通过回购市场的不续期或者提高保证金的方式进行。新的监管规则应当促进影子银行功能的发挥并减低其对恐慌的敏感度。[④] Jason C. Hsu 和 Max Moroz(2010)认为影子银行体系在使次贷损失蔓延到整个金融体系中发挥了重要作用。当高杠杆的影子银行持有大量的非流动性资产时,次贷危机的爆发导致资产价格的下跌,影子银行体系迫于保证金要求的压力而出售资产,这导致了资产价格的进一步降低。由此导致了更大范围的损失。[⑤] Elias Bengtsson(2011)[⑥]探讨了货币市场基金的发展对影子银行进而对整

---

① See Margaret M. Blair, *Financial Innovation, Leverage, Bubbles and the Distribution of Income* (October 18, 2010), Vanderbilt Public Law Research Paper No. 10 – 40; Review of Banking and Financial Law, Vol. 30, No. 225 – 311, 2010 – 2011, http://ssrn.com/abstract=1693913.

② See Moreira et al., *The Macroeconomics of Shadow Banking* (April 29, 2016), Journal of Finance, Forthcoming, https://ssrn.com/abstract=2310361.

③ See Pozsar et al., *A Macro View of Shadow Banking: Levered Betas and Wholesale Funding in the Context of Secular Stagnation* (January 31, 2015), https://ssrn.com/abstract=2558945.

④ See Gary B. Gorton, *Slapped in the Face by the Invisible Hand: Banking and the Panic of* 2007 (May 9, 2009), http://ssrn.com/abstract=1401882.

⑤ See Jason C. Hsu & Max Moroz, *Shadow Banks and the Financial Crisis of* 2007 – 2008 (November 2, 2010), in The Banking Crisis Handbook, Chapter 3, p. 39 – 56, Greg Gregoriou ed., CRC Press, 2009, http://ssrn.com/abstract=1574970.

⑥ See Elias Bengtsson, *Shadow Banking and Financial Stability: European Money Market Funds in the Global Financial Crisis* (February 28, 2011), Systemic Risk, Basel Ⅲ, Financial Stability and Regulation 2011, http://ssrn.com/abstract=1772746.

个金融稳定的影响。次贷危机中由于资产价格的下跌和投资者赎回的申请,货币市场基金的困境传递到银行部门,金融中介机构在其中发挥了重要作用。他分析了风险传导机制,并提出了政策建议。Jianbo Tian(2010)关注了影子银行中衍生工具的使用所产生的流动性风险问题。① Stephan Luck(2014)研究了商业银行与影子银行之间的关联。他认为,第一,影子银行部门的相对规模决定了金融体系的稳定性。第二,如果受监管的商业银行本身也在运营影子银行,那么规模更大的影子银行业是可持续的。然而,一旦危机的威胁再次出现,影子银行部门的危机就会蔓延到商业银行部门。第三,存在监管套利的情况下,银行的安全网可能无法防止银行业危机。Judge 和 Kathryn(2017)认为,与银行一样,影子银行严重依赖短期债务债权。从信息角度解释了其对投资者、监管机构的影响,依赖短期债务会导致系统的脆弱性。② Gerber J. (2019)认为,影子银行本质仍是银行。传统银行的危机在次贷危机中以新的形式展现。③

监管方面。扩大金融监管的范围,防止监管套利是应对影子银行问题的一个重要方面。法律对监管的重构发挥着重要的作用。Erik F. Gerding(2011)从法律的角度探析了影子银行体系的诞生和发展问题。④ 应当考察法律在促使影子银行体系产生和发展方面的作用,缺乏对此的认知,金融改革不可能成功。他认为,影子银行体系构筑了一个金融工具网络联结了资金供给者(商业部门和住户部门)与资本市场的投资者。这一体系与传统的债权市场不同,表现在 6 个方面的特征上:(1)机构作为重要的中介角色;(2)资产和风险池;(3)结构化;(4)期限转换;(5)创造低风险、高流动性的资产,具有了货币的某些特征;(6)不透明。他从法律的维度解释了法律的变革,特别是在监管套利、去监管化以及法律补贴方面对影子银行崛起所起到的作用。Carolyn Sissoko(2009)同样也从法律的角度研究了金融系统崩溃的基础。他所关注的重点在破产法:1984 年、1990 年、2005 年美国国会分别修改了法律,使特定的金融合约不受破产法一般规则的约束。法律修订

---

① See Jianbo Tian, *Shadow Banking System, Derivatives and Liquidity Risks* (March 15, 2010), MFA Annual Meeting, Chicago, March, 2011, http://ssrn.com/abstract=1571707.

② Judge & Kathryn, *Information Gaps and Shadow Banking* (March 22, 2017), Virginia Law Review, 2017, Forthcoming, Columbia Law and Economics Working Paper No. 529, https://ssrn.com/abstract=2751205.

③ Gerber J., *A Great Deal of Ruin: Financial Crises since* 1929, Cambridge University Press, 2019.

④ See Erik F. Gerding, *The Shadow Banking System and Its Legal Origins* (January 24, 2012), https://ssrn.com/abstract=1990816.

的目的在于保护合约的担保品免受破产法规则的限制,保证金融合约的履行进而保障金融稳定。在破产法原则之下,法官随时可以基于对有担保债权人及其他债权人利益的保护扣押担保品。但经验显示,这种破产法对证券回购和柜台交易的抵押品的豁免规则会导致激励银行间有担保的借贷,而不关注交易对手的信用风险,并由此降低金融体系的稳定。破产豁免规则还容易引发债权人对金融机构的挤兑并导致其破产风险的上升。破产规则的修改看似满足了金融机构的利益但在更深层次上却导致了金融体系的不稳定。① 内生性的影子银行类债务的潮起潮落,已经成为现代金融体系的一个根深蒂固的部分。当前由高度不稳定的抵押品价值支撑的影子银行体系,使整个金融体系更加脆弱。中央银行显然不能满足于仅仅提供流动性支持,解决"太大而不能倒"问题,而应当致力于建立健全反映实体经济对金融需求的信贷创造体系。② Eddy O. Wymeersch(2017)认为,综合不同金融机构对影子银行的界定,其共同的特征是,影子银行是活动在银行领域之外,但可能会对银行业产生影响,导致系统性风险的机构。在金融危机之前,这在很大程度上超出了监管机构的管辖范围。欧盟通过了针对主要中介机构或活动的系统性风险的法规。包括各类资产管理(如 MMF),主要在批发金融市场进行的特定交易(衍生品、证券化),最后是保险。③

Manasfi Julie (2011)认为,金融创新的目的之一就在于逃避税收,美国的税收法律都是在复杂的影子银行交易发展之前订立的。他以对冲基金为例研究了金融创新对美国税收法律形成的挑战。美国相关法律也进行了调整,以弥补存在的漏洞。一方面,作为美国国会《2010 年鼓励雇用恢复就业法》(HIRE)的一部分,政府将自 2011 年起施行《外国账户税务遵守法》(FATCA),加强对美国人海外账户的监管;另一方面,多德 - 弗兰克法案要求对对冲基金登记和备案的规定也对掌握税收的基本信息起到了重要作用。④ Judge 和 Kathryn(2017)认为,影子银行严重依赖短期债务债权,而短期债务债权旨在避免持有者参与任何有意义的信息

---

① See Carolyn Sissoko, *The Legal Foundations of Financial Collapse* (October 6, 2009), http://ssrn.com/abstract = 1525120.

② Thorvald Grung - Moe, *Shadow Banking: Policy Challenges for Central Banks*, Economics Working Paper Archive wp_802, Levy Economics Institute.

③ Eddy O. Wymeersch, *Shadow Banking and Systemic Risk* (2017), European Banking Institute Working Paper Series 2017 - No. 1, http://dx. doi. org/10. 2139/ssrn. 2912161.

④ See Julie Manasfi, *The Global Shadow Bank - Systemic Risk and Tax Policy Objectives: The Uncertain Case of Foreign Hedge Fund Lending to U. S. Borrowers and Transacting in U. S. Debt Securities* (July 18, 2011), Florida Tax Review, Forthcoming. http://ssrn. com/abstract = 1911530.

收集或分析。本书解释了为什么依赖短期债务会导致脆弱性。首先,信息缺口增加了信号的范围,从而增加了恐慌的可能性。这些信号可能会让人怀疑短期债务——市场参与者一直将其视为“货币”——是否仍然具有足够的信息敏感度,是否值得受到这样的对待。其次,信息差距阻碍了市场和监管机构的反应,一旦恐慌形成,这些反应可以减弱冲击的影响。①

耶鲁大学的两位学者 Gary Gorton、Andrew Metrick(2010)对影子银行的监管进行了专题研究。② 他们认为,总体上影子银行还处于缺乏监管的状态,问题的根源在于回购市场的顺周期性。他们提出了监管的原则,并提出了具体的建议来实施这些原则。当前监管设计的不足和法律的变化导致了三类主要的影子银行机构的兴起:货币市场基金从传统的银行中获取了零售存款、证券化把传统银行的资产从他们的资产负债表中移除、证券回购中证券化的债券能够像现金一样使用。回购的“破产安全港”制度对影子银行具有重要意义。历史已经给出了监管货币创造的方法:对担保物的严格准则和政府担保的保险制度。他们也从这两方面入手设计了监管规则。哈佛大学的 Morgan Ricks(2010)也研究了影子银行与金融监管问题。③ 政府应对危机的紧急政策的中心正是影子银行系统。他认为,期限转换——以短期负债(货币市场)的融资投入较长期的金融资产——具有内在的不稳定。这种不稳定产生了外部性。他比较了三种潜在措施的效率:一是事前的风险约束,二是事后的流动性支持,三是对短期债权人提供“存款”保险。④保险制度是效率最大化的措施,他建议以保险制度为基础建立有效的监管。拟议的保险制度将:(1)向资产低于特定风险(波动率)阈值的金融公司提供短期负债保险;(2)禁止资产超过该阈值的金融公司(以及有资格加入保险制度但拒绝参与的公司)在货币市场上为自己融资。

同样来自哈佛大学的 Jeremy C. Stein(2010)研究了证券化、影子银行与金融体系脆弱性的关系。他认为,2008 年金融危机导致了美国最大的几家金融机构倒闭。救市方案也力图防止此类情况的发生或减轻由此导致的震荡。但从信用创

---

① Judge & Kathryn, *Information Gaps and Shadow Banking*, Va. L. Rev. 103 (2017): 411.

② See Gary B. Gorton & Andrew Metrick, *Regulating the Shadow Banking System* (October 18, 2010), https://ssrn.com/abstract=1676947.

③ See Morgan Ricks, *Shadow Banking and Financial Regulation* (August 30, 2010), Columbia Law and Economics Working Paper No. 370. http://ssrn.com/abstract=1571290.

④ Morgan Ricks 提出的存款适用于所有短期债务而不仅仅是正式命名为“存款”的债务,包括所有从事期限转换的公司而不仅仅是那些正式的“存储机构”。

造及对经济的影响来看,危机造成的重大问题不在于机构倒闭而在于 ABS 市场消失。这一市场的消失意味着消费者信贷的收缩。他探究了 ABS 市场在信用创造过程中的作用,探讨了推动 ABS 市场发展的两个经济因素,即提高风险分担效率并降低银行资本金约束。在 ABS 市场中保证金的调整和评级对市场的脆弱性有较大的影响。对于如何监管证券化和影子银行市场,他给出了自己的带倾向性的政策建议:好的做法是加强对 ABS 市场中保证金的监管,坏的办法是使金融安全网覆盖影子银行体系,可能的做法是限制所谓的看似"无风险"证券的发行。[①] Lysandrou(2020)认为,安全资产与影子银行是当代金融中两种密切相关的现象。两者之间的联系是贷款证券化:在全球安全资产短缺之际,影子银行体系将通过制造额外数量的资产支持证券来帮助弥补这种短缺。当增加的数量跟不上安全资产的需求时,影子银行体系就会面临生产可能导致金融危机的复杂结构性证券的压力。[②] 全球金融危机前金融全球化和自由化是金融市场发展的主题。"影子银行转型为市场金融"的叙事延续了这种基调,认为发展中国家应当鼓励投资组合流动,放松对影子融资市场的监管。但事实上中国低估了相关的(明斯基类型的)脆弱性。[③]

二、国内研究现状

美国金融危机后,对危机的研究成为我国学术界关注的重点,特别是在经济、金融领域。较早的研究集中在从不同的视角探讨金融危机发生的原因。例如,易宪容(2009)研究了美国次贷危机的信用扩张过度问题。[④] 他认为信用的过度扩张是金融不稳定的根源。而扩张的主要工具则是影子银行。易宪容、王国刚(2010)关注了次贷危机中的流动性传导机制问题。[⑤] 流动性危机是 2008 年金融危机的

---

① See Jeremy C. Stein, *Securitization, Shadow Banking, and Financial Fragility*, Daedalus 139 (4) (Fall 2010), http://economics. harvard. edu/faculty/stein/files/SecuritizationShadowBankingAndFragilityRevised. pdf.

② Lysandrou, Photis & Anastasia Nesvetailova, *This Time Was Different: The Global Safe Asset Shortage and Shadow Banking in Socio - Historical Perspective*, No. 2020 - 01, CITYPERC Working Paper, 2020.

③ Gabor & Daniela, *Goodbye (Chinese) Shadow Banking, Hello Market - Based Finance: Debate: Shadow Banking or Market - Based Finance?*, Development and Change FORUM 2018, Volume 49, p. 394 - 419.

④ 参见易宪容:《美国次贷危机的信用扩张过度的金融分析》,载《国际金融研究》2009 年第 12 期。

⑤ 参见易宪容、王国刚:《美国次贷危机的流动性传导机制的金融分析》,载《金融研究》2010 年第 5 期。

重要特点之一，也是基于市场的金融所产生的一个必然结果。汤震宇等(2009)研究了金融创新过程中信用创造的缺陷。他们认为次贷危机的实质是“影子银行”的危机。[①] 之后对影子银行本身的关注也迅速成为危机研究的热点。总体来说，国内对影子银行的研究主要集中在以下几个方面。

(一)对金融危机中影子银行的形成、发展、特性和作用机制的研究

21世纪以来，影子银行体系发展迅速，在美国甚至超过了传统商业银行的资产规模。金融体系的高度繁荣与金融市场杠杆倍率的提高、金融创新产品交易规模的激增以及金融监管当局的“恶意忽视”(克鲁格曼，2009)等息息相关。王晓雅(2010)研究了影子银行体系特性及发展情况。[②] 其典型特点为不透明性、高杠杆性、表外性，以及具有实质性的信贷膨胀效应等。其脆弱性的根源主要来自期限错配、自我加强的资产抛售循环、高杠杆率及风险跨境传递。徐滢、周恩源(2011)关注了影子银行体系金融不稳定性扩大机制与美联储货币政策应对策略。[③] 这种不稳定性体现在抛售机制、恶性循环机制、蔓延机制、预期机制以及再融资机制等中。王达(2012)认为，“二战”后特别是20世纪70年代以来，货币政策目标与金融监管框架之间的不一致性所引发的金融创新以及机构投资者对安全性资产的超额需求共同推动了影子银行体系在美国迅速发展。影子银行结构运作复杂，对美国乃至世界金融市场都产生了重大影响。尽管多德－弗兰克法案是危机后美国金融监管改革的最重要成果，但其并未起到有效规范影子银行体系的作用。[④] 周莉萍(2011)分析认为，影子银行体系与传统银行体系发挥着类似的功能。其从金融机构和金融产品视角研究了影子银行体系的信用创造机制，并认为这种信用创造构成了对传统商业银行的替代，同时在货币市场产生了溢出效应。针对影子银行体系信用创造的缺陷，其认为应当从对抵押品的管理入手，建立类似于中

---

① 参见汤震宇等：《从美国次贷危机看金融创新过程中信用创造的缺陷》，载《开放导报》2009年第2期。

② 参见王晓雅：《次贷危机背景下影子银行体系特性及发展研究》，载《生产力研究》2010年第11期。

③ 参见徐滢、周恩源：《影子银行体系金融不稳定性扩大机制与美联储货币政策应对研究》，载《上海金融》2011年第7期。

④ 参见王达：《论美国影子银行体系的发展、运作、影响及监管》，载《国际金融研究》2012年第1期。

央银行的证券最后贷款人,以防范金融风险。①

于永宁(2015)认为,不同于美国影子银行体系,我国影子银行则是作为“银行之友”,满足商业银行信贷无法提供的融资功能。我国对影子银行的监管可以借鉴美国的改革经验,本着求同存异的原则,在监管法律原则方面,坚持金融服务实体经济,鼓励影子银行为实体经济发展提供动力;在监管法律政策方面,坚持宏观审慎监管以防范系统性风险,将影子银行正式纳入商业银行监管范畴,完善影子银行信息披露与信息共享机制,提高影子银行运行透明度,并建立对影子银行的资本充足率监管、流动性监管等法律制度。② 朱慈蕴(2017)认为,伴随市场经济体系的深化,与金融创新如影随形的影子银行也快速膨胀。影子银行不能被完全取缔,因为在现代市场经济体系中有影子银行存在的土壤,更有影子银行发挥积极功能的空间。中国影子银行在利益追逐、融资创新与监管套利中发展;在监管缝隙、监管滞后与错配风险中放大。应当推动金融监管创新特别是发挥金融稳定委员会的作用。③

影子银行的产生原因是什么? 楼建波(2017)认为,除了公法特别是金融监管的层面外,忽视了作为交易基础的合约在私法上的效力和履行,是不全面的。通过对企业间借贷、证券市场场外配资两类在我国常被法院认定无效的合同的裁判规则的梳理,发现法院即使在认定合同无效后,往往还支持借出方对借入方的本金和适度的利息请求,并论证法院的这种判决实质上怂恿和助长了影子银行在我国的发展。对金融现象进行法律考察,必须把民商事立法和司法纳入法律的范畴。④

(二)影子银行与金融危机的关系问题研究

影子银行被认为是 2008 年金融危机爆发的主要原因之一,我国学者对此也给予了关注。李扬(2011)分析了影子银行体系发展与金融创新的关系问题。⑤ 影

① 参见周莉萍:《影子银行体系的信用创造:机制、效应和应对思路》,载《金融评论》2011 年第 4 期。

② 参见于永宁:《我国影子银行监管法律制度的反思及重构——美国的经验及其借鉴》,载《法商研究》2015 年第 4 期。

③ 参见朱慈蕴:《中国影子银行:兴起、本质、治理与监管创新》,载《清华法学》2017 年第 6 期。

④ 参见楼建波:《法院判决对中国影子银行业务的间接激励——金融商法的视角》,载《清华法学》2017 年第 6 期。

⑤ 参见李扬:《影子银行体系发展与金融创新》,载《中国金融》2011 年第 12 期。

子银行是金融创新的主要方式,包括我国在内的任何国家都不应当轻易否定它的作用,应为其发展留下必要的空间。易宪容(2009)从金融学的角度研究了"影子银行体系"与信贷危机发生之间的关联。[①] 何德旭、郑联盛(2009)对影子银行与金融稳定的关系问题做了探讨。[②] 影子银行发展必然引起监管机制调整,对监管机制的研究也是影子银行研究的一个重要方面。罗培新(2009)从法学角度探讨了金融危机后美国在金融监管方面面临的困境。美国金融的繁荣伴随的是在监管方面的失效。[③] 存在监管成本高、效率低下、监管重叠与监管真空并存、"监管竞次"和"监管套利"等重重积弊。过于陈旧落后而不适应虚拟经济形态的金融法规,以及金融监管部门屡被特殊利益集团"俘获",更是直接导致了监管灾难。李建军、田光宁(2011)从宏观方面对影子银行体系监管改革提出了设计方案。[④] 张晓艳(2011)对美国金融改革法案中对影子银行体系的监管内容及可能效果进行了分析。[⑤] 此外,巴曙松(2009)、钟伟(2011)、李东卫(2011)、龚明华(2011)等[⑥]也都对影子银行的监管问题进行了研究。例如,巴曙松认为,影子银行是次贷危机爆发的重要原因,国外也加强了对其的监管。但对中国而言,影子银行的发展部分实现了金融改革的目标,应当重视其积极方面。钟伟认为,影子银行体系与传统银行具有很多的内在关联,存在风险传递。影子银行具有内在的脆弱性同时也不在一国的金融安全网之内。加强对影子银行的监管应当从减轻影子银行系统的内在脆弱性与加强对影子银行系统的外部监管两方面着手,并加强国际间的协调。周莉萍(2012)对美国、欧盟以及 FSB 的监管方案进行了研究。认为应当关注影子银行信用创造过程的内在缺陷并予以完善。对中国影子银行的发展应

---

① 参见易宪容:《"影子银行体系"信贷危机的金融分析》,载《江海学刊》2009 年第 3 期。

② 参见何德旭、郑联盛:《影子银行体系与金融体系稳定性》,载《经济管理》2009 年第 11 期。

③ 参见罗培新:《美国金融监管的法律与政策困局之反思——兼及对我国金融监管之启示》,载《中国法学》2009 年第 3 期。

④ 参见李建军、田光宁:《影子银行体系监管改革的顶层设计问题探析》,载《宏观经济研究》2011 年第 8 期。

⑤ 参见张晓艳:《监管改革能有效降低金融危机吗?——次贷危机后美国对影子银行体系的监管及可能效果》,载《武汉金融》2011 年第 9 期。

⑥ 参见巴曙松:《加强对影子银行系统的监管》,载《中国金融》2009 年第 14 期;钟伟、谢婷:《影子银行系统的风险及监管改革》,载《中国金融》2011 年第 12 期;李东卫:《影子银行系统的监督与管理》,载《中共中央党校学报》2011 年第 2 期;龚明华、张晓朴、文竹:《影子银行的风险与监管》,载《中国金融》2011 年第 3 期。

当采取宽容的态度,加强监测,而不应当盲目监管。[①] 袁增霆(2011)认为,影子银行的"本质内涵不单指具备独立法人资格的金融机构,还涵盖进一步细分的各种类似或替代传统银行业务的业务部门和金融工具。只有在具体账户或金融工具的层面上,才可以更清晰地观察到错综复杂的影子银行活动如何横跨于金融机构与市场之间,形成彼此交织渗透的金融结构。这种金融系统结构中的新特征让停留在机构层面上的、货币和金融监管相分离的监管体制变得无所适从"[②]。唐红娟博士2012年出版《影子银行体系:功能、脆弱性与监管改革》一书。该书系统阐述了影子银行的内涵,并从顺周期性、期限错配、复杂性、高杠杆、高度关联、监管套利等方面研究了影子银行的脆弱性,同时提出了监管策略。[③] 早期从法学的角度研究影子银行的比较重要的是袁达松(2012)的一篇文章。该文分析了影子银行的含义、特点、风险,并对国外主要金融市场发达国家特别是美国金融改革法案中涉及影子银行的部分进行了分析。针对我国影子银行问题,其提出应积极借鉴国际经验,修改并制定相关法律,加强监管信息沟通与协调。[④] 陈斌彬(2020)认为,我国各类地方性影子银行的涌现及其引发的诸多地方金融风险事件,使完全依赖中央政府一己之力的垂直监管模式弊端凸显。应当对"央地"金融监管权的配置加以优化,包括明晰"央地"金融监管边界,"一揽子"授予地方完整的金融监管权,设置相应的外部监督问责制度,并建立起以国家金融稳定发展委员会为主导的纵向金融监管协调机制,使两者形成监管合力,依法共治。[⑤]

(三)对于影子银行构成及监管的研究

沈伟(2014)认为,与传统银行相比,影子银行具有脱媒性和表外性。我国在借鉴国际社会经验进行国内金融改革的同时更应该从影子银行的脱媒性和表外性入手,针对信息失灵、代理失灵和监管失灵,采取以下对策:渐进解决资产负债表外业务的系统性风险问题;适度承认民间借贷的合法性;培育并健全公司债券市场;构建包容民间资金的金融体系;有效处理中小企业不良贷款;鼓励地方性治

---

① 参见周莉萍:《论影子银行体系国际监管的进展、不足、出路》,载《国际金融研究》2012年第1期。

② 袁增霆:《中外影子银行体系的本质与监管》,载《中国金融》2011年第1期。

③ 参见唐红娟:《影子银行体系:功能、脆弱性与监管改革》,知识产权出版社2012年版。

④ 参见袁达松:《对影子银行加强监管的国际金融法制改革》,载《法学研究》2012年第2期。

⑤ 参见陈斌彬:《论中央与地方金融监管权配置之优化——以地方性影子银行的监管为视角》,载《现代法学》2020年第1期。

疗措施和试验。[①]

朱伟一(2014)认为,理财产品和信托产品是影子银行的重要组成部分;二者应当被界定为证券,并接受相应的监管。对于影子银行的监管措施,应当由只重定量过渡到定性和定量并重,通过定性促进定量。[②] 沈伟(2017)从理解传统银行的信用中介过程和信用创造功能出发,梳理影子银行的核心功能和本质属性,比较影子银行和传统银行之间的主要异同,揭示影子银行中介过程和资金链条的特质,进而解析影子银行与传统银行之间的内在关联和机理。应对影子银行快速崛起的可行解决方案应该是一整套政策和监管工具,解决造成监管套利在内的市场失灵、信息失灵和监管失灵。[③]

资产证券化被称为影子银行的概念起源地、主要表现形式与代名词。不同于美国影子银行(资产证券化)的风险在于借短贷长的挤兑风险,中国资产证券化的首要风险是法律结构的脆弱性。解决之道是建立开放的信托制度,让信托工具服务于中国未来广阔的资产证券化市场。[④]

影子银行是金融自由化和金融创新的产物,已经成为全球金融体系中的主导力量之一。国际社会对其风险与监管的探讨非常丰富,但对如何构筑监管框架,形成统一的监管意见仍在探索当中。相较之下国内对影子银行的发展、机制与监管问题的研究尚处于起步阶段。有许多重要的问题亟待探讨:

第一,国外对影子银行体系的研究关注了其运行机制、传导途径、在危机中的作用,以及加强金融监管以防范风险。而对影子银行产生、发展的根源和其对现代金融体系的影响,今后金融监管的改革方向等深层次的问题的研究仍不够深入;对于影子银行体系的重要形式,即证券化对金融中介与金融运作模式的影响的研究有待深入。研究的关注点也仅限于影子银行本身,在研究的范围和跨度方面缺乏纵深,特别是缺少从经济发展和金融市场、金融体系的视角看待影子银行的发展及其影响。

第二,关注此问题的主要是金融研究者和监管部门的人员。法学者特别是经济法学者对此缺乏关注,也难以从法学的视角,从金融监管和金融改革的角度发出自己的声音。危机后,国际金融监管法律进行了深刻的调整和变革。例如,巴

---

① 参见沈伟:《中国的影子银行风险及规制工具选择》,载《中国法学》2014 年第 4 期。
② 参见朱伟一:《中国式影子银行的法律定性》,载《中国政法大学学报》2014 年第 4 期。
③ 参见沈伟:《银行的影子:以银行法为中心的影子银行分析框架》,载《清华法学》2017 年第 6 期。
④ 参见沈朝晖:《企业资产证券化法律结构的脆弱性》,载《清华法学》2017 年第 6 期。

塞尔银行监管委员会提出的《巴塞尔协议Ⅲ》、美国多德－弗兰克法案、FSB 提出的一系列影子银行监管报告等。尤其是美国金融改革法案中将影子银行体系纳入金融监管体系当中。对该法案中涉及影子银行的问题的研究仍非常薄弱。从当前研究的质量上看,也并未超出经济、金融领域学者的研究水平。

第三,影子银行的发展和问题来源于欧美发达金融市场,对其监管的设计也多基于国外金融市场状况。由于金融市场发展中阶段性和金融体制的差异,国外影子银行体系中的特殊机构和特别的运作模式在中国并未出现,监管规则的设计很多对我国并不适用。由于特殊的金融和宏观经济环境,中国影子银行的发展与国际影子银行存在共通之处,同时自身的特点也非常明显。我们应当了解跟踪国际金融监管发展的趋势,从国外影子银行发展规律中探究中国影子银行的状态与特征,对其发展趋势及其影响作出判断。

第四,中国影子银行内涵、外延、规模、存在方式、特点、作用及风险如何?它对中国的金融资产结构、业务模式、金融市场结构、金融稳定的影响如何?影子银行与货币当局的关系如何?如何借鉴国际影子银行的监管经验,并根据中国的金融市场状况确定其监管原则?如何结合金融市场发达国家的经验和国际监管的原则,为中国的问题提供指导?回答这些问题需要对影子银行进行系统的研究才能够不失于片面。

本书尝试展开对这些问题的分析。影子银行体系处在不断的变动和创新过程中,对其监管的研究更多的仍处于探索阶段。加强对影子银行问题的研究对于促进监管水平的提高、维护金融系统稳定具有重要意义。

第一章　影子银行体系内涵、功能与结构

本章分为三节，第一节探究了影子银行的内涵与特征。从广义上来说，影子银行体系是指游离在常规银行体系之外承担信用中介职能的机构和行为的体系。这种分析能使我们从总体上对影子银行有一个全面的把握。第二节从横向对比中分析了银行的本质、功能与风险，并研究了影子银行如何发挥了“类银行”的功能，并带来了相近的风险。第三节则从纵向发展和动态的角度分析了美国影子银行的构成。特别是影子银行体系中的几个关键的环节——房地产市场、次级贷款和证券化、证券回购市场等。虽然美国是一个高度自由化的市场，但国家经济政策的干预仍然广泛存在，如以政府支持企业的形式推动房地产和次级贷款市场的繁荣，这成为影子银行发展的重要推手。

第一节　影子银行体系的内涵与特征

一、国外文献对影子银行的界定

影子银行作为一个几乎全新的金融学用语在 2008 年金融危机后才出现，长期运行在金融体系中的影子银行脉络得以逐步展现，其经营模式、作用、风险也才慢慢显现并被人们所认识。界定影子银行的范围与形式是认识其特点并形成有效的监管机制的基础。

影子银行也称“平行银行系统”（parallel banking system）、“准银行”（near - bank），这一用语是由美国太平洋投资管理公司董事保罗·麦考利（Paul Mcculley）在 2007 年美联储年度会议上首次提出的，用来描述“有银行之实但却无银行

之名,缺乏有效监管的各类银行以外的机构”①。“影子银行”这一名词的使用形象地揭示了传统金融体系背后庞大、潜在的同时也影响巨大的金融网络,并在金融危机后其影响才被人们所认识。但应当特别指出的是,有些机构或市场参与者倾向于使用“市场化金融”(market - based financing)一词。FSB 在其监管建议中特别指出:影子银行这一概念的使用并不意味着对这一信用中介体系带有任何贬义(cast a pejorative tone)。选择使用这一用语仅是由于它被广泛使用,包括在 20 国集团之前的交流中。

不同的研究者对影子银行的界定存在差异。美联储主席伯南克 2010 年 9 月在 FCIC 作证时将影子银行定义为:在被监管的存款机构(商业银行、储蓄机构及信用合作社)之外,充当储蓄转投资中介的金融机构。② 前英格兰银行金融稳定部副总裁保罗·塔克将“影子银行”概括为“向企业、居民和其他金融机构提供流动性、期限配合和提高杠杆率等服务,从而在不同程度上替代商业银行核心功能的那些工具、结构、企业或市场”③。这些认识已经包含了影子银行的一些本质特征,如监管之外,发挥着类似于银行的信用中介功能等。从存在形式上来看,其包含了所有具有上述特征的机构、工具或市场。如此能够形成对影子银行体系的概括认识。

美国 FCIC 初步报告(preliminary staff report)认为,影子银行是指传统商业银行体系外的类银行金融行为,其中的许多行为都不受监管或受轻微的监管。许多影子银行是从存款者、投资者手中筹集资金提供给使用人。④ 纽联储的工作报告认为:影子银行是从事期限、信用、流动性转换的中介,但不接受中央银行的流动性支持或公开的信用担保。典型的影子银行包括金融公司、资产支持商业票据通道、结构化投资工具、信用对冲基金、货币市场基金、证券借贷、政府支持企业等。影子银行相互关联成一个完整的、长长的中介链条,通过证券化和有担保的融资(secured funding)技术,例如,资产支持商业票据、资产支持证券、担保债务凭证、

---

① P. Mcculley, *Global Central Bank Focus* (September 7, 2007), https://www.pimco.com/en-us/insights/economic-and-market-commentary/global-central-bank-focus/teton-reflections/.

② See Bernanke Testimony to the FCIC, 2010-09-02, p. 4, http://fcic.law.stanford.edu/documents/view/1685.

③ Paul Tucker, *Shadow Banking, Financing Markets and Financial Stability* (January 21, 2010), http://www.bis.org/review/r100126d.pdf.

④ See Financial Crisis Inquiry Commission, *Shadow Banking and the Financial Crisis* (May 4, 2010), http://fcic-static.law.stanford.edu/cdn_media/fcic-reports/2010-0505-Shadow-Banking.pdf.

回购等，这些中介链条使影子银行机构形成一个网络，即影子银行体系。① 在此基础上报告将影子银行分为三类，即政府支持型、内部型和外部型的影子银行。政府支持型主要是指政府住房政策推动下的“两房”；内部型和外部型，主要以商业银行为划分基础，内部型主要是指银行设立的或与银行同在一个金融控股公司之下的影子银行实体，而外部型则指银行体系之外的，独立于银行的信用中介。

FSB于2012年12月成立了影子银行监管的特别工作组（work force），在其发布的一系列文件中对影子银行做了清晰的界定。FSB指出，“影子银行体系”这一词在金融危机后被广泛使用，它反映了那些从事类银行功能却在银行体系之外的机构性实体和行为，各国对其重要性的认识不断提升。危机证明，影子银行与传统银行体系有着种种关联，并对全球金融稳定产生影响。这与其自身的产生发展以及各国银行部门的架构与监管情况密切相关。更重要的是，银行部门之外的金融交易非常复杂，可能会随金融创新或者监管规则的变化而变化。一个前瞻性的、具有包容性的定义非常重要。它应当包含所有可能导致金融系统风险的信用中介的变异。② 影子银行体系可以从广义上被界定为“游离在常规银行体系之外的承担信用中介职能的机构和行为的体系”。其具体形式与各国银行体系及非银行的金融体系架构、监管有关。考虑金融体系的动态演变的特性，当局应当采取“两步走”的方式来界定影子银行。首先，从广义上，当局应当关注所有的非银行类中介机构，以此保证信息收集涵盖所有与影子银行相关的，可能导致金融体系不稳定的风险。其次，当局应当将政策目标的关注重点放在那些从事导致系统性风险增加行为（特别是期限、流动性转换，有缺陷的信用风险转移或杠杆）的，或者通过监管套利损害金融监管利益的非银行的金融中介上。上述“两步走”的方式能够使当局从更宽广的视野观察传统银行体系之外的信用中介，能够甄别潜在的问题。同时也将关注的重点集中在“信用中介”（credit intermediation）方面，像纯粹的股权交易或外汇交易则不属于这一范畴。而政策动议方面，当局关注的重点应当进一步限缩到影子银行体系中的那些易导致“挤兑”和监管套利进而产生系

---

① See Zoltan Pozsar et al., *Shadow Banking*(July 1, 2010), FRB of New York Staff Report No. 458, https://ssrn.com/abstract=1645337.

② See Financial Stability Board (FSB), *Shadow Banking: Scoping the Issues*(April 12, 2011), http://www.financialstabilityboard.org/publications/r_110412a.pdf.

统性风险的部分。[①] 欧盟在其绿皮书中基本援用了 FSB 的界定,并认为这一定义包含了两个交叉的特质(intertwined pillars)。第一,这些机构运作了传统银行体系之外的下列业务之一:(1)像吸收存款一样获取资金。(2)从事期限转换和(或)流动性转换。(3)进行风险转移。(4)直接或间接使用金融杠杆。第二,影子银行机构的行为构成了非银行实体的资金来源。这些行为包括证券化、证券借贷、回购交易等。[②]

二、国内学者对影子银行的界定

作为一个新生的事物,国内学者对影子银行的定义差别极大。例如,央行前行长周小川认为,“影子银行”是指行使商业银行功能但却基本不受监管或仅受较少监管的非银行金融机构,如对冲基金、私募股权基金、特殊目的实体等。[③] 显然在监管者的视角中,监管要素更受关注。易宪容研究员认为,影子银行就是把银行贷款证券化,通过证券市场获得信贷资金、实现信贷扩张的一种融资方式。它使传统的银行信贷关系演变为隐藏在证券化中的信贷关系。这种信贷关系看上去像传统银行但仅行使传统银行的功能而没有传统银行的组织机构。[④] 这种认识主要从金融学的视角,突出了影子银行体系与传统银行在功能上的相似性,未考虑其监管上的缺陷。中信银行前副行长曹彤认为,“影子银行”是“不受监管或仅受较少监管的,提供融资、股权资本融资、金融组合产品、金融交易服务的非银行金融机构或金融行为”[⑤]。该定义除了关注监管要素之外,也考虑了业务因素,但仅限于业务范围,而对业务特性与本质缺乏概括。李建军等认为,影子银行体系是非银行金融机构以及非正式金融组织及其产品运营体系的总称,是由投资银行(证券公司)、对冲基金、货币市场基金、结构化投资工具等非银行金融机构、非正规金融组织和信用衍生品等非常规金融工具所构成的信用创造体系。在中国,影子银行体系主要包括证券公司、信托投资公司、抵押担保公司、贷款公司、典当行、

---

① See Financial Stability Board (FSB), *Shadow Banking: Strengthening Oversight and Regulation Recommendations of the Financial Stability Board*, http://www. financialstabilityboard. org/publications/r_111027a. pdf.

② See Green Paper on Shadow Banking, The Eurosystem's Reply, p. 3, http://ec. europa. eu/internal_market/bank/docs/shadow/green - paper_en. pdf.

③ 参见周小川:《金融政策对金融危机的响应》,载《比较》2011 年第 1 期。

④ 参见易宪容:《“影子银行体系”信贷危机的金融分析》,载《江海学刊》2009 年第 3 期。

⑤ 曹彤:《影子银行对商业银行发展的影响》,载《当代金融家》2011 年第 11 期。

民间借贷组织等非银行类的金融机构。[①] 该定义关注了传统银行体系之外的信用创造活动，包括了机构和产品，但并未强调金融工具的使用以及可能带来的对金融稳定的影响。另外，其将中国金融市场中的所有非银行实体都纳入影子银行的范畴，而不考虑其行为和受监管情况，显然将范围过度扩大化了。如此一来影子银行问题根本不是一个新问题。对于影子银行体系的外延问题，各方在认识上也存有争议。由于中国金融体系银行主导的特点，对于非银行类金融中介从事的信用创造争议不大，但对银行资产负债表外的融资，如委托贷款项目、银信合作等理财产品是否应当归入这一范畴则分歧较大。

通过以上的分析可以看出，事实上国外对影子银行的定义不存在太大的争议，对其内涵和外延的界定主要强调其类银行的功能、不受监管或受轻微监管而导致的监管套利、系统性风险，符合条件的任何机构或行为都构成影子银行体系。对影子银行的概念必须从整体上去理解，作为一个体系，其机构和行为众多，发挥的作用和市场影响不同，国外相关文献既有关注于影子银行体系的研究，也有对影子银行中特定机构和特定工具的研究。国内学者对我国影子银行体系的研究仍非常不充分（当然这也可能与影子银行体系本身的不发达有关），甚至有一些认识还非常的简单化，如认为“影子银行”就是指从事非商业银行业务的金融机构，或者是指不受监管的金融机构，还有人认为就是指从事直接融资的金融机构，等等。

我们认为，由于影子银行在诱发金融危机方面起到了非常重要的作用，在我国媒体和一些官方的表述中将影子银行体系与风险联系在一起。因此国内很多研究者、监管者在开展研究之前先有了预设立场，认为它是危机的根源，监管秩序的破坏者。这种前提预设对影子银行系统的发展和其正面作用缺乏认识，在确定其内涵和外延方面缺乏客观性。[②] 本书仍倾向于使用 FSB 的界定：游离在常规银行体系之外的承担信用中介职能的机构和行为的体系。这一界定的好处在于：它能够准确地描述影子银行的几个方面的特质，包括监管之外、信用中介、监管套利与系统性风险等。同时也能够在这一界定之下，根据本国金融市场情况研究影子银行的构成乃至监管问题。

---

① 参见李建军、田光宁：《影子银行体系监管改革的顶层设计问题探析》，载《宏观经济研究》2011年第8期。

② 参见苗燕：《监管机构明确：信托、理财等业务均非影子银行》，载《上海证券报》2013年1月18日版。

三、影子银行的基本特征分析

影子银行借助金融创新产生的金融工具实现了特殊的经济功能,特别是传统的金融中介功能。通过分析,能够发现影子银行如何实现了这些功能,同时也形成了相同的风险。影子银行系统发挥了传统存款银行的功能,在资本市场上联结了资金的使用者和提供者。资本市场的投资者购买金融产品最终为家庭部门和公司部门提供了融资。影子银行体系机构众多,融资链条长,对影子银行特征的分析应当有足够的概括性,总体上看影子银行体系的特征包括:

第一,影子银行的运行高度市场化。传统商业银行主导的金融体系中,银行作为金融中介是信息处理、风险管理和资金配置的中心。不同于商业银行,随着交易成本的降低,影子银行作为信用中介,其发展的基础是市场自由、市场自律,高度依赖市场,不同的金融机构通过一系列的金融合约联结在一起。它主要通过市场化的方式实现融资,体现了交易型金融和直接金融的特点。金融技术的发展使非银行类的金融市场参与者,如对冲基金,能够提供与银行类似的金融产品并与银行竞争,且成本更低。在谈到这种竞争时,乔治城大学(Georgetown University)法学教授多纳德·C. 兰格沃特(Donald C. Langevoort)指出:由于这些市场机构对短期债务工具的强烈需求,加上金融技术的进步能够提供结构化的产品,传统上由商业银行从事的业务逐步转移到了华尔街,由此形成了影子银行系统。① 越来越多的金融中介使用商业银行外的资金、国内或国际市场资金,联通存款人和借款人。这些金融机构和市场组成了影子银行体系的一部分。

第二,影子银行体系从事了信用中介业务。虽然没有像银行一样吸收存款、发放贷款,但影子银行通过一系列安排也达到了融通资金的持有者和资金需求者的目的。从事了类似于银行的期限、流动性转换,向社会提供信用,从事了信用创造。任何的信用创造都具有公共性质,应当受到严格的监管。美国财政部前部长盖特纳指出:"在其顶峰时,影子银行体系运作了8万亿美元的资产,这几乎和银行系统的规模相当。"②如此大规模的信用创造活动已经对金融市场造成了重大影

---

① See Donald C. Langevoort, *Global Securities Regulation After the Financial Crisis*, Journal of International Economic Law, Volume 13, Number 3, September 1, 2010, p. 799 – 815 (17), Oxford University Press.

② Timothy F. Geithner, *Testimony of Secretary Timothy Geithner before the House Financial Services Committee* (April 20, 2010), http://archives – financialservices. house. gov/media/file/hearings/111/geithner_testimony_4. 20. 10. pdf.

响。有学者指出：尽管人类历史上出现的金融危机的表现形式千差万别，比如，银行危机、货币危机、外债危机及资产价格泡沫，但是这些危机基本上是信用扩张过度所导致的结果。①

第三，受监管程度较低。传统商业银行作为一个古老的行业，在经济体系中的作用巨大，一旦破产将严重影响经济稳定。因此银行业在各国都受到严格约束，特别是20世纪80年代以来，巴塞尔委员会在全球统一的银行监管标准的构建方面做了卓有成效的努力，并使其逐渐成为各国共同遵循或参考的准则。但影子银行体系在近几十年中才慢慢发展起来，在2008年金融危机后才受到广泛关注。影子银行体系像银行一样充当了信用中介，在最终借款人和投资者之间发挥融通的作用。但国家原有的监管体系对其监管程度要低得多。美国FCIC也同样强调了这一点，"传统商业银行体系之外（影子银行）从事的类银行的金融行为都未受监管或仅轻度的监管"②。作为金融创新的一部分，影子银行在危机之前并未受到监管体系的关注。

金融体系中监管强度的不同诱发了监管套利行为，这一定程度上促进了影子银行体系的发展。例如，在融资功能方面，银行体系要受到审慎规则的严格约束，这提高了其经营的成本。但影子银行体系却不受这些规则的约束。这一特征在中国影子银行体系中同样明显。例如，我国对银行的资产负债以及贷款规模都有严格的管理，这激励了银行表外融资行为的发展。

第四，影子银行体系构成了系统性风险。2008年金融危机爆发，影子银行在其中发挥了重要作用。有学者指出，"影子银行体系所进行的期限转换和信用转换对金融危机前居住和商用不动产资产泡沫的形成起到了非常重要的作用"③。从规模上看，影子银行已经成为金融体系的一个极其重要的组成部分，对金融体系和金融市场的结构产生了较大的影响。从其运作方式上看，由于影子银行融资杠杆率较高，增加了金融市场的脆弱性；从风险的传递来看，由于影子银行体系存在高度关联，商业银行也成为这个链条中的组成部分，影子银行风险能够迅速地传递到整个金融系统。更重要的是，影子银行虽然从事类银行的业务，但却不在

---

① 参见易宪容：《美国次贷危机的信用扩张过度的金融分析》，载《国际金融研究》2009年第12期。

② Financial Crisis Inquiry Commission, *Shadow Banking And the Financial Crisis* (May 4, 2010), http://fcic-static.law.stanford.edu/cdn_media/fcic-reports/2010-0505-Shadow-Banking.pdf.

③ Zoltan Pozsar et al., *Shadow Banking* (July 15, 2010), supra note 1, at abstract, http://ssrn.com/abstract=1640545.

国家金融安全网之内,迅速扩张的规模事实上绑架了国家的经济安全,使得危机发生时不得不依靠纳税人的公共资金予以救助,助长了这些金融机构"大而不能倒"的道德风险行为。

从监管的视角来看,影子银行体现了以市场为基础的金融创新与国家金融监管之间的博弈。完全依靠市场自律将使监管规则成为具文。正视影子银行的发展并建立有效的监测与监管框架成为危机后各国金融监管改革的基本共识。

第二节 传统银行的本质与风险

谈到影子银行,一个基本问题是其与传统商业银行的关系如何?影子银行这个词本身就表明了它们之间的某种关联:二者都经营着某些银行业务。那么为何这种新的信用中介要冠以"影子"二字?其在经济体系中到底蕴含着什么样的风险?本节研究传统商业银行的本质与风险,后文进而探讨影子银行如何部分复刻了银行的功能,破坏原有金融体系的稳定,造就了新型的风险。

一、银行的本质

虽然我们对银行这种机构和其业务并不陌生,但什么是银行,其本质是什么却并不是一个简单的问题。对于银行在社会经济中的功能和风险,前人进行了卓有成效的研究,特别是 1982 年 Corrigan 对商业银行的特殊性做了最经典的阐述。①

(一)提供交易账户

只有商业银行能够发行交易账户。储户通过活期存款的方式将当前闲置的资金存入银行,形成银行负债。户主可以随时支取现金,要求以面值偿还,也可以通过填写支票、电汇等方式要求支付给第三方。高度流动性、便利性和安全性是这一账户类型的基本特征。提供此类账户是银行的基础性功能。该类账户在经济生活中发挥了重要作用,主要体现在:

---

① See E. Gerald Corrigan, *Are Banks Special*?, in FED, Reserve Bank of Minneapolis, 1982 Annual Report(1982), https://www.minneapolisfed.org/article/2000/are-banks-special.

1. 交易账户能够保证资金的安全性，保证在任何条件下的平价支付。它为现金安全管理和交易活动的开展提供了极大的便利，是一国基础性金融业务的主要组成部分。按照 Gordon(2009)教授的观点，银行创造出一种用于交易的“信息不敏”(information insensitive)证券——银行债券(活期存款)。这种证券可以用于交易活动，特别是在活期存款中，这一特征更加明显。交易相对方能够接受写给他们的支票，而无须担心支票的价值。这使银行债券具有了某种货币的性质。

这种证券被认为是安全的，在这里“安全”包括两种含义。首先，银行债务的价值基本稳定，10 美元的支票确实价值 10 美元。也有学者将银行的这一功能概括为提供流动性保险，即在获得客户存款的同时，为他们提供流动性，在其将来面临不确定的消费需求时能够随时予以支付，即使是在市场不利的条件下也能如此。其次，此类账户在用于交易的时候不会产生信息不对称状态下的逆向选择的问题。具体而言，对任何人来说，这种证券不会产生任何私人性质的关于银行债务的信息，并不会使人利用该信息投机牟利，即它是一种“信息不敏证券”。但在银行恐慌时期，或发生外部冲击导致金融不稳定时，银行债务变得信息敏感(对银行债务背后的信用产生怀疑)。它失去了正常状态下所应具有的特征，市场也变得不再接受它，转而寻求更基础性的“信息不敏”的资产——现金(国家信用)。①

2. 存款账户是银行筹集资金的主要方式。传统上银行依赖居民和企业存款作为其负债的主要方式，在中国银行业中尤其如此，通过这种方式为贷款和其他投资融资。由于居民零售存款相比于“批发性”借贷具有更好的黏性(客户一般不会更换存款银行，而且居民和企业的收入持续而稳定)，所以银行经营具有稳定性。以此为基础，银行将这部分资金投入长期贷款中。这些贷款对促进社会消费和非金融产业部门的发展都具有重要意义。由于活期存款没有固定的到期日，客户可以随时支取；而对定期存款，客户也可以在损失少量利息的情况下要求取回资金。因此在这一过程中银行存在风险和期限的转换，产生了期限错配问题。在银行的资产负债表上，一方是长期的资产，如 30 年的抵押贷款；另一方是短期负债，存款人可以随时提取资金。银行之所以从事期限转换是因为企业和消费者需要借入资金从事长期的投资，如工厂和住房，但同时又都倾向于持有那些能够迅

① See Gary B. Gorton, *Slapped in the Face by the Invisible Hand: Banking and the Panic of* 2007 (May 9, 2009), https://ssrn.com/abstract=1401882.

速转换为现金的资产或接近于现金的金融工具,如支票账户等。[①] 从更宽的视角来看,融短投长不仅是影子银行更是所有金融体系的基本特征。[②]

从银行的角度看,银行经营资金主要来源为负债,即银行经营的主要是他人之财(other people's money),由此才产生了要求银行保持资本充足等审慎经营的监管要求。

3. 银行的交易账户加上银行建立起来的庞大的交易网络,形成了覆盖广泛的支付结算体系。客户通过支票等方式可以非常便利地进行资金的划转,降低了交易成本。同时,银行票据背后的信用也提高了交易的安全性和效率。它是一国金融基础设施的重要组成部分。

4. 活期存款(demand deposits)对商业银行过度承担风险具有抑制作用。活期存款构成了商业银行的特质性(defining features)。Diamond 和 Dybvig (1983)[③] 对这一问题进行了开创性的研究,之后的研究者都认为活期存款高效率地共担流动性风险并提高了社会福利。由于存款保险构成了对银行的某种补贴,其中的道德风险之一是激励有大量存款的银行从事更高风险承担的行为。但活期存款带来的脆弱性能够构成某种约束机制。Calomiris 和 Kahn (1991)从理论角度研究认为,活期存款能够控制银行不审慎的风险承担行为。[④] Diamond 和 Rajan (2001)[⑤]表明活期存款能够成为约束机制,通过银行家承诺避免不合理的风险承担行为。众多存款人从银行取回资金会形成对银行经营风险承担行为的事前压力。

(二)向市场提供流动性

银行作为金融中枢是其他所有大小机构(包括金融和非金融机构)流动性的

---

① See Financial Crisis Inquiry Commission, *Preliminary Staff Report: Shadow Banking and the Financial Crisis* 9, n. 8 (May 24, 2010), p. 9, http://fcic - static. law. stanford. edu/cdn_media/fcic - reports/2010 - 0505 - Shadow - Banking. pdf.

② See Cf Morgan Ricks, Visiting Assistant Professor, Harvard Law School, Presentation at the Review of Banking and Financial Law Symposium on Shadow Banking (Feb. 24, 2012), arguing that the instability of short - term "money - like" securities is the central problem for financial regulatory policy.

③ See W. Diamond, Douglas & Philip H. Dybvig, *Bank Runs, Deposit Insurance, and Liquidity*, Journalof Political Economy, Vol. 91, No. 3:401 - 419.

④ See Charles W. Calomiris & Charles M. Kahn, *The Role of Demandable Debt in Structuring Optimal Banking Arrangements*, American Economic Review, American Economic Association, Vol. 81(3), p. 497 - 513(1991).

⑤ See Diamond D. W. & R. G. Rajan, *Liquidity Risk, Liquidity Creation and Financial Fragility: A Theory of Banking*, Journal of Political Economy 109(2), p. 287 - 327(2001).

源泉,这对工商业的发展极其重要。从公司融资的角度来看,债务性融资是公司运营资金的重要来源。银行在大多数情况下能够向私人和公司提供流动性。流动性中包含了借款人的风险和贷款时的资金成本。一方面,银行通过固定期限以及不定期的资金存储形成短期负债;另一方面,银行向借款人提供长期、固定利率贷款。银行在其资产负债表内从事期限风险、利率错配管理。需要指出的是,银行发放贷款的过程也是信用创造的过程。

(三)货币当局执行货币政策的主要渠道

商业银行与中央银行存在密切的业务往来。从历史发展的角度看,中央银行的重要职能之一在于承担最后贷款人的角色,在危急的情况下,通过中央银行的贴现窗口维持市场的流动性。另外商业银行需要向中央银行提交准备金,这成为央行控制货币乘数和融资规模的主要方式。商业银行成为中央银行政策、措施的传送带。央行可以根据金融市场状况、货币和信用创造情况以及整体经济情况选择适当的经济策略。银行的另外一个显著特点是在资金的流转过程中,还可以创造信用,而其他的机构则只能够转移资金。对这一问题,已经有过很多的讨论。银行在贷款的过程中有创造存款或信用的功能,这就是所谓的货币乘数。通过这个渠道,银行向社会提供了货币供应。货币供应对物价、名义的国民收入和其他宏观经济变量都有着重要的影响,银行机构及行为在经济体系中具有非常重要的地位。

因此,Corrigan(1982)认为,一个令人满意的银行的概念必须能够清晰地揭示该机构的核心功能。虽然银行在一国经济体系中发挥着三方面的作用,但其最本质、最核心的功能在于吸收存款,发行交易账户,即能够按需面值支付,并能无限制地转移到第三方。单独强调这一点,从银行的业务实践来看似乎并不完整,因为它并不包含资产和借贷特征,它仅关注资产负债表的负债方。美国《银行控股公司法》规定,银行就是提供活期存款账户和商业贷款的机构。但事实上,对银行而言,在所有的金融机构中其资产方并不独特。它只不过是银行负债业务衍生出来的功能。这一功能仅在从公共角度限制银行过度承担风险方面才有意义。美国联邦最高法院在 United States v. Philadelphia National Bank et al. 中也持此观点:“与其他金融机构相比,商业银行的独特性主要体现在能够依法开展吸收活期存款业务。这使得商业银行在一国经济体系中居于核心地位。商业银行既是货币和信用中介,同时也是货币和信用的源泉;另外,吸收活期存款的权力使银行成为主要的金融交易中介,并成为绝大多数私人和公司资金的保管人。"[①]国内有学者持相同的观点,认为商业银行的定义就是提供活期存款账户的机构。[②]

当然应当指出的是,Corrigan(1982)的观点是对历史经验和当时金融市场状况的总结。随着金融市场的发展,有学者对此提出了强烈的批评:无论是交易账户的设立、流动性的提供还是央行的货币政策等都已经发生了前所未有的变化,商业银行在金融体系中的"特殊性"早已不复存在。[③] 特别是近几十年来,影子银行体系的崛起已经深刻地改变了这一状况。

二、银行主要风险

商业银行的业务特征和经营模式也造就了银行内在的脆弱性。银行风险主要体现在以下几个方面。

(一)流动性风险

交易账户具有信用创造的功能,即融入短期资金,通过贷款形成长期资产。由此形成期限结构风险。期限错配可能导致不能偿还债务,因此银行必须持有一定数量的流动性资产以防大量和突然的存款流出。管理期限和风险转换成为银行的重要职能之一。经验告诉我们,公众对银行是否有信心,最终取决于银行的金融状况、资产质量、流动性资产以及自身吸收挤兑冲击的能力。

存款账户的特征是高度的安全性,即按面值支付的承诺。但保证客户账户资金安全并不容易。从银行发展历史来看,构建金融安全网是完善银行监管制度的重要方面。为防止挤兑的发生,各国均建立了防范机制:中央银行的最后贷款人职能、存款保险制度以及要求银行保持一定数量的高度流动性资产。以美国为例,这一金融安全网的建立使美国在大萧条之后维持了70多年的"大稳定时期"(great moderation)。

挤兑行为使金融和经济生活中的信用消失殆尽,金融生态遭受严重破坏。对此早在20世纪80年代,经济学家Diamond和Dybvig就已经建立模型对银行挤

---

① United States v. Philadelphia National Bank, 374 U. S. 321(1963).

② 参见彭冰:《商业银行的定义》,载《北京大学学报(哲学社会科学版)》2007年第1期。

③ See Richard Aspinwall, *On the "Specialness" of Banking*, Issues in Banking Regulation, Vol. 7, p. 16 - 22(1983).

兑行为进行分析。[①] 其在相关文章中指出,提供活期存款是银行的基本特质,为消费者跨期消费提供了风险分担工具。由于活期账户所具有的按需支付(on demand)特征,对所有存款人"先到先得",因此在银行恐慌时期,尽管看上去存款人涌向银行是非理性的行为,但研究指出这恰恰是其理性而最优的选择。银行资产负债表中虽然有质量优良的资产,也有可观的贷款收益,但此时银行根本无法在短期内处理大量的银行体系内的资产来补充银行资本的不足,银行也无法满足存款人提款的要求,只能通过变卖资产的方式偿还债务。从这个意义上来说,银行经营具有内在的脆弱性,流动性管理在银行经营中具有最高的意义。

(二)信用风险

首先,银行持有贷款形成的资产,这会形成信用风险,即贷款违约风险。其次,信用风险还可能包括银行对单一客户或同一类型客户或经济中相同部门的长期风险暴露。这也被称为贷款集中度风险。最后,银行可能由于过度使用杠杆导致金融体系的脆弱。银行过度的信贷扩张会形成自有资本与资产比例的失衡。以资本充足率为核心的审慎监管规则正是对银行过度扩张的限制。与流动性风险相比,银行偿付风险可能会导致负外部性,会传染其他银行乃至整个金融体系。在银行恐慌时期,存款人获得的信息可能是总体的信息,人们只是知道,衰退已经发生,在衰退中一些银行会倒闭,但并不清楚是哪家银行。所以存款人理性的预防措施是将自己在银行的存款全部取出。一次冲击就可能造成大的银行恐慌。这与银行的作用是联系在一起的。银行挤兑一旦发生,健康的银行也难免破产进而产生银行倒闭的连锁反应。特别是当多家银行都有相同的风险敞口的时候,问题会更加严重。尽管从理论上能够区分流动性危机和无法偿付的危机,但在实践中,二者却紧密相关。一方面,对银行资产负债表的威胁可能会导致存款人的惊恐并产生银行挤兑;另一方面,过度的挤兑将导致银行的偿付危机。

第三节 影子银行的主体与运行机制分析

影子银行之所以被称为体系,是因为不同的金融实体、多种金融产品、不同的

① See W. Diamond Douglas & Philip H. Dybvig, *Bank Runs, Deposit Insurance, and Liquidity*, Journal of Political Economy, Vol. 91, No. 3: 401 - 419 (1983).

金融行为,各自发挥了不同的作用,共同实现了银行的部分或全部功能,一定意义上实现了对银行的替代。本节从纵向上考察影子银行体系,对其中的主体构成进行分析,动态探究其在信用中介链条中的作用。理解其运行机制才能够理解影子银行的商业模式和风险所在。

一、货币市场基金

MMF属于开放式的互助基金,在美国,按照《1940年投资公司法》(Investment Company Act of 1940)注册投资公司,受SEC监管。[①] 顾名思义,基金投入的领域为货币市场,即短期资金市场,一般是指融资期限在1年以下的金融市场。该市场中的金融工具,主要是信用等级较高的政府、银行、企业发行的信用工具,较好的市场流动性加上较高的市场信用使其成为某种“准货币”。MMF可以按照它所服务的客户或投资领域进行分类,零售MMF(retail MMF)是指从住户部门或其他小投资者中筹集资金;与之相对的是机构基金(institutional funds),它主要服务于公司投资者、养老基金及其他的大客户。这个行业最初创建的目的是给投资者提供一种银行存款的替代品,它具有略高的回报、即时流动性和无风险的特点。学者们的研究表明,投资者对特定现金流模式的需求是金融创新的重要驱动。[②]

1929年“大萧条”时期,美国加强了对金融特别是银行的管制。美联储根据银行法的授权制定了一系列的金融管理条例,并按字母排序。Q条例[③]是关于利率管制的规则。Q条例也因此成为对存款利率进行管制的代名词。Q条例规定联邦储备银行的会员银行不得为30天以下的活期存款支付利息,同时对银行吸收的储蓄存款和定期存款规定了2.5%的利率上限。1957年后利率上限虽有所调整,但直到20世纪80年代中期美国完成利率市场化,存款利率管制才彻底取消。20世纪70年代,由于通货膨胀,市场利率上升,银行存款失去吸引力。个人和机构投资者都积极寻求相对安全、具有高度流动性的替代性投资。特别是1975年SEC取消了股票交易中的固定佣金后,华尔街的证券商们迫切寻求新的利润增

---

① See MMMFs are registered investment companies that are regulated by the SEC in accordance with Rule 2a-7, adopted pursuant to the Investment Company Act of 1940.

② See Ross Stephen, *Options and Efficiency*, Quarterly Journal of Economics, 90(1): 75-89(1976); Allen Franklin & Douglas Gale, *Financial Innovation and Risk Sharing*, MA: MIT Press, 1994.

③ 根据1933年《格拉斯-斯蒂格尔法案》(Glass-Steagall Act),该法案的第11条禁止银行为支票账户的存款支付利息,并授权美联储对其他种类的存款可以支付的利息设定上限。这种限制增补于联邦储备法的第19条,也就是1933年8月29日美联储颁布的Q条例(Regulation Q)。

长点,此时 MMF 应运而生。1977 年,美林证券提供了所谓的“现金管理账户”(cash management accounts),使其更接近于银行账户,投资者可以用基金中的资金填写支票支付给他人并可以随时赎回。这使 MMF 账户在安全性和流动性等方面一定意义上能够替代有保险的银行存款账户。消费者喜欢更高的收益。理论上来讲,MMF 的投资风险应由投资者承受,但为了防止基金份额“跌破 1 美元”(breaking the buck)所导致的声誉风险(reputation risk),发起人会采取一些干预措施。尽管基金从法律机构层面上来说都是独立主体并且没有任何正式的法规对其科以这项义务。基金的发起人尽力保持基金份额不低于每份 1 美元的净值(net asset value,NSV),这给了投资者更多的信心。另外,一些大型公司也逐渐成为 MMF 的重要客户,为他们提供公司现金管理的“外包”服务。这为有效管理公司现金提供了一种不同于银行存款或直接持有证券的替代性投资方式。还应当注意的是,特别是在美国的金融市场中,市场主导的直接融资体系发达,同时银行经营受制于单一制银行的约束,证券公司在规模、影响力、信用等方面也不输于商业银行。因此基金公司提供的资产管理在安全性和收益方面都不输于银行。事实上,在危机前 MMF 都做到了保持基金份额稳定,这成为近几十年来 MMF 取得巨大成功的重要原因。由于兼具可以随时赎回、确定性资本以及高回报等特征,MMF 对投资者极具吸引力,货币市场基金拥有的资产从 1977 年的 30 亿美元上升到了 1995 年的 7400 亿美元,并在 2000 年超过 1.8 万亿美元。① 截至 2008 年年末,MMF 管理的资产达到了 3.8 万亿美元,其中 2.5 万亿美元来自机构投资者,其余来自零售投资者。② 至 2021 年 12 月,货币市场基金的规模达到 5 万亿美元。③

MMF 同样获得了学界的认可,学术文献中也已经形成了一些共识,特别是在市场不稳定的时期,MMF 往往会有更多的流入和增长。Miles W. (2001)指出,长期的无风险状态使投资者认为 MMF 比普通的银行更安全。④ Gorton(1993)认

---

① See Arthur E. Wilmarth Jr., *The Transformation of the U. S. Financial Services Industry*, 1975 - 2000: *Competition, Consolidation, and Increased Risks*, University of Illinois Law Review(2002):239 - 240, https://ssrn. com/abstract = 315345.

② See Bank for International Settlements(BIS), *Quarterly Review*(2009), p. 68, https://www. bis. org/publ/qtrpdf/r_qt0903. pdf.

③ See Division of Investment Management Analytics Office, *Money Market Fund Statistics* (period ending July 2021), https://www. sec. gov/files/mmf - statistics - 2021 - 07. pdf.

④ See Miles W., *Can Money Market Mutual Funds Provide Sufficient Liquidity to Replace Deposit Insurance?*, J. Econ. Finan. 25, 328 - 342 (2001), https://doi. org/10. 1007/BF02745893.

为,MMF 不会发生挤兑,即使商业票据违约上升。① 这可能使投资者产生错误的认识,将此与商业银行的存款账户等同视之。但事实上 MMF 能否按照存款全额支付本金却存有疑问。基金本身的资本金数额有限,也难以寻找替代的渠道支付给基金份额持有人。同时基金也未获得存款保险的支持。

MMF 受到严格的监管,同时为了维持其对商业银行的竞争力,其投资领域仅限于高质量的短期资产,如美国财政部的债券,商业票据、存款凭证(certificates of deposit)以及回购业务。同时 MMF 的发展也极大地促进了相关市场的发展。货币市场基金,特别是零售型,面向普通投资者,在客户方面与商业银行储户几乎没有区别,但其风险承受能力较低。基金从事类似于吸收活期存款的业务,但却不需要接受类似于商业银行审慎监管指标的管理,也无须承受存款准备金、缴纳存款保险等合规成本。这在一定程度上形成了监管套利,同时也缺乏金融安全网的保护,投资者利益面临较大的风险。发达的金融市场和金融工具的使用使基金公司所管理的巨额资金成为影子银行体系资金的蓄水池,为融资活动奠定基础。

货币市场基金投资于一般安全的非政府证券,如商业票据。2008 年 9 月,雷曼兄弟(Lehman Brothers)的破产导致其商业票据违约,从而导致该票据的一大持有人储备基金(reserve fund)"跌破 1 美元"。这一事件震惊了投资者,导致数千亿美元的资金不仅从储备基金撤出,而且从整个货币市场基金部门撤出,并重新回到传统的银行存款和政府债券领域。货币市场基金引发的挤兑导致影子银行领域流动性的丧失,只有政府对货币市场基金进行担保才能拯救这个行业。

二、拍卖利率证券

ARS 是一种由市政当局、学生贷款机构、其他发行人发行的长期债务工具,也可以是封闭式基金发行的 ARPS,两者都通过荷兰式拍卖设定拍卖间隔期利率。② ARS 的机制如下:第一,个人将资金长期出借给借款的机构。由于 ARS 设定了较低的准入门槛(通常为 25,000 美元),个人、公司及机构都可以成为其投资者。第二,在法律上,这笔钱可能在 30 年内不得要求偿还。但是,借款机构会经常(一般每周一次)地举办拍卖会,证券持有者可以将债权拍卖给新投资者。对于每笔证券而言,一场拍卖会上确定下来的利率,将适用于投资在这笔证券之中的所有资

---

① See G. B. Gorton & G. Pennacchi, *Security Baskets and Index - Linked Securities*, Journal of Business, 66, p. 1 - 27 (1993).

② 参见陈斌、刘漪:《次贷危机冲击下的美国拍卖利率证券市场》,载《银行家》2009 年第 3 期。

金，直至下一场拍卖会到来。假如拍卖会上的竞价者不够，导致那些想退出的投资者无法全部退出，则意味着拍卖会失败了，借款机构就必须接受惩罚性的利率，如15%。[①] ARS是一种长期的浮动利率债券，其利率定期调整，通常都少于1个月。由于建立了做市商制度，保持了市场的流动性，因此在经济稳定时期很少会出现拍卖失败的情形。显然从投资者的角度而言，这种工具同银行存款一样具有较高的流动性，收益也高于银行存款利息，被视为流动性极强的短期投资工具。克鲁格曼认为“这和银行业务是一模一样的”，即类似于存款，可以很方便地取回（尽管不是随时）。

截至2007年年末，ARS总量大约在3300亿美元，市政部门这些债券的主要发行人，利用ARS筹集长期债券。[②] 大量的资金沉淀也构成了影子银行体系资金的重要来源。而从投资者的角度看却是短期且无风险的。但在金融危机时期，证券拍卖失败的情形大增，投资者难以取回其投资。

ARS的操作模式最重要的是进行了类似于银行的期限转换。投资人投入短期、小额的资金，而通过证券交易，发行人仍然可以取得长期、大额、稳定的资金。由于期限错配，ARS市场面临着同其他影子银行体系一样的固有的脆弱性问题。

三、商业票据

投行侵入银行领域，首先是从商业票据（commercial paper）开始的。商业票据早在20世纪初就已经存在，但在60年代以后才得到迅猛发展。20世纪60年代，一些大公司在融资过程中开始脱离银行贷款，转而发行商业票据。商业票据是一种非金融机构短期债务，是一种无担保的公司债务。这意味着，它仅依赖于公司本身的信用来保证偿付。这种贷款利率低于商业银行贷款，时间一般少于9个月，有时只有两周甚至1天。借款人可以通过滚动使用：当贷款到期时，可以用新的贷款代替旧的贷款。由于只有财务状况稳定、市场信誉良好的公司才能够发行，因此商业票据被认为是一种非常安全的投资。但1970年美国第六大金融公司宾州中央运输公司（Penn Central Transportation Company）申请破产，留下了高

---

① 参见［美］保罗·克鲁格曼：《萧条经济学的回归和2008年经济危机》，刘波译，中信出版社2009年版，第149～152页。

② See Financial Crisis Inquiry Commission, *Preliminary Staff Report*: *Shadow Banking and the Financial Crisis* 9, n. 8 (May 24, 2010), p. 22, http://fcic - static. law. stanford. edu/cdn_media/fcic - reports/2010 - 0505 - Shadow - Banking. pdf.

达2亿美元的商业票据无法偿还;Railroad公司的违约导致了投资者开始关注商业票据市场的风险;商业票据的持有者拒绝对贷款人展期(roll over),这导致了当时商业票据市场几乎彻底关闭。为了应对危机,美联储向商业银行体系提供了大约6亿美元的紧急贷款,并降息。这使商业银行可以向困境中的公司提供贷款,以偿还他们的商业票据,并保持该市场的流动性。1970年宾州中央运输公司破产案以后商业票据的发行人为使商业票据对投资者具有吸引力,保证其偿付能力,常常会使用银行担保的方式设立备用的信用额度。

促进商业票据市场繁荣的是监管套利,即通过结构设计绕过法律或监管规则,从而达到实质相同的目的。商业票据与银行贷款的一个重要区别在于,银行贷款要反映在银行的资产负债表中。银行要受到资本充足率的约束和提交存款保证金。而如果一家公司通过商业票据进行市场融资,那么所有这些加在银行身上的成本都可以规避掉。

商业票据市场也发展迅速,截至2000年,商业票据规模已经从1980年的不足1250亿美元发展到了1.6万亿美元。

MMF是商业票据市场的最大买家,这看起来是一个多赢的交易:MMF获得固定的回报,公司能够获得相对低价的贷款,华尔街的证券公司可以获得交易手续费。多个机构组合形成了资金聚集与适用的闭环,共同完成了类似于商业银行的贷款业务的功能:提供信用。不需要商业银行作为信用中介,也无须遵守商业银行的监管规则。

与商业票据类似的还有高收益债券。传统上,只有那些在评级机构获得投资级评级(BBB-或更高)的公司才能发行公债。而从20世纪80年代起,投行能够销售高收益债券或非投资级债券。高收益债券同样是银行贷款的替代品。它与商业票据的共同之处就在于中介债务(银行贷款)被以市场为基础的(非中介)债务所取代。

四、证券回购与证券借贷

回购是指通过证券回购协议进行短期资金融通的行为。证券回购协议(repurchase agreement, repo)是指资金融入方在出售证券的同时与证券购买者签订的、在一定期限内按原定价格或约定价格购回所卖证券的协议。回购交易类似于证券质押融资,充当抵押品的证券在交易中发挥着极其重要的作用。针对不同的抵押品,资金融出方会决定一个不同的保证金或预留扣减率(haircut)。例如,对安全的抵押品,102 美元的资产可以得到 100 美元的现金,对于风险较大的资产,其保证金或预留扣减率会较高。repo 交易通常都是短期的,一般分为三类,隔夜、固定期限和不定期的(overnight, term or open)。隔夜交易是指 1 天到期。固定期限是指到期日长于 1 天。不定期的是指双方都有权选择在任何一天终止交易。市场中存在大量的基金、商业公司、美国州及地方政府等,其寻求安全和高收益的投资途径,他们将 repo 作为一种信贷机构定期存款之外的安全的投资方式。对于他们来说,repo 市场实质上就是主要由活期存款市场形成的银行体系。存款人是寻求短期存储现金的公司或基金,借款人是寻求融资的金融公司。

证券借贷。银行、保险公司、养老基金和其他的金融机构都持有大量的投资组合。同时,对冲基金需要证券,如需要空单补回。[①] 证券借贷是指资产借出人(如养老基金)将自己的证券借给借用人(borrowers)(如对冲基金),同时取得现金。当借款中止时,证券和现金被各自返还。证券借贷交易与 repo 非常相像,其差异在于在这种交易中没有明确的到期日,证券是借贷(loan)而不是被出售,同时借出人获得的现金通常都用于再投资。一些金融机构不仅可以借出自身拥有的证券,在经过客户同意的情况下,还可以借出在其掌管之下的客户的证券。在这些交易中,客户可以分享手续费和在投资中产生的收益。

Repo 是影子银行体系的主要融资方式之一,但对于 repo 市场的规模却缺乏准确的数据。这表明监管机构在获取市场数据和信息方面存在问题。国际资本市场联合会(International Capital Markets Association, ICMA) 指出,欧洲市场没有关于 repo 市场总体规模的数据,根据市场信息判断,欧盟 repo 市场规模要小于美国市场。2009 年 6 月,repo 市场达到了 4.87 万亿欧元;2007 年峰值时曾高达6.78 万亿欧元。2011 年 11 月欧盟 repo 市场的规模达到了 6.2 万亿欧元。根据其 2009 年的报告,在 2001 ~ 2007 年世界 repo 市场年均增长率为 19%。[②] 各国(地区)除了美联储搜集了 19 家主交易银行(primary - dealer banks)开展 repo 的交易量之外,并没有关于 repo 发展数据的官方统计。按照美联储的数据,2008 年

---

① short sell (放空):售出借来的股票,一般会期望在将来某一个时间用一个更低的价位将股票买回来还给原股票持有人,放空交易只能通过放空账户(short account)进行,如价位反向不断高涨,则所借来的股票亦有可能被限期归还而必须在市场上买回。空单补回(buy to cover):将股票买回来还给原股票持有人。

② See International Capital Market Association, *European Repo Market Survey*, No. 22, August 2012.

3月4日,主交易商报告的以固定收益证券进行的repo融资达到了4.5万亿美元。[①] 估计美国repo市场发展的另外一个方法是根据三方repo数据[②],监测的三方回购规模为2.8万亿美元[③],据此推测,美国repo市场规模大约在10万亿美元,这与美国银行系统的总资产相当,甚至还略高。国际清算银行的一位经济学家估计,从2002年至2007年,repo市场规模翻了一番,其在美国和欧洲市场的总额大约都为10万亿美元,英国市场为1万亿美元。[④] 2008年的金融危机中,repo市场曾遭遇短期流动性危机,但其稳定运营并未受到根本性冲击。根据国际证券借贷协会(International Securities Lending Association,ISLA)的统计,截至2019年12月31日,机构投资者可用于借贷的证券达到21万亿欧元。[⑤]

首先,影子银行体系与商业银行的相似性体现在存款安全保障方面。传统银行一般被称为零售银行(retail bank),多为个人投资者;而影子银行体系则为批发银行(wholesale banks),其他机构将多余的现金存入影子银行(如投资银行),通过证券回购获得批发银行提供的高等级的抵押品作为交易担保。在传统银行中,个人投资者将其多余的现金存入活期存款,其背后的担保是联邦存款保险公司的存款保险。而在影子银行体系当中,资金的融出方(如MMF)在提供短期批发性资金的时候面临同样的风险,其对应的保障机制就是抵押品。在repo交易中,MMF收取的抵押品起到了类似于存款保险的作用,而回购交易的收益则相当于

---

① See Bank for International Settlements (BIS), *Quarterly Review* (December, 2008), p. 37, https://www.bis.org/publ/qtrpdf/r_qt0812.htm.

② 三方回购是指在双边回购的基础上,由证券托管机构作为第三方,受回购双方委托提供集中、专业的担保品管理服务。1999年,国际清算银行全球金融系统委员会(CGFS)在其发布的工作报告《回购市场对中央银行的意义》中从托管方式角度把三方回购定义为:"一般采用第三方托管,该第三方确保担保品符合资金借出方的要求,并提供估值和盯市服务。"2003年,国际清算银行下设另一专业委员会——支付结算系统委员会(CPSS)在其发布的《支付结算系统应用术语表》中把三方回购定义为:"在回购中,债券和资金由交易对手方交付至一个独立的托管银行、清算所或者证券托管机构,由其负责在交易存续期间确保和维持有足额价值的担保品。"

③ See Task Force on Tri - Party Repo Infrastructure (2009), Payments Risk Committee, *Progress Report*, December 22, 2009.

④ See Hördahl Peter & Michael King (2008), *Developments in Repo Markets During the FinancialTurmoil*, Bank for International Settlements Quarterly Review (December), 37 - 53, p. 37, https://www.bis.org/publ/qtrpdf/r_qt0812e.pdf? noframes = 1.

⑤ 参见国际证券借贷协会第12版证券借贷市场报告,载 https://www.islaemea.org/news/isla - publishes - 12th - edition - of - the - securities - lending - market - report/。

银行存款利息。[1] 当存款人存入资金时,抵押品包含一个价值折扣。例如,一个价值折扣为5%的回购交易,意味着每100元的抵押品,银行能够借入95元。价值折扣的比例反映了借款人的信用风险和抵押品的风险。银行存款具有高度的安全性,Gorton和Pennacchi (1990)将商业银行的此类债务看作其本质功能,即银行创造了"信息不敏"证券[2];repo市场迅猛发展需要大量的高质量的抵押品,而美国国债市场提供的国债已经远远不能满足回购交易的需要,因此需要创造出更多的信息不敏证券。此时通过资产证券化获得所创造的债券(securitized bonds)担当了这一历史使命。因此repo市场的发展与影子银行的另一类重要行为——证券化紧密地联系在一起。后文我们将专章分析证券化问题。

其次,影子银行体系的信用创造功能。Repo的一个重要的特征是抵押品可以用于再抵押,即存款人收到的抵押品可以再次在另一个回购交易中充当抵押品。决定再融资倍数的关键因素是预留扣减率,类似于商业银行的存款准备金率,影子银行的信用创造和杠杆水平为1/预留扣减率。在市场情况较好的情况下,预留扣减率一般在5%以下,这也意味着其杠杆规模在20倍以上。

最后,从影子银行的运作模式来看,回购业务时间较短,而融资却经常用于长期投资,因此其经营也存在融短投长的期限错配问题。同样,商业银行中的挤兑风险在影子银行体系中也存在。影子银行中的挤兑方式表现在:存款人在市场发生变化的情况下,可以取出他们的资金,即不再滚动其证券回购要求归还资金,或者提高抵押品回购折扣率。高度杠杆化迫使融资方必须出售资产以偿还债务,由此形成了资产价格下跌去杠杆化的"螺旋",最终演化为一场大的经济危机。因此有学者指出,影子银行体系类似于存款保险制度建立之前的银行体系。[3] Gorton和Metrick(2010)的分析主要关注1990~2010年回购市场中回购交易量的显著上升,同时在回购交易中抵押品的范围明显扩大。他们进一步认为,对"现金类"资产,即具有充足流动性、估值或接近确定的资本价值且相对于无风险国债具有较高收益率的资产的需求,推动了这类市场的形成和发展。

---

① See Gary B. Gorton & Andrew Metrick, *Regulating the Shadow Banking System*(October 18, 2010), p. 2, http://ssrn.com/abstract=1676947.

② 信息不敏是指这类证券在交易过程中不会受到逆向选择的影响,任何机构都不能从该产品的私人信息中找到盈利。See Gary Gorton & George Pennacchi, *Banks and Loan Sales: Marketing Non-Marketable Assets*, NBER Working Papers 3551, National Bureau of Economic Research, Inc(1990).

③ See Gary B. Gorton, *Slapped in the Face by the Invisible Hand: Banking and the Panic of* 2007 (May 9, 2009), https://ssrn.com/abstract=1401882.

五、次级贷款

拥有住房是所谓"美国梦"的一个重要组成部分。一个民众能够承受的房屋价格,是长期以来美国政府政策的核心内容之一。其背后的逻辑支撑是:房屋拥有者在社区和社会拥有广泛的利益关联,这有助于其成为一个良好市民。[①] 美国长期以来致力于促进住房拥有率的提高,并通过抵押贷款政策为房屋购买者提供补贴。这一政策起源于大萧条时期制定的《国家住房法案》(National Housing Act of 1934)中确定的现代住房金融政策。1995 年克林顿总统宣布了一个行动计划,即到 2000 年将美国的住房拥有率从 65.1% 提高到 67.5% 。其内容之一就是要求 GSE 提高对住房的支持。从 1993 年到 1995 年,大约 280 万户家庭进入了住房拥有者的行列。这是之前两年的将近两倍。极力提高住房拥有率的努力延续到了布什总统,2004 年布什总统指出,少数群体拥有自己住房的比例还不够,他已经要求私人抵押贷款银行和商业银行采取更为激进的措施,加大对首次购房人的贷款力度。之后推出了"零首付计划",在特定情况下,可以对由联邦住房管理局(Federal Housing Authority, FHA)担保的首次购房人,取消 3% 的首付要求。[②]

在这一既定的目标之下,具体的政策执行主要体现在如下几个方面:

第一,针对低收入家庭购房的支持政策。1977 年,美国推出了 CRA。该法案意在使银行和储蓄机构能够更多地服务于其所在的社区。长期以来银行和储蓄机构存在所谓的拒贷红线(redlining)问题,即对社区中特定的个人和企业,不考虑其商业信誉,不发放贷款。CRA 意在促使银行能够投资、贷款、服务于其获取存款的社区,只要这些行为没有损坏他们的金融安全和稳定。该法案还指示监管者在决定银行的合并、开设新的分支机构或开展新业务申请的时候,考虑 CRA 的实施表现。CRA 事实上要求他们向曾经拒贷的借款人发放贷款,而这些借款人通常属于收入较低、中小企业或者小型农业等弱势群体。

第二,建立两大 GSE。为了支持住房抵押贷款的发展,FHA 一直为第一次购房的中低收入家庭提供购房抵押贷款违约保险。1938 年,美国建立了房利美(The Federal National Mortgage Association),授权其购买 FHA 担保的抵押贷款,以激励银行和储蓄机构向房屋购买者提供贷款。"二战"后,房利美又获得授权购

---

① 但通过高比例贷款拥有房屋者(如使用联邦住房管理局高达房屋价值 97% 的贷款的人)对其住房仅拥有非常少的利益。事实上,对这类人甚至都很难说他们是房屋拥有者,其只是一个租房人。

② See Alan Blinder, *Interview by FCIC*, September 17, 2010.

买美国退伍军人管理局(Veterans Administration,VA)担保的贷款。

这一体系运行良好,但其中存在的问题是:房利美依靠借债维持其运营,而这些债务构成了美国国家债务的一部分。截至1968年,房利美抵押贷款资产组合已经高达720亿美元。1970年,国会通过《紧急住房金融法》特许设立了另一家私人持股公司,即房地美,以帮助互助储蓄机构销售他们持有的抵押贷款,保证抵押贷款二级市场的活跃和强劲。该法授权将房地美和房利美的业务范围扩展到购买没有经FHA和VA提供保险的传统的固定利率贷款,并同时授予房利美和房地美购买经联邦担保的抵押贷款和一般按揭贷款的权力(事实上允许两家公司在所有相关领域展开业务和竞争);但这些贷款必须依照贷款指引(underwriting guidelines)进行并在规模方面符合GSE的要求,必须是符合规范的贷款(conforming mortgages)。

为了从联邦政府的资产负债表中卸下房利美的债务,国会对其进行了重组,使之成为上市公司。虽然是上市公司,但他们都承担了双重任务:一方面,作为观察政府房贷政策的工具,要使更多的人有机会获得公平、便利、廉价的信贷。另一方面,作为私人企业要考虑股东的回报。他们自身并不发放贷款,而是从银行、储蓄机构和抵押贷款公司购买抵押贷款。国会授予了两家公司一系列的特权,如州和地方税收的豁免,以及每家能够从财政部获得高达22.5亿美元的信贷额度支持。美联储为GSE的债务和证券提供电子清算支付服务。联邦法律允许银行、储蓄机构、投资基金等以较低的资本金投资于GSE证券。与之相对的,法律和监管规则严格限制商业银行对单一借款人的贷款,限制他们投资于其他公司的债务。而且,与银行和储蓄机构不同的是,GSE只有极少的资本金来防止损失:只有0.45%的资本金担保其资产支持证券,2.45%的资本金支持其资产组合中的抵押贷款。而银行和储蓄机构的资本金要求至少为4%。这些特别之处使投资者和债权人相信,政府对GSE的MBS和债务有隐性担保,GSE的证券像政府债券一样安全。因此,投资者接受了GSE担保的MBS和GSE的负债,尽管收益率很低。"两房"在美国抵押贷款市场具有举足轻重的地位,但其承担的双重任务存在不小的问题。房利美前CEO丹尼尔·马德(Daniel Mudd)对联邦存款保险公司表示:GSE的架构要求公司在金融目标和政策任务目标之间保持平衡,但这是导致GSE业务模式问题的根源。房地美前CEO理查德·赛伦(Richard Syron)也表示,他不认为这是一种好的商业模式。①

1982 年国会为房利美提供了税收减免,美国住房和城市发展部(Department of Housing and Urban Development,HUD)放松了对房利美的资本金要求,以帮助公司应对危机。这些举措,加上立法者重申:一个充满活力的住房抵押贷款市场是国家利益的重要方面。这些举动也同样加深了人们的判断:政府不会放弃“两房”。“两房”也在抵押贷款市场上积极作为,规模达到了数千亿美元、万亿美元。“两房”的投资者包括银行、储蓄机构、投资基金、养老基金以及中央银行和国外投资者。“两房”变成了金融市场中的“大到不能倒”。

金融机构改革重建及增强法案对储蓄机构规定了同银行一样的资本金要求。监管尺度的不同将会导致市场主体的监管套利。当国会提高了对储蓄机构的资本金要求之后,为了节约资本金,更合理的方式就是将其抵押贷款卖给“两房”,而不是持有这些贷款。“两房”债务及未偿还的 MBS 在 1990 年是 7590 亿美元,1995 年翻番到 1.4 万亿美元,2000 年为 2.4 万亿美元。② “两房”是执行美国住房政策的重要工具,为中低收入家庭提供足够的住房是美国长期政策之一。1978 年美国住房和城市发展部作为“两房”的监管机构,试图修改法律,但遭到了 GSE、抵押贷款机构和房地产部门的强烈反对,最终只通过了一个效力较弱的监管规则,并延续了原有的买得起住房的政策。这两个巨型的公司追求盈利,但作为 GSE,它们也承担着政府所安排的特定任务,即为美国抵押贷款市场提供流动性和稳定性,并实现一定的住房政策目标。房利美和房地美有两个主要的业务:第一,它们为住房抵押贷款提供信用担保,使之可以打包为 RMBS。第二,房利美和房地美以借入资金购买住房抵押贷款和相关的证券。

“两房”合计持有或担保美国住宅抵押贷款的 40%,高达 5.2 万亿美元。根据立法,房利美和房地美的运作仅限于“合规”(conforming)的抵押贷款市场,它主要是不超过可年度调整的特定金额的抵押贷款(2009 年为 417,000 美元)。正是由于联邦政府授予它们的特权,两家公司可以在合规抵押贷款市场竞争。这其中最重要的优势是联邦政府对房利美和房地美的债务的默示担保(implied guarantee),这种担保使房利美和房地美相比其完全私营的竞争对手能够以更低的成本借入资金,从而在合规贷款市场上获取巨额利润。随着这两家公司变得日趋庞

---

① See Richard C. Breeden, *Interview by FCIC*, 2010.

② See Federal Housing Finance Agency, *Annual Report to Congress* – 2009, 2010, p. 141, 158.

大,诸多评论家和政府官员呼吁对其进行改革。但此时的房利美和房地美已经成长为巨型公司,拥有强大的游说力量,使这些方案一直无法付诸实施。

2007 年两家公司开始发布高达数十亿的季度亏损。由此也超过了监管者为其设定的资本要求。同那些其他的金融部门一样,问题开始失控。美国国会迅速地通过了 2008 年住房和经济复苏法案。此后不久保尔森认为这两家公司都在走向破产边缘,根据法案对其进行接管。

检讨美国住房政策的失误之一是使用政府杠杆补贴作为鼓励拥有住房的手段。未来的住房拥有者由政府提供帮助,只要他们寻求便宜的信贷,其所能获得的规模与其申请的规模成一定比例。这些补贴在现实中被扭曲而且效率低下。政府杠杆补贴扭曲了银行和借款人的判断,导致当事人和金融体系在利率涨跌和房价变动时出现风险敞口。补贴 GSE 同样是无效率的,政府的补贴一部分流入了股票持有人手中。只有部分通过降低利率的方式传导到了住房拥有人手中。

六、证券化

证券化是过去几十年中金融市场最重要的金融创新。“如果你有一个稳定的现金流,就将它证券化。”这早已成为华尔街的名言。从财务会计的角度看,资产要素指企业过去的交易或者事先形成的、由企业拥有或者控制的、预期会给企业带来经济利益的资源。资产能够带来利益流入,它构成证券化的基础。

早期房地美和房利美两家 GSE 从银行和贷款机构手中收购抵押贷款,降低了银行风险资产规模,释放了更多的贷款额度,提高了消费者信贷的可得性。转移至“两房”的抵押贷款也并不是持有到期,而是用上述资产构筑资产池,以此为基础发行资产支持证券并销售给投资者。① 房利美和房地美主导标准化抵押贷款市场,抵押贷款放款人如果要出售他们的贷款资产必须遵循这一标准。房利美和房地美的章程中对可购买的抵押贷款进行了标准化限定。总体上,他们仅能购买贷款价值比率(loan – to – value ratio)小于 80% 或少量的伴有抵押贷款保险或其他信用支持的信贷。② 这种标准化工作极大地增加了资产的流动性,同时使抵押贷款这种传统上流动性较弱的资产吸引了大量投资者。房地美和房利美能够购买的贷款被称为“合规”贷款。

---

① See K. Pickert, *A Brief History of Fannie Mae and Freddie Mac*, Time(July 14, 2008), http://content.time.com/time/business/article/0,8599,1822766,00.html.

② See 12 U. S. C., 1454(a)(2)(2006)(providing restrictions for Freddie Mac).

随着通胀的发生和利率的调整,银行开始大量发行可变利率贷款。这超出了"两房"购买的范围。不能购买抵押贷款的本金金额大于每年设定的贷款的上限(2009 年确定的合规贷款为单个家庭的住房为 417,000 美元)。大量新生的贷款超出了"两房"规定的标准,因此其他市场机构开始进入这一市场,开始将不合规贷款和"两房"不能或者不为其担保或不愿购买并置于自己的投资组合中的贷款,纳入投资的范畴。

2008 年金融危机前的几十年,大量抵押贷款被证券化。20 世纪 90 年代克林顿政府期间政府债务大幅削减,国债规模大幅缩减,全球金融市场对美国安全资产的需求仍然强劲。国内货币市场基金的发展对高收益和安全的证券提出了更多的要求。通过资产多元化、分组、保险、分级其他形式的金融工程,抵押贷款和其他贷款被设计成了包括 CDO 在内的 AAA 级资产支持证券,其成为美国国债的替代品。"二战"以来,美国抵押贷款利率和房价或多或少持续增长。①数万亿美元的资产支持证券被创造并出售给投资者。2007 年夏天,房价下跌的速度之快,违约率之高,甚至连 AAA 级抵押贷款支持证券也受到了影响。随着这些证券的评级被下调,投资者又转向了政府债券,许多金融机构不得不变现所持债券以降低杠杆率,从而引发了一场金融危机。

七、金融衍生品

金融危机中影子银行的杠杆率、复杂性等问题都与一个因素紧密相关:衍生品。衍生品是一种金融合约,其价格是由一些基础资产(如利率、指数或事件)决定或衍生的。它们不是用于形成资本或用于投资(如证券),而是用于对冲商业风险或在价格、利率以及其他互换投机活动中充当对冲的工具。衍生品有多种形式,最常见的是通过柜台(场外)交易的互换和通过交易所交易的期货和期权。

许多金融和商业公司使用那些衍生品。一家公司可能用于对冲其价格风险,通过签订衍生品合约抵消价格波动的影响。价格波动造成的损失可以从衍生品协议中获得补偿。机构投资者不愿承担风险,有时会使用利率掉期来降低其投资组合的通胀与利率上升的风险,通过与能够承担风险的实体如对冲基金交易,将固定利率交换为浮动利率。对冲基金可能会利用这些互换进行投机,在利率或价

① See Kristopher Gerardi et al. , *Making Sense of the Subprime Crisis*, Brookings Papers on Economic Activity: 69 - 145, 2008.

格涨跌中获取收益。

衍生品市场通过交易所或者柜台进行交易，电子交易设施的发展逐步模糊了二者之间的差异。美国最古老的交易所是芝加哥交易所，其从事期货和期权交易。这些交易由联邦法律监管，很好地发挥了价格发现的功能。衍生品的场外交易是由大型金融机构（如银行控股公司、投行）作为衍生品的做市商，与客户买卖衍生品合约。与期货和期权的交易所交易不同，场外市场既非集中交易，也不受监管。它非常不透明，因此其价格发现功能也受到限制。无论是从交易规模、交易额方面，还是从风险暴露等方面衡量，衍生品都是美国金融体系中非常重要的一个部分。

政府对这些市场进行规制的主要法律是《1936 年商品交易法》。早期这部法律仅适用于美国国内农产品衍生品交易。1974 年，国会修改法律，规定所有商品交易包括作为金融工具的期货和期权合约都应当在受监管的交易所进行，并建立了一个新的独立的联邦机构即 CFTC 来监管这一市场。

在这个受监管的市场之外，20 世纪 80 年代场外市场开始发展并迅速增长。大型金融机构作为场外衍生品交易的做市商担心商品交易法要求在受监管的交易所内交易的规则会影响到他们所交易的产品。为此，1993 年 CFTC 将某些非标准化的场外衍生品纳入上述规则的豁免，除了禁止欺诈和市场操纵之外。

正当场外市场在 CFTC 的豁免之下成长之时，却发生了一波重大损失和一些丑闻。在一系列案例中，1994 年由于从事了信孚银行（Bankers Trust）卖给它的场外利率和汇率衍生品交易，宝洁公司（Procter & Gamble）被爆税前损失 1.57 亿美元，其是在衍生品交易中损失最大的一家非金融公司。那一年，CFTC 和 SEC 对 Bankers Trust 处以 1000 万美元的罚款。1994 年年末，加利福尼亚州的橘郡（Orange County）宣布由于在场外衍生品从事投机交易而损失了 15 亿美元，该公司的破产成为该市有史以来最大的一起破产案件。其衍生品的做市商美林证券支付了 4000 万美元才平息了相关诉讼。作为回应，美国总审计署发布了一份关于金融衍生品的报告，其中称场外衍生品交易行为集中于 15 家主要的做市商，存在巨大的潜在风险。它认为“这些大型交易商中的任何一家突然经营失败或突然从交易中退出都将导致市场的流动性问题，并将对其他人包括联邦存款保险银行和整个金融体系带来巨大的风险”①。危机爆发后美国政府对美国保险集团(AIG)的救助印证了这一点。

1998年5月根据CFTC主席的指示，鉴于该市场快速发展和自1993年以来的一系列损失，该机构将重新考虑监管场外衍生品市场。之后时任财政部长罗伯特·鲁宾(Robert Rubin)、格林斯潘和SEC前主席阿瑟·莱维特(Arthur Levitt)发布了一个联合声明，共同批评CFTC的行为：我们对该行为及可能产生的后果表示极度关切。CFTC的行动将极大地增加场外衍生品交易的法律不确定性。② 格林斯潘在之后的听证会上指出：除了对衍生品交易商进行的安全性和稳定性监管之外，在银行法和证券法之下，对基于私人谈判而形成的衍生品交易进行监管完全没有必要。③ CFTC的行动进展并不顺利。

2000年12月国会通过了《商品期货现代化法案》(CFMA)。该法案实质上降低了对场外衍生品交易的监管，并排除了CFTC和SEC对其的监管。该法案还先于州的法律对赌博和小交易所(非法的经纪业务)予以规范，否则可能导致场外衍生品交易的非法。SEC仅保留了对基于场外衍生品的证券进行反欺诈监管的权力，如证券期权交易方面。而且，CFTC对交易所交易的衍生品进行监管的权力被削弱，但并未被取消。该法案有效地保护了场外衍生品交易，使其事实上免受所有的监管。由此其他法律能够促进市场的扩张。例如，根据2005年修订的《破产法》，衍生品交易中的对手方，能够优先于其他债权人在宣告破产时解除合约，并拥有抵押品。

场外衍生品市场随后出现了激增。2000年年末，当《商品期货现代化法案》通过时，全球场外衍生品市场的名义金额达到了95.2万亿美元，总市值达到3.2万亿美元。之后的7年半的时间里(截至2008年6月)，市场最高值增长了7倍，高达672.6万亿美元，总市值达到20.3万亿美元。

衍生品市场迅速增长的一个原因是资本需求方面的优势，即很多金融机构能够通过与衍生品的对冲获得资本。如前所述，金融公司能够使用衍生品对冲它们

① U.S. Government Accountability Office, *Financial Derivatives: Actions Needed to Protect the Financial System*, GGD - 94 - 133 (Report to Congressional Requesters), May 18, 1994.

② See *Joint Statement by Treasury Secretary Robert E. Rubin, Federal Reserve Board Chairman Alan Greenspan, and Securities and Exchange Commission Chairman Arthur Levitt*, Treasury Department Press Release (May 7, 1998), https://www.treasury.gov/press-center/press-releases/Pages/rr2426.aspx.

③ See Fed Chairman Alan Greenspan, *The Regulation of OTC Derivatives*, prepared testimony before the House Committee on Banking and Financial Services, 105th Cong., 2nd sess., July 24, 1998.

的风险。这种对冲还能够降低公司的风险价值(value at risk),这是由计算机模型决定的。除了获得风险管理方面的便利之外,这种对冲还能够降低银行的资本持有,这得益于1996年通过的《巴塞尔协议Ⅰ》。1988年,在瑞士巴塞尔,各国央行和银行监管者确定了银行资本标准原则。美国银行监管者在实施中对它进行了调整。其中最重要的一项是要求银行对其风险资产持有更高的资本金。但问题在于,巴塞尔规则对于抵押资产和抵押资产支持证券的资本要求要低于其他类别资产,如公司和消费者贷款。而事实上,银行持有的"两房"证券比其他类别的资产适用更少的资本金,除了那些明确由美国政府支持的证券之外。更低的资本金要求使这些金融机构能够扩大杠杆的使用,并在市场中拥有更大的竞争力。

这些国际资本标准事实上允许逐步提高杠杆率。1996年,大型银行为其交易寻求更有利的资本待遇,而巴塞尔委员会采纳了市场风险修订(《巴塞尔协议Ⅰ》)。这就是说,只要银行使用衍生品对冲了它们的信用或市场风险,它们就可以持有更低的资本。

综上所述,影子银行体系这一用语是在金融危机后才开始广泛使用的,但对影子银行进行学术化的界定,并以此明确具体的适用范围,建立监管框架并不是一件简单的事情。国内外的机构、监管部门、学者对其基本内涵都进行了深入的分析,并形成了一定的共识。其中FSB在推动建立统一的影子银行监管框架方面做了非常多的工作。从监管的视角看,影子银行存在于传统监管体系之外或受监管程度较低,从事监管套利行为,从事了类似于银行的业务并导致了系统性风险。由此我们能够形成对影子银行体系的初步判断。

与商业银行相比,由于都从事了"banking"的业务,影子银行与传统商业银行还是存在很多的共通之处的。从本质上来说,银行的核心业务在于从事吸收存款(或者活期存款)的行为。银行将短期存款运用于长期的资产形成了期限错配。因此银行最主要的风险之一是流动性风险。与之相近的是,影子银行体系一定程度上复刻了商业银行的业务,从事了期限、流动性转换,进行信用创造活动。

从纵向上观察,影子银行体系的构成非常复杂,如货币市场基金、ARS、商业票据、证券回购、GSE、证券化、衍生品等(这种概括并不完整)。对影子银行的分析必须从整体上进行才有意义。不同的机构在体系中承担的责任不同,通过创造和使用不同的金融工具共同形成了信用中介链条。但从整体上看,与银行体系融通资金的模式类似,部分机构(如货币市场基金、ARS)充当了资金的来源、商业银行发放大量的住房抵押贷款以及部分企业成为资金使用者。证券化的发展为市场创造了高等级证券,为证券回购、证券借贷创造了大量的抵押品。华尔街投行则一定意义上充当了金融中介。商业票据、资产支持证券是这个市场中重要的金融商品,为资金融通提供便利。影子银行体系高度发达,这导致了社会信用扩张不是通过传统的银行贷款,而是通过购买信贷债券进行。

在业务和功能上,影子银行实现了对传统银行的替代,同时也复刻了银行的风险,即由于流动性不足而产生的"挤兑"。业务链条的延长使整个金融体系中主要的结构被一连串的业务连接在一起,过度关联也出现了"太关联而不能倒"的情况。因此危机后对"系统重要性"金融机构的界定中除了规模庞大之外,过度连接也成为此类机构的一个重要特征。机构众多、高度复杂、高度关联使影子银行市场更加脆弱。经济环境或经济周期的变化将导致原有的稳定不能维系。克鲁格曼指出,这是一场"非银行的银行危机"。①

影子银行体系产生和发展的前提是发达的市场经济。因为自由市场是金融机构进行产品与业务创新的前提。信息技术和计算机技术的使用也极大地降低了交易费用,在已有的法律框架下,市场自发通过一系列产品和合约安排才实现了在投资者和资金需求者之间的融通。影子银行体系是高度市场化的,而不受到非市场因素的过度干预。这个复杂的交易链条和精巧的结构设计离开了法律制度的支持和基于市场的金融资源配置是不可想象的。由此可见,相较于西方金融市场发达国家影子银行体系的复杂形式,中国影子银行体系在结构、规模、复杂性等方面还存在较大的差距。

---

① 参见[美]保罗·克鲁格曼:《萧条经济学的回归:千恐万惧一齐来》,载《比较》2009 年第 1 期。

第二章　影子银行体系的理论阐释

影子银行虽然是在危机后才被人们所认识,但其形成和发展却是一个漫长的历史过程,金融市场的演化最终才对金融机构和金融体系产生了决定性的影响。影子银行的成长有其特殊的理论背景和基础,分析金融体系变革背后的理论根源有助于我们理解金融危机和影子银行的生长机制,发现其内在的缺陷,并为有效的监管制度设计奠定基础。危机后产生了很多对金融危机和影子银行问题进行解释的理论。其中最重要的包括新自由主义理论下,对市场放任和监管的缺失为影子银行的生长创造了良好的环境;明斯基的不稳定理论指出了资本主义经济中由投资引发的"内在"不稳定;而金融中介与金融市场的理论则解释了以影子银行为代表的市场化金融与传统金融之间竞争与共生的关系。

第一节　新自由主义及其合法性危机

一、新自由主义

新自由主义是一个庞大的思想体系,其核心的主张在于:"国家应当注重私人财产权利,实行法治,自由市场体制和自由贸易。"①新自由主义兴起之前,由于从大萧条和"二战"中取得的教训,政府干预经济体系已经是一种普遍能接受的行为。正如美国共和党人尼克松所说:现在,我们都是凯恩斯主义者。但到 20 世纪 60 年代,古典自由主义打破了这种局面,使政治进入一个新的时代。里根的上台成为新的政治传统——新自由主义开始的标志。在国际上有撒切尔夫人作为其支持者,新自由主义意识形态改变了政治运动的方向。新自由主义从一种学术思

---

① David Harvey, *A Brief History of Neoliberalism*, 64 (Oxford University Press 2005, reprinted 2009).

潮和意识形态,逐步演变为一种政策主张和经济体制。

新自由主义及其伴随的社会积累结构开启了资本主义发展的一个新时期。Gordon 和 Reich(1982)认为,资本家在进行一项投资之前,必须考虑两个重要因素:具有吸引力的利润率和投资信心度。而这一信心度只能通过一套稳定而适宜的制度安排来加以保证,这套适宜投资的制度安排就是“积累的社会结构”。① 社会积累结构是一种内在、整体的机制,是多种力量和因素的集合共同作用的结果。社会积累结构具有周期性,每一种积累的社会机构都会刺激资本积累和经济增长几十年。但到后期抑制作用上升,经济停滞,并逐步为一种新的积累结构所取代。

“二战”后构建起的新的社会积累结构极大地推动了经济增长,形成了资本主义经济的黄金时期,这一状况一直持续至 20 世纪 70 年代初石油危机的爆发。这种积累结构的特点在于,在多个国家乃至世界体系内积极的政府经济调控、完善的福利制度、重要的劳资合作以及大企业间的合作式竞争模式、国家建立基础科学体制并以科技推动经济等。与战前政府较少干预经济、个体在很大程度上自主活动的特点相比,战后的社会积累结构发生了明显变化。由于政府角色显著变化而形成的历史性突破,战后体制往往被称为“调控的资本主义”。② 以劳工关系方面为例,麻省理工学院的经济学家弗兰克·列维与彼得·特明指出了一系列制度安排,并称之为《底特律条约》③。列维与特明不仅用这个术语来指代汽车公司及其雇工之间的那项正式协议,而且借用其指代美国各行各业对该协议的仿效。联邦政府也是《底特律条约》的非正式一方:它以多种方式实施干预,支持工人的谈判立场,发现公司高层收获过度就加以抑制。④《底特律条约》的存在使工人能够分享公司和经济增长的成果,收入水平的提高带动了消费增长和就业水平的提高,而就业状况又反过来刺激了投资增长。在其著作中,克鲁格曼还列举了今昔两

---

① See Edwards Gordon & Reich, *Segmented Work, Divided Workers*, Canbridge University Press, 1982. 转引自丁晓钦、尹兴:《积累的社会结构理论述评》,载《经济学动态》2011 年第 11 期。

② 参见[美]大卫·科茨:《金融化与新自由主义》,孙来斌、李铁译,载《国外理论动态》2011 年第 11 期。关于社会积累结构的这种概念,与早期的社会积累结构方面文献的主流解释存在一些区别,后者集中于探讨社会积累结构对促进经济增长的作用。对于社会积累结构的传统理解现在遭到批评,我们对这里所提出的社会积累结构进行了解释和论证。See Martin Wolfson & David M. Kotz, *A Reconceptual – Ization of Social Structure of Accumulation Theory*, In Mc – Donough, Reich and Kotz, 2010.

③ 起源于《福布斯》杂志,用以称呼 1949 年全美汽车工人联合会(UAW)与通用汽车达成的里程碑式的协议。根据该协议,通用汽车保证全美汽车工人联合会成员的工资、医疗和退休福利与生产率同步增长,以此来换取工人的平静。

④ 参见[美]保罗·克鲁格曼:《美国怎么了:一个自由主义者的良知》,刘波译,中信出版社 2008 年版。

个标志性公司——通用和沃尔玛的管理层与工人的薪酬对比，指出这“代表了美国经济的一般性变化——在20世纪70年代及其后，《底特律条约》被废止，第二次世界大战后曾经抑制不平等的制度与规范消失，不平等恢复到镀金年代的高水平”。

1973年前后，战后社会积累结构步入危机阶段。20世纪70年代后期，一种新的社会积累结构在美国和英国初见雏形。由于其主要特征类似于大萧条前的“自由市场”版本的资本主义，因此，它被称为“新自由主义”。“自由主义”意味着政府应该置身于经济之外。战后社会积累结构遭遇的危机是新自由主义的社会积累结构产生的背景。新自由主义的主要成因在于：资本主义经济全球化的不断发展，人们关于20世纪30年代的大萧条的记忆消减，社会主义国家、共产主义和社会主义政党等竞争对手对资本主义威胁的消退，以及20世纪80年代末期一批社会主义国家的瓦解。

二、新自由主义的合法性危机

合法性危机发生在统治性制度（ruling institution）对大众失去了效力。按照哈贝马斯的观点，社会结构由三个社会子系统构成：经济、政治和社会文化（social - cultural）。结构中的每个系统都与其他系统相互关联。例如，政治系统操控（steering）着经济系统，并从中获得税收。经济系统向社会文化系统提供产品，并从社会文化系统中获得劳动力。社会文化系统向政治系统提供了忠诚（loyalty），而从政治系统中获得福利（welfare）。这一相互联系的体系可以用图2 - 1来表示。①

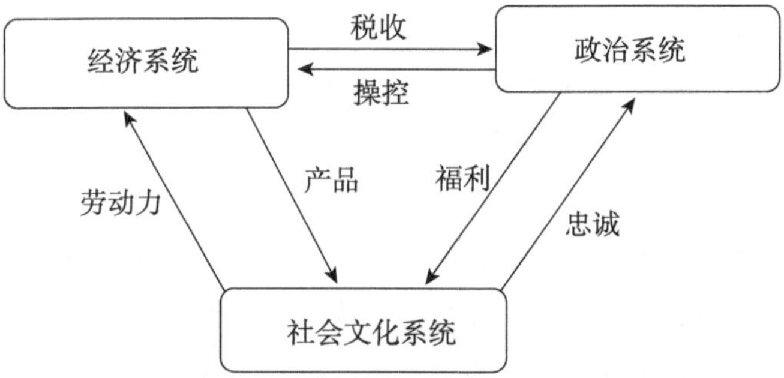

图2 - 1　经济系统、政治系统和社会文化系统的相互联系

① See Joseph Heath, *Legitimation Crisis in the Later Work of Jurgen Habermas*, The Journal of Shanghai Administrative Institute, 11:5 (2010).

这样一个统一的结果使危机能够通过有效的方式贯穿在系统中。哈贝马斯首先认识到了两种主要的危机:系统性危机(system crisis)和认同危机(identity crisis)。哈贝马斯通过表2-1来展示不同类型的危机之间的关联。

表2-1 不同类型危机之间的关联

类别	系统性危机	认同危机
经济系统	经济危机	
政治系统	合理性危机	合法性危机
社会文化系统		动机(motivation)危机

合法性危机发生在社会文化系统和政治系统中"忠诚链"的断裂时。经济危机是导致合法性危机的首要方式。由于政治系统操控着经济系统,经济危机能迅速地转化为政治系统的问题。为稳定经济危机,政治系统将采取进一步的操控或管理决定。相互矛盾的管理决定将使经济系统的危机进入政治系统,从而形成合理性危机(rationality crisis)。虽然在哈贝马斯看来经济危机本身不会产生特别多的危害,现代资本主义对经济的把握和控制能力已经非常强,即使在最坏的情境下,经济也极少崩溃,但在资本主义社会经常会产生合理性危机。因为政治系统中有来自不同阶级和阶层的代表,其经济和社会诉求存在很大不同,如此一来在危机反应中所做的政治决定可能会是一个与主流价值相矛盾的决定。合理性危机的后果是,政治系统被迫做出决定,而这一决定违背了根本统治性制度的"核心价值"(core values)。一旦合理性危机与统治性制度冲突太大,选民将认识到系统所暴露的缺陷,并最终失去对政治体制(political institution)的忠诚。这一危机将导致体制合法性的损失,即合法性危机。一旦政治体制失去选民的忠诚,政治系统将产生认同危机。

哈耶克认为以个人自由为基础的自由市场制度是最优的制度。他主张机会平等与自由竞争,反对国家对经济的管制,认为这损害了市场效率。新自由主义的目标在于通过自由放任的原则和个人责任制度为所有人创造更多的机会。通过消除监管,减少市场运作的约束,美国允许任何个人创造最大的财富。20世纪80年代至90年代的20年间,对富裕阶层的税率从78%降到32%。[①] 这些决定的

---

① See David Harvey, *A Brief History of Neoliberalism*, 52(Oxford University Press 2005, reprinted 2009).

一个前提假设是最高纳税组别的人产生的财富将被重新投资于美国经济，而这将为不富有的阶层创造更多的就业和机会。

新自由主义在经济中的表现就是去监管化或反监管的原则。诺贝尔奖获得者弗里德曼还专门以此为例来说明去监管化是自由放任原则的重要体现。里根将这一原则用于其施政当中，包括电信部门、航空等领域。新自由主义认为资本的自由流动是刺激资本积累并再投资于美国经济的重要方式。由此，或许新自由主义的最不可或缺的组成部分恰恰是金融部门。正如 Harvey 所说，社会思潮变为："最重要的事情是什么是对华尔街最有利的事情。"[①]金融领域的去监管化成为过去 30 年中的一个持续的趋势。

从哈贝马斯的理论出发，新自由主义或许是一个影响特别大的运动，因为它对社会的三个子系统产生了各自独立而又相互关联的影响。[②] 新自由主义在经济系统中的表现是自由市场，在政治系统中的表现是小政府，在社会文化系统中的体现是个人责任（individual responsibility）。新自由主义的管理结构可以表示为图 2－2。

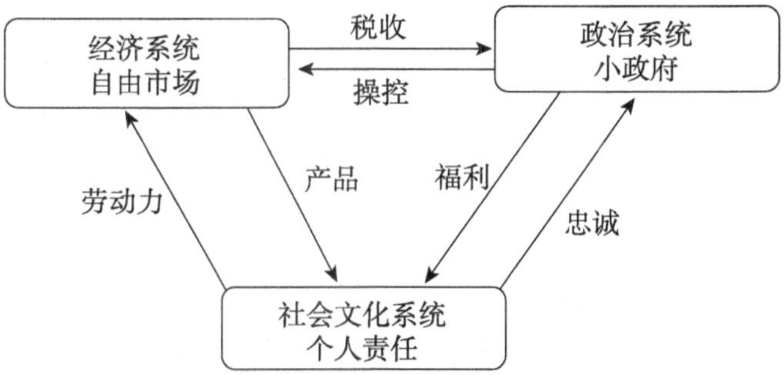

图 2－2　新自由主义的管理结构

（一）新自由主义经济危机

新自由主义主张美国金融市场监管太严格，应当减少国家对金融的管控。新自由主义的主张根植于哈耶克和弗里德曼的经典著作，他们主张自由市场，并反对任何形式的国家计划或除了整顿严重的市场失灵或负外部性之外，反对国家干

---

① David Harvey, *A Brief History of Neoliberalism*, 33 (Oxford University Press 2005, reprinted 2009).

② See Guiding the political system was the principle of limited government. Free market governed the economic system. And the principles of individual responsibility governed the socio – cultural system.

预经济。私人追求个人利益最大化的过程有助于提高市场行为的有效性,从而有助于促进经济发展和经济繁荣。但对市场的有效性问题,其他学者也提出过怀疑,如卡尔·波兰尼(Karl Polanyi,1944)指出,市场有自我毁灭(self - destruct)的特性,而不是走向繁荣。如果任由个人利益发展,市场将走向失控(run wild)。金融去监管化的历程很长,而且涉及了金融领域中的很多方面。典型的如对次级抵押贷款的监管,对场外衍生品交易的监管,推倒《格拉斯 - 斯蒂格尔法案》导致的金融混业的发展,等等。

新自由主义的理念贯穿在西方经济制度和制度构建的过程中。金融领域持续 30 多年的去监管化的过程是这一理念的典型反映。根据美国国家经济研究局(The National Bureau of Economic Research)的研究,从 1980 年到 2009 年,美国金融监管整体水平(overall level)急剧下降。① 特别是在银行领域,这一趋势更为明显。在卡特政府时期取消了对住宅抵押贷款和其他各种银行贷款利率封顶的限制,到克林顿政府时期,取消了自 1933 年以来施行的《格拉斯 - 斯蒂格尔法案》。在克林顿政府时期新自由主义的一个重要表现是对场外衍生品和 CDS 不予监管的决定,因为市场中大的交易商认为监管措施将窒息这一市场的发展。在布什政府时期新自由主义影响同样也非常大,如 SEC 对投行的资本、流动性、杠杆水平的自律监管措施。另外还对 GSE、房地美和房利美在抵押贷款市场予以限制,以此为私人抵押贷款公司创造更多的竞争机会。

哈维认为,新自由主义体系中存在其自称的目标(为所有人创造机会)与实际目的(阶级利益复归)之间的紧张。新自由主义的发展所产生的财富的积累是以穷人的损失为代价的。20 世纪 70 年代以来,国民财富的集中度显著上升,1% 的富有人口所拥有的财富比例达到了 15%。生产率提高了但真实平均工资水平却下降了。② 新自由主义竭力防止通胀,但就业却受到较大影响。如克鲁格曼所说:非常清楚,美国经济的进步已经导致至少 2000 万人的分配所得逐步下滑。③ 这种新自由主义的伦理冲突,如果通过经济危机暴露,可能会导致合法性危机。2005 年,美国最富有的 1% 和 1‰的人口所拥有的财富都达到了 1928 年以来的最高水

---

① See Martin Wolf, *Cutting Back Financial Capitalism is America's Big Test*, Financial Times, 2009, p.9.

② See David Harvey, *A Brief History of Neoliberalism*, 12 (Oxford University Press 2005, reprinted 2009).

③ See Paul Krugman, *The Return of the Depression Economics and the Crisis of* 2008, W. W. Norton and Company, 2009, p.28.

平。最富有的1%的人口只有30万人，他们的收入与最穷的50%的人口的总收入是相当的，而最穷的50%的人口有1.5亿人。从1980年到2005年，最富有的1‰的人口的收入占社会总收入的份额翻了番。[①] 出现这种变化的根本原因是随着新自由主义政策的实行，劳动力在与资本的博弈中全面处于下风，工会的力量削弱。相应地，在上层的制度设计方面也缺乏对工人阶层的援助政策。虽然公司的利润不断提高，但工薪阶层的实际收入并未同步上升。而金融市场的各种金融产品特别是各种贷款消费产品才使他们的生活水平没有降低。由此看来金融市场的发展延续了新自由主义这种社会积累结构的生命。当这种高负债、高消费的循环无法持续下去的时候，危机爆发了。

新自由主义在20世纪90年代就已经危机重重。然而信息技术革命带来的社会生产率的提高延续了新自由主义的生命，部分地掩盖了其发展困境。2001年科技股的破灭已经宣告了繁荣的终止。随后美联储推出的极度宽松的货币政策造成了以房地产为中心的资产泡沫的兴起，并最终在金融危机中烟消云散。2008年11月6日，哈贝马斯在接受德国《时代》周报的访谈时指出，新自由主义的"议程早已丑态百出"[②]。特别是在危机后其中的弊端暴露无遗。随着社会的金融化，社会被大资本所控制，积累的社会问题越来越多。社会收入差距拉大，国家和政府逐步萎缩。

（二）经济危机向合理性危机的演化

当经济危机爆发时，政府迅速地放弃了其一贯秉持的新自由主义政策，采取了一系列的措施干预金融市场。例如，2007年8月31日，美国政府宣布救助住房拥有者的计划，以防止金融机构的收回。而按照新自由主义的观点，每个人都应当对自己的行为负责，但次级贷款人购买房屋不能还贷，却需要政府的救助。2008年3月，美联储提供了300亿美元的资金，防止贝尔斯登可能的损失，帮助摩根大通（JPMorgan）收购了贝尔斯登。而按照新自由主义的观点，小政府极少干预经济系统，但政治系统却精心安排了历史上最重大的救助。又如，对房地美、房利美等GSE采取的国有化措施也与新自由主义坚持的私有化政策相悖；其他对美国保险集团的救助、对华尔街公司的救助等无不与新自由主义的政策背道而驰。

---

① 参见[美]大卫·科茨：《美国此次金融危机的根本原因是新自由主义的资本主义》，载《红旗文稿》2008年第13期。

② 赵光锐：《哈贝马斯谈新自由主义破产后的世界秩序》，载《国外理论动态》2009年第3期。

可以看到,在危机时期,所有的管理决定都摒弃了新自由主义的核心原则,经济危机转化为一场合理性危机。当布什总统宣布“我将摒弃自由市场原则来救助自由市场体系”时[①],很明显市场已经不能救治它自己。

(三)新自由主义的合法性危机

经济危机爆发时恰逢美国大选,从选举的情况看,奥巴马在选战中猛烈地批评新自由主义体系,选民也放弃了对新自由主义意识形态的忠诚。这导致了新自由主义的危机从合理性危机上升为合法性危机。正如学者所指出的,西方经济界对于经济自由主义的信念是根深蒂固的,但这次危机重创了经济自由主义信条。[②]

第二节　明斯基金融不稳定理论

一、“货币管理资本主义”与影子银行的形成

货币管理(manage money)是指各种养老基金(私人的和公共的)、主权财富基金、保险金、大学捐赠以及其他的资金,在专业货币管理者管理下,寻求最大化回报。需要指出的是,这些基金关注总回报水平,包括收益加上资产价值的上涨。所有的货币管理者都追求总回报,赚取手续费收入并争取更多的客户。市场中充满了对货币管理者管理水平的排名,每个管理者都争取最佳,如果低于平均收益率则意味着失去客户的危险。但很显然,不可能所有人都在平均收益率之上,而这将导致管理者冒险行为的增加。资金管理人会倾向于将资金投入高风险资产当中以博取更高的回报,而金融创新就成为市场竞争的一个重要手段。通过推出新的、更高收益的产品吸引客户,并通过现代信息技术和数学模型管理风险。一般来说,这些产品都被有意设计得非常复杂和不透明,一方面更容易蒙蔽客户,另一方面能够防止竞争者模仿。当然,不可或缺的是,管理人有被强烈的激励去夸大实际收益——通过不确认损失、高估资产或直接会计造假等方式。以对冲基金为例,对冲基金最大的特点就是“黑箱”操作,每只基金的投资策略、类型、方式都

---

① See Bush Weighs Options to Help Automakers, BOSTON. COM(Bloomberg News Story), http://www. boston. com/business/articles/2008/12/17/bush_weighs_options_to_help_automakers/.

② 参见盛松成:《经济危机与经济学的危机——2011 年诺贝尔经济学奖评析》,载《中国金融》2011 年第 21 期。

属于商业秘密，其风险敞口也不需要向监管当局报告，就是对自己的客户也只是提供一些基金在规模和回报等方面的基本信息。最值得一提的是数学天才詹姆斯·西蒙斯，其堪称“黑箱”运作的典范。西蒙斯曾被《机构投资者》杂志评为最赚钱的基金经理，被英国《金融时报》评为“最聪明的亿万富翁”。他 24 岁出任哈佛大学数学系教授，获得过全美数学界的最高荣誉，还被美国国防部聘为秘密破译专家。西蒙斯的“黑箱”由 70 多位数学、物理学和统计学博士花费 15 年时间精心打造而成。他的文艺复兴科技公司旗下的大奖章基金（Medallion Fund），是历史上复利回报幅度和持续时间都最好的基金。

金融市场中的这种变化和趋势与影子银行的崛起有密切的关联。

首先，影子银行的发展逐步消弭了监管界限。20 世纪 30 年代的新政以来，美国对金融体系进行功能区分，对商业银行和储蓄机构施以严格的监管。随着金融市场的发展，银行在竞争中弱势明显，那些杠杆率限制较少、能够支付利率、持有合格资产的机构通过监管套利获得了巨大的市场份额。货币管理的巨大的资金池为商业行为提供了一个替代性的资金来源。公司可以向影子银行和管理的资金销售商业票据或垃圾债券，而不是向银行贷款。更重要的是证券化将各种贷款从银行的资产负债表中剥离出来，转移到附属机构中，包括特殊投资实体或特殊目的实体。银行也通过不断的创新绕开金融监管，同时政府的去监管化的过程也意图保持银行的竞争力。1999 年随着《格拉斯 - 斯蒂格尔法案》的废除最终取消了功能区分的监管。

其次，在资产管理过程中存在道德风险。随着华尔街的公司资产管理水平的提高，各种基金将自己的基金的管理外包给华尔街的资产管理公司。然而资产管理过程中会出现一些滥用行为，例如，将客户资金投资于房地产相关的垃圾资产，如次级贷款资产支持证券、CDO 等。投行还帮助他们的客户通过不透明的金融工具隐藏债务，导致客户债务负担沉重，然后再通过购买与该客户有关的 CDS，赌他们的客户会违约。高盛则更进一步，将有毒的垃圾资产卖给客户的同时还做空该资产，这在高盛与希腊政府案中表现得非常典型。当市场发现希腊隐藏债务时，违约概率猛增；这导致了 CDS 价格的飙升，希腊融资成本上升；最终希腊财政赤字失控，加速了评级下跌，进一步导致融资利率的上升，由此进入可怕的死亡旋涡（death spiral）。高盛在这一系列交易中通过隐藏债务获得了手续费收入，并且由于掌握希腊隐藏债务的内幕消息而在 CDS 市场上收益巨大。

最后，对证券化的影响。早在证券化市场发展的初期，明斯基就在其著作中，准确地分析了证券化的发展趋势和影响。[①] 在证券化过程中,所有的抵押贷款被打包,以此为基础重新发行不同层级的证券,各类证券对应着不同的价格和风险水平,以满足投资者的不同偏好。在这个交易过程中,银行和储蓄机构通过发放贷款、转移贷款资产等获得手续费。明斯基还指出了华尔街将创设CDO。证券化对金融市场产生重大的影响。第一,证券化是金融全球化的一个重要组成部分。证券化产品作为美元计价的资产将受到市场的欢迎。后来市场的发展显示这些证券的数量将超越美国政府债券的数额。第二,证券化将使传统的商业银行的地位下降,市场化金融的崛起是一个非常重要的趋势。美国金融市场脱媒的趋势也印证了这种判断。

明斯基所阐述的货币管理资本主义,其主要特征就是各种基金在市场中寻求投资机会。短期的、高流动性的、安全的金融产品成为其投资的主要方式。他们成为影子银行体系资金的主要来源。通过回购、证券借贷等金融产品,资金流入影子银行体系中,是市场流动性的主要来源。但影子银行体系的风险之一就是期限转换风险,即借入短期资金,购入长期资产。高度杠杆化更加剧了市场的脆弱性。市场的变化会导致基金"取回"市场中的资金,产生类似于银行的挤兑,市场机构只能通过再融资或被迫出售资产来满足取回的要求,这将对金融体系构成致命的影响。由此可见,明斯基对货币管理资本主义的分析对于认识影子银行产生发展的市场基础具有重要意义。

二、"金融不稳定理论"与影子银行的兴起

(一)明斯基的投资理论

明斯基最有影响的理论是其金融不稳定理论。凯恩斯在其《通论》一书中确认了资本主义制度有两个本质的缺陷:持续性失业和过度的不平等。20世纪50年代明斯基在此基础上又提出了第三个本质缺陷,其认为不稳定也是现代金融资本主义的正常产物。产生金融脆弱性的过程是这种制度"固有的"或内生的。明斯基认为经济中不稳定的最重要的根源是为投资而进行的融资活动,对投资和融资活动的分析就成为分析的出发点。凯恩斯也曾经对投资决策所具有的内在不稳定做出过分析,他认为,从本质上来说,这些投资决策都是在不确定的条件下做

① See Hyman P. Minsky Ph. D. , *Securitization*(1987), Hyman P. Minsky Archive, 15, https://digitalcommons. bard. edu/hm_archive/15.

出的;收益的不确定使初始融资面临风险。美国影子银行体系从发展、繁荣到衰退的过程很好诠释了这一过程。危机后金融不稳定理论受到普遍的关注,作为凯恩斯的继承者,明斯基的理论成为政府加强市场约束和金融监管的理论基础。

明斯基指出:经济的不稳定是因为资本主义融资。在经济的融资结构中,存在三种类型的融资:对冲性融资、投机性融资和庞氏融资。这些融资方式的特点表现在,债务的现金支付承诺和资本资产现金收入或者债务人合同中对自有融资工具规定的承诺之间存在不同的关系。①

第一类是对冲性融资,即融资主体及其银行期望从资本资产中(或者从融资合同中)所获得的现金流除了足够满足现在和未来的支付承诺外还有剩余。因此,一个对冲性融资的主体不会拥有大量的无固定期限债券。或有债券也不能作为对冲性融资主体负债中的主要部分,除非这种或有性遵循一些公认的精算规则,比如对保险来说还是成立的。商业银行不能作为对冲性融资的主体。

第二类是投机性融资,即融资主体及其银行,预期从运营资本中(或者从融资合同中)获得的现金流会少于某段时期特别是短期内的现金支付承诺。然而如果现金收入和现金支付都分成利息偿还部分和本金偿还部分(例如,完全的分期住房抵押贷款在每个月进行的偿付),那么预期的收入会超过每一期按承诺所支付的利息。而出现现金流短缺的情况是因为在这些时期内,本金账户的现金支付承诺要高于本金账户的收入。投机性融资存在延缓偿还到期债务的情况。

第三类是庞氏融资,这种情况下融资主体在某些短暂的时期,现金的支付承诺会超过自有资产产生的预期现金收入。庞氏融资不仅不能够偿还本金,甚至不能偿还到期利息。虽然实践中,庞氏融资往往演化成欺诈性融资,并与诈骗联系在一起,但这并不表明所有的庞氏融资从开始的时候在主观上就必然包含了欺诈的意图。

投机性融资和庞氏融资的债务人和银行家预期可通过再融资、增加债务或放弃多余的金融资产来履行支付承诺。然而,只有在收入少于预期的时候,对冲性融资主体才容易出现履行应偿融资承诺方面的困难,投机性融资和庞氏融资主体对金融市场的发展比较敏感。投机性融资和庞氏融资主体都必须要想办法适应不断变化的金融市场条件,而对冲性融资主体将不受这种条件变化的影响。

---

① 参见[美]海曼·P. 明斯基:《稳定不稳定的经济——一种金融不稳定视角》,石宝峰、张慧卉译,清华大学出版社 2010 年版,第 183 ~ 185 页。

不同的融资类型之间并非界限分明,在一定的条件下可以相互转化。在收入不足的情况下,一个对冲性融资主体可能变成一个投机性融资主体;而如果获得大量收入或者债务获得了资金,那么一个投机性融资主体又成为一个对冲性融资主体。通过提高利息或其他成本,或者减少收入,一个投机性的融资安排可以转变成一个庞氏融资计划。与此同时,如果收益上升或者成本(尤其是利率)下降,庞氏融资也可能变成投机性融资。改变支付时间模式的再融资能够改变一个主体的资产负债表形态。

经济中对冲性融资、投机性融资和庞氏融资的权重是经济稳定的一个决定性因素。存在大量投机性融资和庞氏融资的头寸是金融不稳定爆发的必要条件。内生的力量使对冲性融资主导的环境变得不稳定,金融市场的脆弱性与投机性投资泡沫内生于金融市场。在经济周期向上的时期,人们的盈利预期上升,并愿意承担更多的风险。收益率的提高激励了社会中更大范围的投资,投资理性程度降低,忽视或低估了风险的存在。投资的泡沫开始酝酿。融资比重的增加,致使金融体系越来越脆弱,一个微小的冲击就可能带来灾难性的后果。当然政府应对经济萧条的手段已经相当成熟,金融安全网和政府及时果断的货币政策一定程度上能够减少震荡。

(二)金融不稳定理论与影子银行

明斯基金融不稳定理论揭示了一个经济体从稳定中产生不稳定,进而导致经济崩溃的过程,很多人将2008年经济危机的爆发称为"明斯基时刻",足见其理论对危机过程的洞察力。

从明斯基理论出发观察影子银行体系中的融资行为,最典型的莫过于住房抵押贷款市场的发展。从前文对美国住房抵押贷款市场的发展过程的论述中可以发现:早期房利美为支持抵押贷款的发展,只购买符合标准的贷款资产;早期的证券化过程也是将有担保的抵押贷款证券化。但随着政府对住房市场干预的加深,原来不具备贷款条件的次级贷款人也获得了贷款机会,并且次级贷款也同样被作为证券化中的基础资产。这导致了资产质量的下跌。另外,次级贷款人的收入甚至不能够偿还利息,必须依靠二次融资才能够保证不会发生违约。为投资而购房的行为也大量增加。所有这些状况能够持续的一个前提条件是美国房地产的价格不会下跌。2007年,美国住房价格上升的趋势终止,原有的融资模式也无法存续下去。次级贷款违约率上升,抵押贷款资产支持证券的价格也随之下跌;原有体系下较高评级的证券价值下跌，抵押品保证金水平上升，流动性不足；与资产支持证券有关的衍生品也随着违约率的提高而价格上升，而雷曼的破产最终演化为系统性的金融危机。可以说，明斯基金融不稳定理论在2008年金融危机中得到了完全的验证，对我们理解影子银行体系的“发展—繁荣—崩溃”过程具有重要意义。

当然对明斯基金融不稳定理论也应当从更宏观意义上进行分析。联系前文关于新自由主义的讨论可以看出，明斯基金融不稳定假说在2008年金融危机中具有较强的解释力，结合新自由主义的社会积累结构，可以看到，新自由主义早在21世纪初即面临难以维系的局面。有学者指出：金融创新、去监管化、管制规避和风险偏好的增强，使金融系统能够提高债务上限并增加信贷供给。这产生了两个结果：第一，延长了新自由主义模式的生命，并使其能够以繁荣的光鲜外表示人。第二，由于上述手段的采用增加了债务并提高了杠杆率，当危机最终爆发时后果更为严重。[①] 可以说，影子银行体系的崛起既是新自由主义的产物，也是对这种社会积累结构的延续。随着金融深化，普通投资者获得了更多的融资机会以弥补收入的降低和对消费的不利影响。资产泡沫的堆积和社会总债务的膨胀随着金融危机的爆发而断裂，新自由主义主导的模式彻底走到尽头。

第三节　金融中介理论

为什么会存在信用中介，以及其对经济发展的贡献何在？金融中介与市场化的金融各自的优劣何在？他们之间是什么关系？对这些问题的探讨是金融理论研究中的热点。影子银行体系作为市场化金融的主要形式从未像今天这样影响巨大，它所引致的金融脱媒成为银行发展面临的重大挑战。金融中介理论的发展经历了不同的阶段，为我们理解影子银行与传统商业银行的关系提供了一定的解释力。

一、金融中介理论的演化

所谓脱媒，就是指资金的盈余者和资金短缺者不通过银行等金融中介机构而

---

① 参见[美]托马斯·帕利、蔡万焕：《明斯基金融不稳定假说作为危机的一种解释的局限性》，载《政治经济学评论》2010年第3期。

直接进行资金交易的现象(媒就是金融媒介机构)。[①] 银行是最早、最传统的金融中介。一般认为银行在市场中发挥着期限转换、信用转换和流动性转换的功能。市场化金融的发展是近几十年金融体系中最重要的变化,其引发了大规模的金融脱媒现象,这成为银行发展中面临的重要挑战。如何看待脱媒现象以及如何理解传统商业银行与影子银行体系的关系,金融中介理论给出了令人信服的解释。

(一)成本理论

由于资金的使用方和闲置资金的拥有者之间存在的信息不对称和缺乏对借款人的有效约束,二者之间交易成本巨大,甚至使这种交易不可能发生。因此没有金融中介参加的融资行为(私人之间的借贷)更多的只是在熟人网络中开展,并且空间范围有限。私人借贷市场进一步发展就出现了居间人,其向委托人报告订立合同的机会或者提供订立合同的媒介服务。居间人在个人借款过程中发挥了特殊的作用,他解决双方之间的搜寻成本和信息不对称问题(尤其是借款人的信用状况,这是借出人关注的焦点)。居间人就是金融中介的雏形。

银行作为传统的金融中介在整个金融体系中发挥着重要的作用。现代制度经济学的发展为银行的本质提供了解释:由于信息的不完全和不对称以及契约的不完备产生了巨大的交易费用,这阻碍了交易的达成。这些费用主要包括了交易前的信息搜寻费用、交易时的签约费用和交易后的监督成本。银行作为专业化金融机构建立了完善的信息收集和处理机制,降低了成本并完成了资金融通。金融中介的优势之一就体现在对成本的降低。

金融中介的基本功能即是降低借贷双方的交易成本。交易成本理论是对金融中介理论最早、影响最广泛的解释方式。利兰和派尔(Leland & Pyle,1977)认为投资者在选择进行投资的过程中存在项目的选择和甄别成本,而金融中介的职能发挥的关键之一就是从众多投资项目中选择“好”的投资项目,金融中介的价值就在于其在这种选择中所具有的规模优势,即不需要每个投资者都支付搜寻费用,金融中介将这一费用在众多投资者中分摊。[②] Chant(1989)则从投资者多元化投资需求出发,这虽然能够降低风险但却导致了交易成本上升。因此金融中介的

---

① 参见李扬:《脱媒:中国金融改革发展面临的新挑战》,载《新金融》2007 年第 11 期。

② See Hayne E. Leland & David H. Pyle, *Informational Asymmetries, Financial Structure, and Financial Intermediation*, The Journal of Finance, Vol. 32, No. 2, May, 1977. 371 – 387.

价值就在于进行多元化投资,同时由于规模经济的存在降低了每个投资者的成本。[①] 戴蒙德(Diamond,1984)则关注了贷款后对借款者的监督问题。金融中介监督职能的发挥避免了所有投资者分别监管的高成本。这同样是基于规模经济的解释。[②] 循着这种思路,随着市场的完善和技术的发展,金融中介所具有的成本优势将不断被侵蚀,会出现市场化的金融对金融中介的取代,即"金融脱媒"的产生和发展。

西奥多(Theodore,2000)把金融脱媒分为四个阶段:第一阶段包括储蓄机构、互助基金、特别养老基金、人寿保险政策对银行存款的影响;第二阶段是金融市场作为信用的提供者承担了银行的部分传统角色;第三阶段是技术进步使得办公室操作更现代化,从而降低了对银行业务的需求;第四阶段是指随着自动取款机、电话银行、个人电脑系统和因特网的普及所产生的银行产品分销的脱媒。[③] 基于成本的解释发现了市场化金融与金融中介之间的竞争与替代的关系。而影子银行的产生与发展是金融脱媒过程中的一个重要表现。"过去的40多年,美国金融体系从以银行为基础的体系发展成为一个以银行和市场为基础的混合体系,这其中,影子银行体系中的组成部分成为消费者和商业行为资金的主要来源。"[④]他们之间的激励竞争导致了银行所具有的成本优势不再,甚至大范围倒闭。

市场化金融与传统银行的竞争是推动影子银行发展的一个重要因素。只要未受监管的中介面对较少的资本金要求,而银行却受到严格的资本约束,它们就可以充分地利用杠杆从事抵押借款,从而能够获得比银行更高的资本收益率。这种操作是影子银行对传统银行最重要的威胁。

面对脱媒的威胁,通过监管套利维护其传统领地是当然的反应。为阻止银行资本流向收益更高、未受监管的金融部门,银行也同样提高他们的杠杆率。设立资产负债表之外的投资工具(investment vehicles),同时享受着上级银行或明示或隐性的担保,这一工具能够有效地绕开资本要求,并与未受监管的中介在同等的

---

① See Chant J. (1989), *The New Theory of Financial Intermediation*, Kevin Dowd and Mervynk Lewis Current Issues in Fnancial and Monetary Economies, The Macmillan press Ltd.

② See Douglas W. Diamond, 1984. *Financial Intermediation and Delegated Monitoring*, Review of Economic Studies, Oxford University Press, Vol. 51(3), p. 393 - 414.

③ See Theodore S., *The Net Spreads Wider*, The Banker, 2000, 150(889), 9 - 12. 转引自宋旺、钟正生:《理解金融脱媒:基于金融中介理论的诠释》,载《上海金融》2010年第6期。

④ Financial Crisis Inquiry Commission, *Preliminary Staff Report: Shadow Banking and the Financial Crisis* 9, n. 8 (May 24, 2010), http://fcic - static. law. stanford. edu/cdn_media/fcic - reports/2010 - 0505 - Shadow - Banking. pdf.

杠杆水平上竞争。银行信贷资产证券化的好处是显而易见的，资本监管规则限制了银行杠杆的使用，阻止了银行资产规模的无限放大。资产证券化将资产移出表外，扩展信贷投放的空间。由此，贷款或者信用证券化并不像人们通常所说的那样是银行的主动业务创新，而是其不得已而为之的自救行为。[①] Alessio M. Pacces也指出：影子银行不仅是金融危机发生的一个决定性因素，还是银行对金融创新的一个自然反应。[②] 金融机构与市场化金融的持续竞争促进了彼此的升级演化，而金融制度的演进则是人们对金融市场中的竞争关系不断协调的产物。市场通过降低成本，逐步将银行的业务分解、重组，使银行不重要，而“banking”仍然存续，只不过通过新的机构和方式呈现。

如果循着这种思路，随着市场的逐步完善和信息技术的进步，金融中介所具有的信息优势将被侵蚀殆尽，中介机构也将消失。但从市场发展来看，这一现象并未发生。因此该理论虽然具有一定的解释力，但并未说明中介存在的全部价值。

（二）参与成本理论

阿伦和桑特美罗（Allen & Santomero，1998）[③]提出了参与成本理论，即随着金融市场和金融产品的日益复杂化和技术化，投资者参与金融市场所需要的成本越来越高，包括学习成本、监控与跟随市场的成本等。随着经济发展，闲暇所具有的价值也越来越高，投资者参与金融市场的成本逐步上升。金融中介可以代替个人进行投资。参与成本理论对于解释各类基金的发展具有重要意义。这种理论较好地解释了“货币管理资本主义”的发展，金融消费者投资需求的上升。传统商业银行提供的以“活期存款”为主的金融产品主要提供了保值与支付便利，对更高的投资收益的追求使得原来的储户转而寻求其他的金融机构。这些普通或新“入行”的投资者，投资经验有限，风险承受能力较低。过去几十年基金市场的发展印证了其对传统银行造成的冲击。这种转变造成的问题主要体现在两方面：一是金融脱媒，二是增加了金融的不稳定。各类基金的蓬勃发展使其成为短期融资市场

---

① 参见张杰：《金融中介理论发展述评》，载《中国社会科学》2001年第6期。

② See Pacces Alessio M.，2010，*Consequences of Uncertainty for Regulation*：*Law and Economics of the Financial Crisis*，European Company and Financial Law Review，De Gruyter，Vol. 7（4），p. 479－511，January.

③ See Franklin Allen & Anthony M. Santomero，1997，*The Theory of Financial Intermediation*，Journal of Banking & Finance，Elsevier，Vol. 21（11－12），p. 1461－1485，December.

资金的重要来源。

(三)金融功能观

默顿(Merton,1995)最早系统地阐述此观点。[①] 金融中介功能观的核心内容可表述为:金融功能比金融机构更稳定,即在地域和时间跨度上变化较小;机构的形式随功能而变化,即机构之间的创新和竞争最终会导致金融系统执行各项职能的效率提高。而且功能观首先要看金融体系需要行使哪些经济功能,然后去寻求一种最好的组织机构,而一种组织机构是否最好,则又进一步取决于时机和现有的技术。[②]

金融功能观从金融体系在经济社会中的功能出发,金融产品和金融服务不断满足投资者和借款人的多样化的需求。但金融机构和金融产品在共同完成这一功用的时候,其结构和表现不尽相同。金融中介与市场并非总是处于竞争性的关系中。金融功能观在更广阔的视野中审视二者之间的关系:为完成某种功能,达至某种目标,二者担当了不同的角色,共同形成了某种融资机制。在影子银行体系中最典型的是证券化过程:银行发放贷款以形成金融资产,成立特殊目的实体发行证券,从短期资金市场融资,评级机构的评级,证券的发行销售乃至再证券化。可以看到多个金融机构和金融工具相互协作,共同完成了这一进程。Merton把这种中介与市场之间的动态联系解释为金融创新螺旋(financial innovations spiral),基于此,金融体系将朝着一个充分有效的理想目标演进。[③]

金融功能观有效地化解了金融系统内部竞争和分裂,从更宏观的角度审视金融中介与市场化金融的关系,二者协作发挥作用。这一理论对我们理解现代金融业的发展具有重要意义。

1. 传统银行与影子银行体系的竞争,以及由此推进的金融创新是近几十年来金融市场发展的一个重要特征。一方面,影子银行部分发挥了银行的功能,从市场中融资,并分配给借款人;另一方面,银行也发展了大量的表外业务,银行收入结构也从息差为主转向了手续费等中间业务收入。而证券化作为影子银行体系

---

① See R. C. Merton, 1995, *A Functional Perspective of Financial Intermediation*, Financial Management, Vol. 24, No. 2, Summer 1995, 23 – 41.

② 参见胡庆康、刘宗华、魏海港:《金融中介理论的演变和新进展》,载《世界经济文汇》2003 年第 3 期。

③ 参见张杰:《金融中介理论发展述评》,载《中国社会科学》2001 年第 6 期。

中的主要组成部分,是银行和非银行的金融机构密切合作的结果,通过高度市场化的链条最终将证券化产品推向投资者。机构业务界限逐步消失,业务交叉复杂,市场的关联性不断上升。

2. 从监管的角度看,金融创新和金融市场的发展已经打破了金融中介和市场化金融之间的界限,金融市场高度联结。"以直接融资和间接融资区分融资的形式是老概念而且是落后的。在全球最权威的金融学辞典中找不到直接融资和间接融资的概念。而且有很多金融产品难以界定。应对这些问题我们应当制定系统、综合的金融体系现代化方案,而不是简单的搞金融改革方案。"①建立在这种理论基础上的分业监管体制形成了看似严格的行业壁垒,但新的金融产品和金融工具的出现对目前僵化的划分造成了巨大的冲击。"在本次繁荣期间,金融体系的结构发生了根本性变化,传统银行系统之外的资产所占的比重大大提高。这个非银行金融系统变得非常大,在货币和资金市场上尤其如此。"②

3. 影子银行体系是金融市场发展的产物。虽然作为一种新生事物,其风险的暴露和产生的影响并未被我们全面的认识,但这并不能否认其存在的合理性。建立现代金融安全网之前,自由银行时代的金融市场也频繁地爆发危机。随着对影子银行认识的加强,控制风险、合理发展成为今后监管改革的主要方向。

二、美国金融市场脱媒与影子银行的生成

金融系统的首要功能是动员存款并将这些资金分配到预期能获得收益的使用者或投资者手中。这一功能是由金融中介通过媒介资金的方式来承担的。金融中介中最重要的是商业银行,它通过贷款的形式提供信用。其他机构投资者如保险公司、养老基金、风险投资等,也通过债或股权的方式提供资金。商业银行在媒介过程中的角色非常重要,因为它几乎掌控着所有的金融资产,这一点,在资本市场不发达的国家更加明显。

但在一个经济体系中,其他机构如互助基金、非银行金融公司也承担和银行相同的功能,虽然他们接受存款和投资的模式与银行有很大差别。因此,中介是在借款人和存款人之间有一个中间人,而不是二者之间直接交易。在资金媒介的过程中,金融机构的角色发生了很大的变化。在过去,存款人将资金存入银行或

① 李扬:《脱媒:中国金融改革发展面临的新挑战》,载《新金融》2007 年第 11 期。

② Timothy F. Geithner, *Reducing Systemic Risk in a Dynamic Financial System*, The Economic Club of New York(9 June 2008), https://www.bis.org/review/r080612b.pdf.

其他存款机构,然后银行将资金贷给消费者或企业。但直接金融市场的发展导致的脱媒现象越来越严重。金融中介在与资本市场中间业务的对比中,市场份额不断降低。通常金融脱媒是指资金流不通过中介,直接从盈余部门到资金的需求部门。脱媒意味着去掉中间人,这样资金的出借人和借款人就能够直接交易。这要求一个顾客能够直接与商品或服务的供应商交流,而不需要中间人的服务。这种情况下,金融机构转向通过提供金融服务收取手续费。

经济发展导致了金融创新,这给金融市场带来了剧烈的竞争。随着替代性的投资渠道越来越多,借款人和投资者有了更多的选择,资金从银行系统中流出投资在其他渠道中,有了更多的可选择的投资工具。银行在吸收资金方面的成本优势逐步丧失,在贷款市场也不断受到侵蚀。因此传统商业银行利润受到挤压,银行也开始转入多元化经营以获取更多的收益。很多学者从存款和贷款两个方面解释了银行脱媒的发展。

(一)在负债方面的脱媒

20 世纪 80 年代之前,存款一直都是银行类机构获取廉价资金的主要来源。存款利率的封顶阻止了银行对支票存款支付利息,Q 条例限制了他们对定期存款的利息上限。多年来这一限制构成了银行的优势,因为银行资金的主要来源就是支票账户(1960 年之前,这些存款占据了银行存款的 60% 以上)。零利息使得银行资金平均成本非常低。

然而这一成本优势并未长期持续下去,20 世纪 60 年代末开始,通货膨胀日趋严重,市场利率也随之走高,这使投资者对不同资产收益非常敏感。存款人将其资金(包括支票账户和定期存款)从银行取出,投入更高收益的资产中,由此开始了脱媒的进程。严格的银行监管导致非银行类金融机构发明了很多金融产品,其可以提供比存款更高的收益。这其中一个重要的创新就是货币市场基金,货币市场基金的份额持有人也可以获得支票服务,并能获得较高的收益。非银行类的竞争者无须受到存款利率上限的约束,也不必向中央银行支付无任何利息的准备金和存款保险金。这对银行的竞争是非常不利的。显然,作为银行资金的重要来源,低成本的支票账户存款急速下降,从银行负债的 60% 跌到了 20 世纪 90 年代的不足 20% 。货币市场基金的发展是这一过程最突出的表现。大量资金脱离银行渠道进入市场寻找投资机会。

资金成本方面优势的丧失使银行支持 20 世纪 80 年代废除 Q 条例的立法。

虽然接下来的变革使银行在资金筹集方面竞争力提升,但同时银行资金成本也显著上升了,降低了其长期以来享有的优势。

(二)在资产方面的脱媒

除了上述在资产负债表的负债方面的脱媒之外,在资产方面,银行收入的主要来源贷款利息方面也不断恶化。特别是商业票据市场和垃圾债券市场以及资产证券化使银行在提供信用这一传统领地也逐步丧失优势。

随着信息技术的发展,对住户部门、公司、金融机构来说,其能够更容易衡量证券的质量,公司也能够更容易通过发行证券从投资者手中筹集资金。特别是,很多商业客户不再从银行获取短期信贷,转而来到商业票据市场。所有的非金融商业票据市场余额占工商业贷款的比重从 20 世纪 70 年代的 5% 上升到 90 年代的 20% 。

另外货币市场基金除了存款方面的竞争之外,还通过支持其他竞争性的金融公司扩张侵蚀银行的领地。例如,货币市场基金可以成为商业票据市场的资金池,因为货币市场基金必须持有流动性、高质量、短期资产。而且商业票据市场的发展使金融公司能够通过发行商业票据获取资金,从而能够扩张自己的借贷市场,金融公司向很多的企业提供信用,而这传统上是银行的领地。1980 年,金融公司贷款占银行工商贷款的 30% ,而到 20 世纪 90 年代这一比例上升到 60% 。

垃圾债券市场的发展同样抢夺了银行业务。过去,只有财富 500 强的企业才能绕过银行直接面向公众发行债券。如今,低质量的公司也能通过垃圾债券市场筹集资金。所谓垃圾债券是指评信级别在 BB 级以下的公司发行的债券,由于风险较大,因而收益也高于普通的债务工具。垃圾债券市场的发展主要是由于 20 世纪 80 年代美国产业的调整、重组和收购的发展。典型如亨利 · 克莱斯收购雷诺烟草公司案,该案的收购价高达 250 亿美元,但克莱斯公司本身的资金仅 1500 万美元,其余资金都是靠发行垃圾债券筹集的,杠杆率超过了 1600 倍。整个 20 世纪 80 年代,美国公司发行的垃圾债券总额超过 1700 亿美元。虽然在 1990 年新的垃圾债券发行滑落到 29 亿美元,但 1991 年又上升到 169 亿美元,1992 年和 1993 年分别达到 420 亿美元和 600 亿美元。

另外将资产证券化使得非银行金融机构成为银行更有力的竞争者。在信息和数据处理技术上的发展使得非银行的竞争者能够发起贷款,并将其转化为能在市场上交易的证券,通过销售证券获得更多的资金,该资金又可以用于贷款。计算机技术的发展降低了交易费用,使非银行金融机构能够使用统计方法高效地评估信用风险。当信用风险能够使用统计技术评估的时候,在消费者信贷和抵押贷款中,银行在贷款方面将优势不再。另外计算机和模型技术的发展对抵押贷款市场带来了极大冲击。在 20 世纪 90 年代中期,贷款等级信息标准化开始在市场上广泛使用。贷款人使用信用评分发放抵押贷款,如费埃哲(Fair Isaac)公司开发的 FICO 评分体系。1994 年,房地美推出了房贷勘探程序(Loan Prospector)自动抵押贷款发放系统。两个月后,房利美也推出了自己的台式电脑审核程序(Desktop Underwriter)系统。这些标准化系统的使用结束了漫长而费力的人工贷款时代,极大地降低了交易成本,使得房贷业务迅速拓展。金融机构创新过程中产生了"大拇指规则 "或称为"经验法则",即通过 FICO 评分来衡量借款人的信用。自 20 世纪 90 年代中期以来,FICO 评分逐步成为信用评价的基本指标,被广泛应用于放贷人、评级机构和投资者。"两房"等 GSE 建立的承销指南中要求,购买以及担保的放贷人贷款的标准为 FICO 评分不低于 620 分。评分系统除了衡量贷款人违约的可能性之外,还指导放贷人审慎监管借款人。

美国银行业还受到来自国外的日趋加大的竞争。特别是日本和欧洲银行。由于日本经济的成功和日本较高的储蓄率,日本银行能够获得比美国银行更便宜的资金。这一成本优势使日本银行积极在美国市场开展贷款业务,侵蚀了美国银行的市场份额。更重要的是,从其他主要国家来的银行,还将他们的公司客户带到了美国,因为在各自国家较轻的监管负担也能够获得竞争的优势。1980 年之前,美洲银行和花旗银行、Bank America Corporation 等都是世界上最大的几家银行。但到 20 世纪 90 年代,上述几家银行没有一家进入前 20 位。这其中虽然有美元贬值的因素,但主要并不在于此。面对影子银行体系的竞争,银行并没有太好的应对机制。传统的存贷款业务及利差收入受到较大的影响。明斯基曾经指出银行应当"转变政策,使支付体系成为银行利润的中心"①。

类似的情形在其他国家也同样存在,传统商业银行的竞争优势不断受到侵蚀。金融创新和去监管化在世界各国不断推行,为存款人和贷款人提供了更多的替代选择,不只是美国的银行逐步丧失了其在存贷市场的垄断地位。例如,在日本,去监管化的发展为公众提供了更广泛的金融产品,导致了类似于美国市场的

---

① Hyman P. Minsky, *Reconstituting the United States' Financial Structure: Some Fundamental Issues* (Levy Institute Working Paper No. 69) (January 1992), https://ssrn.com/abstract=161596.

脱媒的过程。在欧洲国家,创新已经逐步侵蚀了与传统银行竞争的壁垒。在其他国家,银行也面临证券市场的竞争。企业能够从证券市场中获得更多的融资。即使是在证券市场不发达的国家,那些优秀的公司客户也能从国外或离岸资产市场,如欧洲债券市场融资。这些企业也可以利用国外的证券市场发行证券。随着金融现代化的不断发展,虽然脱媒最早出现在美国,但在其他国家,这一进程也同样正在发生。脱媒竞争导致了银行经营上的巨大困难。从美国联邦存款保险公司的数据看,1986 年到 2008 年,投保的商业银行从 14,027 家降至 7086 家;2021 年为 4236 家。[①]当然,这反映了两个趋势:一是市场的机制程度逐步上升,二是金融体系的重心转向市场(或被称为影子银行)。

综上所述,虽然影子银行危机爆发于 2007 年,但影子银行体系的形成却是近 40 年逐步演化的结果。对影子银行发展的理论阐释是本书重要的一部分,它有助于我们理解影子银行产生的深刻背景和原因,并为监管设计奠定基础。

首先,对影子银行的研究离不开对“新自由主义”的探讨。新自由主义及其基础上建立的社会积累结构在一段时期内促进了资本主义经济的繁荣。按照它所主张的自由市场理念,在金融领域应当放松监管,基于市场的自律和资源配置能够提高社会生产率。但新自由主义所带来的问题很快在经济生活中显现,即经济危机。在经济危机的基础上,西方国家如美国,又摒弃了新自由主义的理念来拯救自由市场,由此形成了合理性危机。合理性危机最终引发了合法性危机,导致新自由主义的政策破产。影子银行正是在新自由主义倡导的去监管化的过程中发展起来的。对新自由主义之下的金融自由化进程进行反思构成了危机后研究思考的一个重要组成部分。美国金融学会前主席 Luigi Zingales 在其就职致辞中,提出了一个意味深长且似乎又最简单的问题:金融是否有益于社会?而他对此的看法是:就目前的知识和理论而言,金融部门在过去 40 年的所有增长有益于社会这一观点找不到任何的理论支撑。[②]

其次,我们分析了明斯基的货币管理资本主义理论和金融不稳定理论在影子银行发展过程中的解释力。货币管理资本主义理论展示了大量的资金在社会中

---

① FDIC:*BankFind Suite*: *Find Annual Historical Bank Data*, https://banks.data.fdic.gov/explore/historical/? displayFields = STNAME%2CTOTAL%2CBRANCHES%2CNew_Char&selectedEndDate = 2021&selectedReport = CBS&selectedStartDate = 1934&selectedStates = 0&sortField = YEAR&sortOrder = desc.

② See Luigi Zingales, *Does Finance Benefit Society*? (January 1, 2015), Chicago Booth Research Paper No. 15 - 09, https://ssrn.com/abstract = 2585194.

寻找投资机会，这为影子银行体系的形成储备了大量的“资金池”。另外明斯基从对投资的分析入手，将投资分为对冲性融资、投机性融资和庞氏融资。不同融资类型的结构和规模导致了经济的“内在”不稳定。从影子银行形成的信用创造过程来看，存在向庞氏融资发展的趋势。“明斯基时刻”的到来也印证了他对金融市场的判断。

最后，金融市场与金融中介理论有助于我们分析传统商业银行和影子银行体系的关系。从成本理论下，二者之间的竞争此消彼长；到金融功能观之下，二者相互合作完成了金融市场赋予的功能，二者彼此加强，相互促进。影子银行体系的发展也恰恰印证了这些理论。从 20 世纪 70 年代的“金融脱媒”到后期的高度关联，金融中介理论为我们提供了很好的解释。

新自由主义的理念之下，发达国家开始了经济政策上的调整，在金融领域主要体现为去监管化。由此带来了金融自由化和信用创造的进程。在这一背景下，新的金融工具、金融产品和模式不断推出，沟通了资金的供给和需求，实现了对商业银行的功能上的替代。因此影子银行的发展也正是在传统金融机构之外，传统存贷款模式之外提供流动性服务、信用创造，这也正是影子银行的本质。

第三章　影子银行体系的风险与监管失败

影子银行繁荣的同时也带来许多新的风险,这些风险的累积正是2008年危机爆发的主要原因。研究这些风险,关注它们对传统监管体系造成的冲击是危机后建立新的监管框架的基础。影子银行的发展有多重因素的推动,但从法律的视角,特别是经济法的视角看,金融监管没有跟上金融创新和金融市场发展的步伐是其中重要的原因。以美国为例,金融监管中的问题比比皆是,如自由化推动的去监管化的进程;监管的失败体现在影子银行体系的多个环节中,如对抵押贷款标准的监管,对证券化、衍生品的监管,对机构的监管等。检讨这些监管中的不足将为今后监管体系的完善明确方向。

第一节　影子银行体系的风险问题

一、影子银行的流动性风险与"挤兑"危机

影子银行体系承担了与银行系统相同的功能,但同时也酝酿了相同的风险。对此问题,在危机爆发之前认识并不深。由于大量使用短期资金并投资于长期资本,与商业银行一样,期限错配是影子银行体系固有的经营模式。当金融机构的经营面临"挤兑"等外部冲击的时候,影子银行体系不得不变卖资产以应对客户的提款要求。当大量的金融机构选择出售资产时,又会造成资产价格的下跌;进而会要求更多的保证金或担保,由此形成资产下跌的"螺旋"。有学者认为,影子银行危机就是一场彻底的"银行式"的挤兑危机。① 美联储前主席伯南克也认为,2008年金融危机与银行挤兑极为相似,不同的是,此次危机中的挤兑发生在传统

---

① See Gary B. Gorton & Andrew Metrick, *Securitized Banking and the Run on Repo* (August 2009), NBER Working Paper No. w15223, http://ssrn.com/abstract=1454939.

的银行系统之外,即发生在影子银行体系而不是受监管的储蓄机构,其中包括一些证券化工具、货币市场基金和投资银行等。①

(一)融资来源的不稳定

商业银行和储蓄机构经营的基础都是客户的存款,影子银行体系也大量依靠短期融资。但住户部门和公司的存款都被认为是零售存款,零售存款通常被认为具有"黏性",即随着大萧条后存款保险制度的建立,客户很少将其存款从一家银行转移到另一家银行。银行同样也会使用批发存款,即主要来自其他金融机构的大额存款。但银行监管者倾向于认为,依赖批发性资金市场具有较大的风险,因为这些资金都没有"黏性",能很快取回,这更增加了银行的流动性风险。

但影子银行体系使用的资金多为批发性资金,影子银行几乎都依赖于短期资金市场融资,如证券回购、商业票据、证券借贷,这些都类似于在银行的"批发性"存款。短期资金适合于传统的投资银行为证券的承销融资。这使得投资银行在长期和非流动性资产方面有更多的风险暴露,其负债的到期日减少到甚至只有1天。缺乏核心的存款基础,投资银行"借短投长"的方式比商业银行更容易导致挤兑的发生。资金来源的脆弱对影子银行的期限管理提出了更高的要求。

(二)影子银行体系的挤兑危机

在挤兑发生时,债权人会取回资金或减少其与该实体的交易或信用敞口,以防止违约损失或延迟支付。如果大量的债权人同时要求取回其资金,该机构即使开始的时候有偿付能力,最终恐怕也必须依靠出售受压资产市场(distressed market),遭受巨大的损失。在这种情况下,债权人可能会引发大的违约事件。挤兑甚至可能由关于该实体偿还能力或稳定的流言而引发。在大萧条发生之前和在发生的过程中,商业银行的挤兑行为经常发生。但在建立存款保险制度之后,非理性的挤兑行为基本消失了。

货币市场基金的挤兑。以2008年金融危机为例,由于货币市场基金自身只有很少的资本缓冲,其在面对大的外部冲击,如基金信用的降低、迅速增长的利率水平或者到期债务人的违约等时,会变得非常脆弱。特别是在2008年9月,雷曼破产极大地影响了货币市场基金所持有的商业票据的市场价值。当基金份额真

---

① 参见[美]本·伯南克:《金融危机对经济学的启示》,载《比较》2010年第5期。

的跌破1美元净值的时候,投资者信心丧失,并产生了大量的赎回请求。2008年9月16日,由于雷曼破产,在减记掉相关资产后,一家美国的货币市场基金——主要储备基金(Reserve Primary Fund)净值跌破1美元,由此引发了投资者的挤兑。货币市场基金被迫降价出售资产。这同样会导致在证券回购市场、资产支持票据、商业票据市场上的压力。2008年夏季,MMF的压力开始显现,直到2008年9月16日Reserve Primary Fund破产。

在repo市场的挤兑。在repo市场中,由于担心交易对手的偿付能力,repo存款人担心担保债券的价值和流动性。如果所有的公司都希望持有现金,那么此时抵押品被迫降低价格寻找买主。repo市场的挤兑类似于银行的恐慌。银行系统中为保持银行的支付能力,其方法之一是要求银行缴纳存款准备金,在发生恐慌的时候这些储备可以用于满足存款人的取款要求,必要时可以求助于中央银行。repo市场中与之类似的是预留扣减率,一定数量的预留扣减率能够抵御一定规模的市场下跌的风险。银行金融安全网的另外一个组成部分是来自政府的存款保险。而在repo市场中,有类似功能的是抵押品。在repo市场中存款人(借出人)和借款人之间是一对一相互匹配的,每个存款人都获得其抵押品。但在商业银行体系中,存款人和借款人之间不存在直接的关联。存款人的资金受到存款保险公司的保障。

从repo市场中取回资金的方式是提高预留扣减率。也就是说,之前存入100美元,可以获得市场价值为100美元的债券抵押品。但在2007年8月,一些重要的资产类别扣减率开始上升。假如上升了5个百分点,此时借款人价值100美元的抵押品只能获得95美元。预留扣减率的上升相当于从银行取回资金。由于没有关于repo市场规模的官方数据,当然也没有关于资本扣减情况的数据。按照前述估计的数字,repo市场规模在8万亿美元到10万亿美元。如果预留扣减率规模上升到20%,那么市场中就会产生1.6万亿美元到2万亿美元的资金缺口。如果没有新的投资者投资金融,那么唯一的办法就是出售资产。在大多数经济学分析中,金融资产总是能以接近于其基本价值的价格出售,这是一个根深蒂固的观点。在危机之前,金融市场参与者和监管者,都认为市场流动性不成问题。然而,危机向我们表明,风险厌恶、不完全信息和市场动态变化会吓退购买者,进而严重削弱价格发现机制。市场流动性不足和金融恐慌也以危险的方式联系在一起。①

说明了危机前后市场上预留扣减率出现剧烈的变化。不含美国国债在内的repo交易抵押品的平均预留扣减率从2007年年初的0上升到2008年年末将近50%的峰值。这一时期,一些类型的资产甚至被拒绝作为抵押品。出售基础的抵押资产导致资产价格的下跌,进而形成了所谓的资产下降"螺旋":较低的资产价格导致了更少的抵押品,进而产生了更大的对偿付能力的担忧,进一步提高了预留扣减水平。repo市场有抵押品作为担保,而抵押品可以进行再回购。这意味着,存款人占有了抵押债券,并再次使用抵押品。因此抵押品也存在货币乘数的问题。当预留扣减率升高时,货币乘数降低,这将导致大量的去杠杆化的过程。②

除了repo市场之外,其他短期债务市场同样也遭受了挤兑,如资产支持商业票据和结构化投资工具。商业票据是公司融资的重要方式,通过票据的不断滚动实现了资金的长期使用。但在危机的情况下,市场对现金的需求增大,资金的融出方拒绝对商业票据滚动,要求偿还现金。这样金融危机的影响开始扩展到实体经济,导致实体经济的"失血"。

二、金融体系的脆弱性

影子银行体系的发展向市场推出了大量的高度复杂的结构化金融产品。以抵押贷款的证券化为例:开始的时候将大量的抵押贷款打包为资产池发行证券,此时抵押贷款中已经包含了大量的次级抵押贷款,这些贷款受市场因素的影响非常大,违约的风险很高。通过分层技术,这些证券被分别卖给不同的投资者。一个贷款池的分层又与其他贷款池的分层相结合,形成新的CMO。不同类别的资产被置于一个池中,包括商业抵押贷款、汽车贷款、学生贷款、信用卡应收款、企业贷款等,发行的证券称为担保贷款凭证(Collateralized Loan Obligation,CLO)。更进一步地,上述的MBS或ABS(其本身就是证券化产品),被用作基础资产,再加上衍生品市场中的CDS(它也不是真实的抵押贷款资产,而仅仅是在抵押贷款上设定的赌博),这些都被打包做成CDO。而CDO分层又同其他的CDO结合产出CDO的平方(以CDO分层为支持的CDO),甚至CDO的立方。假设CDO平方

---

① 参见[美]本·伯南克:《金融危机对经济学的启示》,载《比较》2010年第12期。

② See Gary B. Gorton & Andrew Metrick, *Securitized Banking and the Run on Repo* (August 2009), NBER Working Paper No. w15223, http://ssrn.com/abstract=1454939.

持有100只CDO,每只CDO又持有100只资产支持证券,每只资产支持证券都由2000笔抵押贷款组成,那么要想了解这笔CDO平方的价值和违约情况,就需要得到2000万笔贷款的信息,这几乎成了天方夜谭。[①] 这些投资背后的金融工程使得这些产品很难理解并且难以估价。为了测定其可能的收益,投资者必须要计算统计某种抵押贷款可能的违约率,要评估这些违约所带来的损失。然后投资者才能够判断这种损失对不同的层级会产生什么影响。

上述过程将贷款资产的风险分散到众多的投资者手中。但这样做的问题是将"次级贷款"所包含的风险扩散到整个证券化产品中,扩大了市场的传染性。因此当美国房地产市场价格下跌,次级贷款的违约上升时,投资者无法判断基础资产的违约会对自己手中的证券产生怎样的影响。不仅是普通投资者,即使是专业的人员,也未必能够理解这些产品的定价规则。曾在1979年到1987年担任美联储主席的Paul Volcker认为,"问题在于这些(证券化)工具变的高度复杂,监管者也越来越依靠银行自己监察自己的风险"[②]。

复杂性带来金融市场高度的信息不对称。作为投资者而言,对金融产品的选择完全依赖于信用评级指标和销售人员的推介,对产品的风险和可能导致的损失不能完全理解。再加上销售过程中的不规范行为,影子银行产品的复杂化给金融消费者带来了巨大的损害。

三、资本监管诱发的监管套利

在传统的金融体系中,银行居于主导地位。长期以来各国都建立了针对银行体系的审慎监管规则,特别是资本监管规则。但也正是由于对银行资本的严格约束引发了一系列的监管套利行为,这既导致了原有监管规则的失败,同时也对影子银行体系的产生乃至危机发生起到了基础性的作用。它导致了传统银行抵押贷款模式的衰落,转而积极从事证券化活动;它也使评级机构的作用更加突出,银行借此能够承担抵押贷款,包括次级贷款的信用风险,而不必持有必需的资本金;它使银行通过影子银行交易,包括结构投资实体(structured investment vehicles)和

---

① 参见辛乔利:《影子银行——揭秘一个鲜为人知的金融黑洞》,中国经济出版社2010年版,第42页。

② The Financial Crisis Inquiry Commission, *The Final Report of the National Commission on the Causes of the Financial and Economic Crisis in the United States*, Offcial Government Edition, chapter 3, p. 45. (January 2011), http://www.gpo.gov/fdsys/pkg/GPO-FCIC/pdf/GPO-FCIC.pdf.

CDS 等,从而进一步降低资本金需求。

1. 银行资本监管导致传统的吸收存款、发放贷款业务变得不经济。吸收存款要缴纳存款保险;发放低风险的抵押贷款并持有贷款资产要受到严格资本充足率约束;长期资产置于资产负债表中,其流动性较差;作为金融中介获取利差收益,也远不如从事中间业务收费来得更安全。银行对简单的发放并持有贷款没有什么积极性,相反他们通过将持有的贷款资产打包并证券化获益良多,也不必关注这些贷款是由谁发放以及如何发放的。商业银行经营模式从“发起—持有”模式转向“发起—分销”模式。

与上述银行业务模式的转变相关的是,资本监管还导致了银行关注的重点不是抵押贷款的潜在风险,而是抵押贷款支持证券的评级。由此抵押贷款的质量不断下降:对首付标准的放松;向那些信用记录不良的人发放的次级贷款;取消了要求借款人提供相应的证明文件的要求,如收入、资产、就业状况等。银行业务的重心转移到证券的发行,关注的重点也是证券的评级。金融工程师们将这些不断恶化的贷款资产投入资产池,并通过分层获得 AA 和 AAA 的证券评级。

2. 资本监管还使银行体系变得脆弱。由于资本套利的存在,银行无须对其风险资产持有相应的资本。当危机袭来时,自然而然地产生对大银行偿付能力的担忧,这导致了银行间信用的冻结。如果银行能够持有充足的资本储备,负面的冲击就不会导致对银行流动性的怀疑。

3. 资本监管刺激了结构性投资工具和 CDS 的发展。如前所述,通过对冲降低资产的潜在风险从而减少资本金的消耗,银行能够实现较低的风险配置。监管者也乐于使用这些工具,认为他们能够重新配置信用风险。但当危机爆发的时候,监管者面对危机带来的困境也同样手足无措。例如,美国保险集团在 CDS 方面的巨额头寸,跨国经营的银行将大量的表内风险转移至表外实体等。美联储和财政部发现他们面对的是一个多米诺效应:银行挤兑危机。这种危机随着市场的发展和存款保险制度的建立已经很久未出现了。

4. 资本监管激励了顺周期性。资产在繁荣时期保持了较高的评级,但随着房地产市场的下跌,资产同样也被降级。市场的变化迫使银行出售资产以满足监管的资本要求。市场中大量的资产销售引起了资产价格的进一步下跌,这意味着银行必须进一步减记其股本。换句话说,在繁荣时期,银行资本金价值看起来高于其真实价值,反之,在危机时期价值要低于其真实价值。鉴于这种情况,很多学者认为应当加强对逆周期的资本监管要求以减缓这种效果。

四、影子银行的道德风险

金融危机后,很多学者指出在危机酝酿过程中,金融机构过度地承担风险是造成金融系统危机的主要原因。① 而过度承担风险是由于道德风险的存在。按照道德失败理论,金融危机发生的根本原因在于金融公司高管追求个人薪酬最大化和追求公司长期最佳利益之间存在错配。由于私人和社会利益中存在的一系列扭曲,即金融机构中高管收入没有与公司长期的利益挂钩,克鲁格曼在《纽约时报》上的一篇文章指出:金融机构的执行官们之所以过度地承担风险是由于道德风险的存在。针对伯南克提出的"金融市场的深化和复杂(使得家庭能够更容易地取得住房财产)"的观点,他认为:"深化,好吧。但复杂?你应该说,经过近1/4个世纪的积极的去监管化的历程,美国的银行家们能够通过复杂的方式隐藏风险和愚弄投资者来使他们自己获益。"②

(一)美国住房政策与"两房"问题

长期以来美国政府非理性地致力于提高住房拥有率,这导致了房地产市场的繁荣和衰退。在美国,住房拥有率从1994年的64%上升到了2006年的69%。③ 美国两党的政治人物都为这一发展成就而骄傲。但回顾过去,政府在提高房屋自有率方面的政策却值得商榷。特别是CRA和对房地美、房利美监管上的不足。根据该法案,为两家企业设置配额,要求他们必须向那些无力支付房贷的群体发放贷款。而且,这一政策不区分购房人是用于自有住房还是投机性质,非业主自住住房贷款的比例从20世纪90年代的5%上升至2005年和2006年的15%。④ 一方面,更多的家庭拥有而不是租住房屋有积极意义;另一方面,也应当看到,过高的房贷房价比也有负外部性,它降低了房屋市场的稳定性。

---

① See M. Wolf(2008), *Fixing Global Finance*, Baltimore: The Johns Hopkins University Press; L. Elliott & D. Atkinson(2009), *The Gods That Failed: How Blind Faith in Markets Has Cost Us Our Future*, Nation Books; P. Krugman(2009), *The Return of Depression Economics and the Crisis of* 2008, W. W. Norton.

② Paul Krugman, *Revenge of the Glut*, Commentary, NY Times, March 2, 2009.

③ See U. S. Census Bureau, *Housing Vacancies and Home Ownership*, tbl. 14, http://www.census.gov/hhes/www/housing/hvs/historic/index.htm.

④ See Robert B. Avery, Kenneth P. Brevoort & Glenn B. Canner, *The* 2006 *HMDA* (*Home Mortgage Disclosure Act*) Data, 93 FED. RES. BULL. A73, A87 (2007), https://www.federalreserve.gov/pubs/bulletin/2007/pdf/hmda06final.pdf.

公共政策意在向抵押贷款的债务提供补贴。其方式包括贷款利息的税收减免,通过 FHA 和 VA 进行的直接补贴,通过房地美和房利美这些享受特殊地位的 GSE 进行的间接补贴等。如果没有这些对房屋拥有者和贷款补贴的政治支持,住房市场周期问题也许不会那么严重,而这能够减缓房地产市场的波动从而对金融危机的触发产生影响。

在这样的政策之下,我们来观察房地美的市场操作。房地美是 1970 年政府特许设立的一家公司,1989 年转化为了公众公司。2008 年 8 月,《纽约时报》报道,为了在次级抵押贷款市场更加活跃,房地美前 CEO 理查德 · 赛伦(Richard Syron)无视了公司首席风险官大卫 · 安德鲁柯尼斯(David Andrukonis)的警告。早在 2004 年,Andrukonis 即向 Syron 提交了备忘录,其中指出:反对购买那些低文件要求贷款(low – documentation loans)。之后不久,Andrukonis 离开了房地美,而房地美也通过购买各种各样高风险的抵押贷款产品在市场上扩张。2002 年到 2007 年,由于大幅度地放松了信贷标准,房地美在危机中遭受了巨大损失。这其中一个重要的原因就是 Syron 为追求短期获利和奖金,而有损于其对股东承担的责任和其他长远利益。

(二)信用评级机构问题

信用评级机构在 2008 年危机的爆发过程中备受批评,甚至有观点认为,这些机构在危机形成过程中担当了核心角色。金融工程师们将抵押贷款支持证券结构化,以使更多的部分获得 AA 或 AAA 的评级。为此他们与评级机构的工作人员密切合作。更高的评级使得这些证券能以相对较低的利率出售给广大的机构投资者。然而事实证明,危机中此类证券都遭受了大量损失。

由于金融创新,影子银行体系中的产品大多高度复杂,一个客观、独立和专业化的第三方评级机构给出的信用评级是投资者在选择投资的过程中重要的判断依据。这些事项被交给了三家主要的评级机构——穆迪、标准普尔和惠誉。证券化的参与者尤其是发行人认识到,他们需要获得更高的信用评级才能够销售给投资者其结构化产品。投行因此向评级机构支付了可观的费用以获得其想要的评级。投资者过分倚重信用评级机构导致了市场纪律的破坏。由此有学者指出,评级过程中由于是抵押贷款证券发行人付费,因此信用评级机构很容易就给予了

AAA 或 AA 以上的评级。①

特别需要指出的是，监管者同样支持使用评级机构的评级。例如，资本监管明确鼓励银行持有获得 AA 或 AAA 评级的高等级的证券。房利美在一份向监管部门提供的意见函中警告说，仅出于监管目的而对那些无交易的证券要求评级，这会创造激励扭曲评级——因为评级机构仅对证券的创作者负责，而不对市场中任何的买家负责。基于同样的考虑，很多经济学家发表了关于银行监管事项的评论：使用私人信用评级来度量贷款风险可能反而会影响评级的质量。如果监管者将评估银行贷款质量的负担置于评级机构，那么监管机构会损害信用评级质量，对投资者造成伤害。评级机构为迎合银行降低资本的要求，会提供有利的评级，从而造成"等级通胀"（grade inflation）。如果银行追逐评级不是为了投资者而仅仅是为了满足监管的需要，那么评级的标准必然会降低。

（三）过度证券化导致银行经营模式转型

信用风险是商业银行面临的主要风险，商业银行的每一笔贷款业务形成的资产质量是银行业务本身的生命线，也是商业银行监管的重要方面。商业银行通过获取借款人的信息，分析借款人的偿债能力，充分地评估抵押品价值，保障贷款得到偿还。在商业银行监管规则中，一方面，规定资本充足率要求，银行每一笔贷款都意味着资本的消耗；另一方面，通过不良贷款率、拨备覆盖率等方面对商业银行资产质量进行考核。美国金融监管中使用的骆驼信用评级指标体系（CAMELS），包括了资本充足性（capital adequacy）、资产质量（asset quality）、管理水平（management）、盈利状况（earnings）、流动性（Liquidity）五项考核指标。2021 年 9 月中国银保监会正式发布了《商业银行监管评级办法》，其取代了 2005 年 12 月 30 日发布的《商业银行监管评级内部指引（试行）》以及 2014 年发布的《商业银行监管评级内部指引》，成为商业银行评级监管的重要文件。其中流动性风险的权重为 15%，资产质量的权重也为 15%。

随着证券化市场的发展，银行经营模式逐步从"发起—持有"模式，转变为"发起—分销"模式，特别是住房抵押贷款。银行对发放的大量的贷款（住房抵押贷款、汽车消费贷款、学生贷款等）不再持有到期，而是打包出售，其成为证券化的基

---

① See e. g. , *Credit Rating Agencies and the FinancialCrisis*: *Hearing Before the H. Comm*, on Oversight & Gov't Reform, 110th Cong. 31 – 32 (2008) [hereinafter Hearing] (Statement of Frank L. Raiter, former Managing Director, Residential Mortgage – Backed Securities Ratings, Standard & Poor's).

础资产。随着这些资产移出资产负债表,贷款即资产质量不再是银行关注的主要问题,大量的次级贷款充斥金融市场,成为金融危机爆发的根源。

第二节 影子银行的监管失败

法律监管在保持金融稳定方面发挥了极其重要的作用。但近40多年,20世纪80年代以来,随着新自由主义在西方世界的重新崛起,金融领域经历了一个长期的去监管化的过程,特别是在美国。其过度地相信市场自律,相信金融公司的自我监管。特别是以格林斯潘为代表的经济学家长期执掌美国金融中枢,其无为而治的思想影响了大批的政策制定者、国会议员和金融监管者。正如其自己所言:必须认识到,没有任何一个市场是无监管的市场。由市场参与者的个人利益引发的私人市场监管事实存在。

市场主要参与者也投入了大量的资源用于推动这一进程。例如,进入21世纪以来,金融部门共投入了27亿美元用于对联邦系统的游说,与金融部门有关的个人和政治行动委员会(Individuals and Political Action Committees)在选战中投入了10亿美元。[①] 房利美和房地美这些GSE,承担着支持抵押贷款市场发展的公共任务,动用其政治影响力来抵制监管。从1999年到2008年,他们花费了1640万美元用于游说,其雇员和委员会提供了1500万美元的政治捐献。

这些压力在整个监管体系中造成了巨大的监管不平衡,导致了影子银行体系发展并最终成长为传统银行体系的重要对手;对衍生品柜台交易放松监管;重要的投资银行由于没有恰当的监管而成为系统重要性金融机构;在对机构的监管方面,对大的银行控股公司监管不足,银行和储蓄机构在竞争中逐渐处于弱势,允许他们投入高风险的领域;抵押贷款标准的降低连带对相关资产的证券化缺乏审慎的监督;去监管化的行为涉及整个金融领域,包括衍生品、抵押贷款、证券化和机构监管等多个方面。这些方面的发展导致房地产市场泡沫的破裂并导致了严重的金融危机。

---

① See The National Commission on the Causes of the Financial and Economic Crisis in the United States: Final Report, http://www.gpo.gov/fdsys/pkg/GPO - FCIC/pdf/GPO - FCIC.pdf.

一、抵押贷款标准的监管问题

伴随美国一系列住房政策的推行,金融机构在抵押贷款的发放方面有了爆炸式的增长。在数量增长的同时也伴随贷款标准的降低。在贷款的发放过程中放松了对借款人还款能力的审查。对贷款人来说,银行经营模式的变化使得其不必再持有抵押贷款到期,而是将贷款出售给抵押贷款的证券化机构,从而将贷款风险分散出去,贷款机构没有激励维持贷款标准。抵押贷款发展过程中另外一个影响非常大的问题是贷款机构开发的一些掠夺性的贷款产品,附加了非常高的还款利息或其他条款增加贷款收益。圣路易斯联邦储备局的 Yuliya Demyanyk 和纽约大学的 Otto Van Hemert 从借款人的特征、贷款特征以及宏观经济条件等不同的方面研究了次级抵押贷款的质量问题。其指出,危机爆发前的 6 年间,贷款质量连续下降,而且对这些抵押贷款进行证券化的金融机构也在某种程度上了解这一情况。这种不可持续的增长导致了次级贷款危机。①

(一)次级贷款问题

抵押贷款市场经过长期的发展,适格人群大多已经获得了贷款,而私人部门努力的一个方向就是次级抵押贷款。次级抵押贷款也是一项重要的金融创新。他针对那些相对贫困和少数人群,其信用记录存在污点或者缺乏收入来源证明或没有能力支付首付的群体。过去,这些群体被银行认为风险太高而不适合常规的抵押贷款产品,如 30 年期的固定利率贷款。抵押贷款部门开发出了新的产品,即开始的两三年中,购房人可以享受固定利率;到一定的期限,就会将利率重置(reset date),利率大幅度上升,此时通常会要求贷款人二次融资。随着房屋价格的上涨,房屋净值上升,借款人可以获得再次融资。从 2001 年到 2006 年,共计发放了大约 2.5 万亿美元的次级抵押贷款。② 其中约一半来自 2005 年和 2006 年,其大部分依靠上述的再融资贷款。以住房抵押贷款为基础的住房抵押贷款支持证券(RMBS)在 2006 年也达到巅峰的 1.28 万亿美元。2008 年暴跌至 527 亿美元,之

---

① See Yuliya Demyanyk & Otto Van Hemert, 2011, *Understanding the Subprime Mortgage Crisis*, Review of Financial Studies, Society for Financial Studies, Vol. 24(6), pages 1848 – 1880.

② See Inside Mortgage Finance, The 2007 Mortgage Market Statistical Annual, Key Data(2006), Joint Economic Committee(October 2007).

后逐步回升,至 2020 年达到 2018 亿美元。①

可以看出,次级贷款能够保持稳定的基础在于房屋价格的上涨或者保持稳定,一旦房屋价格下行,银行将会形成较大的资产损失。长期以来,住房抵押贷款具有地域性,即如果一个地方房地产市场下跌,这将导致该地区银行资产的下跌。美国银行给出的处理方法是,建立一个全国性的证券市场,这样就不存在上述的地域性的问题。证券化很好地解决了这一问题。美国地域辽阔,房屋价格极少会出现共同运动趋势,尤其是同时下跌。将不同地区的抵押贷款置入资产池中,通过分散化,建立全国的抵押贷款资产证券化市场,从而降低证券的风险。从历史数据看,同样有证据显示全国范围内房价的下跌的确从未发生过。证券化的另一个意外效果则是使传统上具有明显地域性的房地产泡沫扩散到一个城市、一个州以外,直至漂洋过海,波及那些追逐美元资产的个人和政府。美元所到之处的整个资本主义世界都加入美国房地产泡沫的“老鼠会”当中,在源源不断资金的推动下,房地产泡沫在一段时期内不再显露,直到人们发现原来整个世界都无法抵挡的房地产泡沫“已然成形”。

(二)掠夺性贷款问题

针对掠夺性贷款条款,按照《住房拥有者公平保护法》(Home Ownership and Equity Protection Act of 1994)美联储有权对全国范围内贷款人的不合理条款进行监督,并且阻止掠夺性的贷款行为。Fed 对普遍的滥用行为了如指掌,并且也收到了来自贷款人、消费者保护组织以及雇员的相关报告,其指出了抵押贷款中风险的积聚和不断降低的贷款发放标准。② 但 Fed 拒绝采取有效的行动来对这种不负责任的贷款进行监督。

联邦存款保险公司前主席希拉·贝尔(Sheila Bair)在 FCIC 作证时指出,如果有监管的存在会有非常大的不同。其认为在 2000 年到 2001 年,这些问题刚开始有苗头的时候,如果 Fed 能加强消费者保护规则的实施,哪怕是简单地告诉市场参与者:你们必须获得消费者的收入证明,明确他有一定的还款能力;必须明确借款人在利息调整的情况下有足够的能力偿还贷款。如此也能够一定程度上阻止

---

① Statista Research Department: Residential Mortgage Backed Security Issuance in the United States from 2003 to 2020(Apr. 15, 2021), https://www.statista.com/statistics/275746/rmbs-issuance-in-the-united-states/.

② See FCIC REPORT, supra note 1, at 20, 93-96, 108-109.

此类行为的蔓延。[①]

美联储中也有人认识到了问题的存在并致力于改善监管,但 Fed 仍拒绝加强监管以阻止掠夺性的贷款行为。对此美联储的总顾问 General Counsel、Scott Alvarez 指出:之所以没有这么做是因为去监管化的态度。其思维定式就是这个领域无须监管;除非市场出现了显而易见的问题,否则无须关注监管。这是 20 世纪 90 年代和 21 世纪初人们思维定式的当然反映。[②]

遏制市场中有风险的抵押贷款的规模或许能够阻止房地产泡沫乃至其所触发的金融危机,或者至少能够减少危机的影响。时任美联储主席的伯南克指出,在房地产市场繁荣时期未能加强对抵押贷款的监管是"联储在这个特殊事件中最严重的失败"[③]。联邦存款保险公司发现,这种不作为是一个监管失败进而未能阻止危机的"典型的例子"(prime example)。

二、对证券化监管失败

在证券化发展过程中,包括次级贷款在内的有风险的资产被作为基础资产打包,发行证券后卖给世界各地的投资者。2003 年到 2007 年,共发行了约 4 万亿美元的抵押贷款证券以及 7000 亿美元的与抵押贷款有关的 CDO。[④] 抵押贷款的证券化更加大了对有风险的抵押贷款的需求,并极大地促进了房地产泡沫的形成。

大型金融机构通过对抵押贷款的证券化,将低质量的抵押贷款的风险转移到购买者手中。而投资者之所以购买这些证券原因在于:一是有市场化的评级机构给予的较高的证券评级;二是 CDS 这种衍生品的使用,有大型的金融巨头如美国保险集团为此类证券提供违约保险保护。当房地产泡沫崩溃时,很多此类证券的等级下跌,价值下降。而事实上,一些证券公司在向投资者销售此类证券的时候,并未全面和充分地披露这些基础的抵押贷款的质量。"将抵押贷款证券化的公司在其购买的抵押贷款方面未能尽到应有的谨慎,同时故意摒弃证券承销的准则。

---

① See FCIC REPORT, supra note 187. First Public Hearing of the Financial Crisis Inquiry Commission, Day Two, 97(2010)(Statement of Sheila Bair, Chairman, Fed. Deposit Ins. Corp.).

② See FCIC REPORT, supra note 187, at 96; Interview by the FCIC with Scott Alvarez, General Counsel, Bd. of Governors of the Fed. Reserve Sys., 15(Mar. 23, 2010).

③ FCIC REPORT, supra note 187, at 3; Bernanke, supra note 7, at 74; Hearingon Too Big to Fail: Expectations and Impact of Extraordinary Government Intervention and the Role of Systemic Risk in the Financial Crisis before the FCIC, Day Two, 27(2010).

④ See FCIC REPORT, supra note 187, at 129.

潜在的投资者在抵押贷款证券中包含劣质的抵押贷款方面未获得充分的信息或被误导。"SEC有责任保证证券发行中对投资者的充分的信息披露,但由于依靠"提前注册"制度,SEC并未采取行动也未审查抵押贷款证券发行中的披露问题。提前注册制度允许证券化机构为抵押贷款支持证券递交一份初始说明书,然后再递交每一次后续发行的文件。SEC信息披露部门前副主任雪莱·E.帕拉特(Shelley E. Parratt)也承认:尽管问题显而易见,但我们并未审查补充的计划书。与抵押贷款相关的CDO一般无须注册,因为他们不被视为公开发行销售。不仅SEC未能审查这些面向投资者的证券的信息披露情况,而且在此问题上具有优先管辖权的州监管部门也未能有效地阻止这一情况的发生。

三、场外衍生品交易的"去监管化"

直到20世纪90年代早期,按照法律的规定①,多数衍生品交易必须在CFTC的监督下进行。但在1993年,CFTC规定对某些有经验丰富的当事方交易的不可替代的衍生品(non - fungible derivatives),可以免于在交易所交易和免除大部分的监管要求。② 在此之后,这些豁免的场外衍生品爆发了一系列的丑闻和产生了巨大的损失。为应对这一系列的事件,美国总审计署进行了一系列的调查,并发布了报告指出了这一市场引发的严重的系统性风险。③ 除此之外,1998年CFTC考虑是否应当加强对这个市场的监管。④ 这一努力很快就遭到了格林斯潘和其他联邦金融监管者的反对,其向国会提议暂停CFTC对场外衍生品交易的监管。在向国会作证说明暂停的紧迫性时,格林斯潘说道:除了在银行法和证券法下关注衍生品交易商的安全和稳健的监管外,对专业机构开展的私下的衍生品交易进行监管是完全没有必要的。

就在这次作证的两个月之后即1998年9月,场外衍生品所带来的系统性风险就在长期资本管理公司(LTCM)违约中明白地展示出来。长期资本管理公司有高达1.25万亿美元的名义衍生品,而其管理的资本金仅有50亿美元。纽联储认为,长期资本管理公司的违约将威胁金融体系安全,长期资本管理公司进行的

---

① See Commodity Exchange Act of 1974, Pub. L. No. 93 - 463, 88 Stat. 1389 (1974).

② See FCIC REPORT, supra note 187, at 46.

③ See U. S. General Accounting Office, *Financial Derivatives: Actions Needed to Protect the Financial System*, GGD - 94 - 133, Published: May 18, 1994.

④ See FCIC REPORT, supra note 187, at 47; Over - the - Counter Derivatives Concept Release, 63, Fed. Reg. 26,114 (May 12, 1998).

场外衍生品交易的14个对手方必须制订一个救助计划。[①] 尽管有这样一个鲜活的由放松场外衍生品市场监管导致的案例,1998年10月末,国会仍然通过了CFTC暂停监管数周的决议。[②] 2000年9月,在联邦金融监管机构的建议下,国会通过了《商品期货现代化法案》(Commodity Futures Modernization Act)。该法案通过剥夺CFTC对场外衍生品市场的管辖权,放松监管。衍生品的柜台交易对金融危机的发生起了非常重要的作用。FCIC报告认为,该法案对这一市场降低监管是金融危机发展过程中一个重要的转折点。[③] 大型金融服务机构长期以来所追求的目标终于变为现实。

在此之后场外衍生品市场经历了爆发式的增长,截至2008年的7年多的时间里增长了7倍,名义衍生品交易额达到了创纪录的672.6万亿美元。[④] 联邦存款保险公司发现,这个庞大的、未受监管的市场充斥着"不受限制的杠杆、缺乏透明性、资本和抵押品要求;投机;公司间的高度管理;风险的集中"。场外衍生品在金融危机中扮演了多重角色。其中CDS是一种重要的场外衍生品合约,交易双方约定,一方同意在一个抵押贷款证券违约的时候给予另一方赔付,另一方缴纳与保险费类似的费用。抵押贷款支持证券投资者从大的场外衍生品交易商(如美国保险集团)处购买CDS,以防止其购买的证券发生违约。CDS为投资者提供的再保险机制加剧了证券化的过程和房地产的泡沫。

另外,CDS还被用于制造合成CDO,它不是真实的抵押贷款资产,而仅仅是在抵押贷款上设定的赌博。这些赌博极大地放大了房地产泡沫破裂带来的损失,是特定抵押贷款证券的数倍。在市场上,仅高盛一家就制造和销售了超过700亿美元的这类衍生品。

美国保险集团濒临倒闭正是由于其发行了790亿美元的抵押贷款证券的CDS,其是被金融危机击倒的庞然大物。美国保险集团未能留出足够的资本准备金或对冲其在场外衍生品上的风险暴露,他错误地相信,自己无须赔付那么多。当美国保险集团不能履行其责任,必须增加这些CDS的抵押品时,政府被迫出手,对其进行救助,最终承诺出资超过1800亿美元,以防止美国保险集团的倒闭

---

① See FCIC REPORT, supra note 187, at 47 – 48.

② See Omnibus Consolidated and Emergency Supplemental Appropriations Act, Pub. L. No. 105 – 277, §760, 112 Stat. 2681 – 1, 2681 – 35 (1998).

③ See FCIC REPORT, supra note 187, at 24 – 25.

④ See FCIC REPORT, supra note 187, at 48.

引发金融系统中一连串的损失。①

除了 CDS 在金融危机中的作用外，联邦存款保险公司还发现："在那些具有系统重要性的金融机构之间数以百万计的各种类型的衍生品合约，在这个降低监管的市场中，无从观察，无从了解，增加了市场的不确定性，扩大了恐慌，促使政府对这些机构的救助。"②由于场外衍生品合约通过对手方的信用风险将参与方联系在一起，其中一家大的金融公司的倒闭将导致潜在的损失传递和整个金融系统的倒闭。

四、机构监管的失败

联邦监管者在对银行控股公司和投资银行的监管方面也存在失误，并未保证一些系统重要性金融机构的安全和稳健。这些机构在金融危机中或者倒闭或者依靠政府的救助才得以幸免。

（一）投资银行监管问题

在金融危机中，最严重的监管问题恐怕出在 SEC 对投资银行的监管方面。2004 年 4 月，SEC 推出了"CSE 项目"。在此项目之下，美国最大的 5 家投资银行，即高盛、摩根士丹利、美林、雷曼兄弟、贝尔斯登，自愿接受 SEC 的审慎监管。SEC 之前已经监管了投行的证券自营业务，主要在于关注对投资者的保护。"CSE 项目"是 SEC 的第一次试图加强对机构审慎监管的努力，意在保证机构的"安全和稳定"。而事实上，联邦存款保险公司发现，SEC 无论是在专业方面还是在资源配备方面都无法承担该职责。

2002 年，欧盟发布了一个关于加强金融控股公司和其附属机构的指引③，同时告知美国的投行，如果想在欧盟开展业务，必须要有一个统一的监管者对其业务进行监管。这对于长期无须监管的投行来说需要找到一个新的"婆家"。美国大的投行不愿意让金融控股公司的监管者——美联储作为其监管者，转而寻求

---

① See FCIC REPORT, supra note 187, at xxv, 352.

② FCIC REPORT, supra note 187, at xxv.

③ See Directive 2002/87/EC of the European Parliament and of the Council of 16 December 2002 on the Supplementary Supervision of Credit Institutions, Insurance Undertakings and Investment Firms in a Financial Conglomerate and Amending Council Directives 73/239/EEC, 79/267/EEC, 92/49/EEC, 92/96/EEC, 93/6/EEC and 93/22/EEC, and Directives 98/78/EC and 2000/12/EC of the European Parliament and of the Council (hereinafter "Financial Conglomerates Directive").

SEC,要求 SEC 推行“CSE 项目”。据推测,SEC 相比之下可能更宽容些。

因为 SEC 没有法律权利对投行进行监管,所以推出了该项目,允许五大投行自愿递交监管申请。为使这些投行加入该项目,SEC 决定允许受监管的投行使用公司自己确定的模型计量的证券部门的净资本。SEC 认为这一举措预计将降低大约 40% 的资本要求。

在“CSE 项目”实施的 4 年半中,参与该项目的五大投行都在 2008 年金融危机中沉没:雷曼兄弟破产,贝尔斯登和美林在危机情况下被金融控股公司收购;高盛和摩根士丹利转变成了金融控股公司,接受美联储的监管。在终止该项目时,时任 SEC 主席克里斯托弗·考克思总结认为:这个项目从一开始就存在根本的缺陷。联邦存款保险公司发现,“CSE 项目”存在一系列的缺点:项目工作人员有限,不像银行的监管者,不能够对投行开展现场监管,也不能做到跟踪项目的不足,并在实施中改进。[①]

接受监管的投行由于大范围地使用杠杆,流动性不足、对抵押贷款及相关证券大范围的风险暴露,过度依赖商业票据和证券回购市场上的短期资金等,都走到了崩溃的边缘。例如,贝尔斯登的杠杆比率高达 38/1。除此之外,就在 2008 年 3 月,在贝尔斯登被收购之前,SEC 前主席 Christopher Cox 在作证时还指出,他相信贝尔斯登“拥有超过监管要求的资本金缓冲”。[②] 贝尔斯登在经营中过度依赖短期借款。截至 2007 年年末,它从隔夜证券回购市场上融资高达 700 亿美元,但其资本金只有 118 亿美元。[③] SEC 在“CSE 项目”下有权要求投行审慎行为,但其并未这么做。例如,SEC 的监察官报告称,“CSE 项目”未能要求贝尔斯登降低其杠杆率和在抵押贷款证券中的大量头寸。SEC 之所以未能如此是因为其部分高级职员对“项目”的态度:SEC 的工作不是告诉银行如何运作其公司,而是告诉其如何保护他们客户的资产。如果确实持此观点,那么 SEC 已然放弃了其作为审慎的机构监管者的角色,而仅是保护投资者。正如 SEC 前主席玛丽·夏皮罗(Mary Schapiro)所说,“CSE 项目”在提供审慎监管方面并不成功。

(二)商业银行监管问题

美联储对银行的监管,虽然某种程度上比 SEC 的“CSE 项目”更有效率,但在

---

① See FCIC REPORT, supra note 187, at 153.

② See FCIC REPORT, supra note 187, at 288; Christopher Cox, Former Chairman of the U. S. Sec. and Exchange Comm'n, Written Testimony Before the FCIC 6(May 5, 2010).

③ See FCIC REPORT, supra note 187, at 19 - 20.

金融危机中仍未能阻止一些最大的银行控股公司的危险行为，如美洲银行、花旗银行等。联邦存款保险公司认为：监管者不停地评估其监管的机构，但即使他们问题成堆，评估结果仍然是安全和稳健的；只有在其倒闭之前才会降低评级。

例如，花旗2007年11月宣布有550亿美元的与次级抵押贷款相关的资产，将可能会产生80亿美元到100亿美元的损失。但OCC和纽联储在此后几个月，直到2008年4月都未降低花旗的评级至“不很令人满意”(less than satisfactory status)。OCC早在2005年就发现花旗集团由于流动性认沽期权(liquidity puts)和超高层级CDO，在次级抵押贷款方面的风险暴露，但并未认识到其对机构产生的巨大风险。美国财政部前部长盖特纳认为：“纽联储看起来不清楚花旗集团的风险管理和内部控制问题。作为监管机构，我认为我们在这些金融机构控制风险方面做得很不够。”①

这些在银行监管方面的失误是美联储和其他银行监管者去监管化的思维定式的反映。美联储的银行监管部前主任解释说：“监管者懂得，有力的和积极的监管，特别是在财务状况不佳反映出管理缺陷时，早期介入会被视为：(1)过度干预，负担沉重和粗暴的；(2)对信用行为的不当限制；(3)与美联储的公共形象不符。”②

这种对银行监管的弱化，部分来自长期以来银行不断增加的行为许可，银行监管者将其作为《格拉斯—斯蒂格尔法案》的例外③，该法案禁止银行参与证券市场。随着银行受到来自投行的越来越大的竞争，他们促使监管者和国会允许他们进入新的业务领域。银行监管者发布条例允许银行或他们的非银行的附属机构从事高风险的行为，包括证券行为和场外衍生品交易。到1998年，《格拉斯-斯蒂格尔法案》中的种种限制已经被不断侵蚀，1996年花旗集团宣布计划与旅行者保险公司合并，这显然违反了该法案。作为应对，国会通过了《格雷姆-里奇-比利雷法案》，也就是1999年的金融现代化法案，废除了《格拉斯-斯蒂格尔法案》中的其他限制。在解释为何银行监管者支持这一动议时，1993年到1998年担任

---

① FCIC REPORT, supra note 187 Hearingon "The Shadow Banking System" before the FCIC, Day Two, 210(2010)(Statement of Timothy F. Geithner, Secretary, U. S. Dep't of the Treasury).

② FCIC REPORT, supra note 187, at 54; Rich Spillenkothen, Notes on the Performance of Prudential Supervision in the Years Preceding the Financial Crisis by a Former Director of Banking Supervision and Regulation at the Federal Reserve Board(1991 to 2006)(May 31, 2010), http://fcic. law. stanford. eduldocuments/view/1237.

③ See Banking Act of 1933, Pub. L. No. 73 -66, 48 Stat. 162(1933).

OCC 署长的尤金·路德维格(Eugene Ludwig)认为:他们有一种“历史的视角,历史的方法,认为更轻的监管是适当的监管方式”①。金融现代化法案导致银行像投行一样在房地产泡沫的破裂中变得脆弱,并使得很多大型的银行控股公司在金融危机中走到破产的边缘。联邦存款保险公司还发现,银行有选择自己监管者的能力,这导致银行趋向于那些最弱的监管者(became a race to the weakest supervisor)。格林斯潘强烈支持银行拥有选择监管者的权利,并将其作为降低监管的机制。现有的金融机构给银行提供了一种可以转变自己监管者的方法,这是一种有效的检测方法,提供了一种对任何一个监管者的限制以防止专断或者过度僵化形象。监管者在面临失去一些机构的压力的时候,就会抑制其过度监管。这成为对抗一个过度监管机构的重要方法。

例如,2006 年 12 月,美国国家金融服务公司(Countrywide Financial Corp)选择 OTS 作为其监管者,部分是因为他对金融控股公司的监管不像美联储那样具有侵略性,OTS 还被认为其监管要比美联储更简化。这种弱势的监管,允许国家金融服务公司发行了大量的危险的贷款。在 2008 年被美国银行收购前,其已经濒临破产。

OTS 还作为美国保险集团的监管者,统一监管美国保险集团及其下属机构。联邦存款保险公司发现,“在监管美国保险集团这样一个巨大而复杂的机构方面 OTS 缺乏必要的能力”②。OTS 不仅没有发现美国保险集团大量发行与抵押贷款有关的 CDS 存在的内在风险,甚至未能充分理解这家大型公司的运作。正如 OTS 的前主席 John Reich 所说:像 OTS 这样一个组织,不能监管美国保险集团、GE、美林或者那些在世界范围内运营的实体。这就像一头大象上面的蚊子,根本无足轻重。③

去监管化和监管不足在金融危机爆发中的作用表明,在美国经济的中心部门以及事关金融安全的领域,依靠所谓的自我监管是荒谬的。重建适合于现代金融市场的监管框架是危机后美国面临的重大挑战。《多德 - 弗兰克法案》的颁布是这个重建工作的第一步。

综上所述,与传统商业银行相比,金融市场发达国家针对风险的防范已经建

---

① FCIC REPORT, supra note 187, at 171; Interview by the FCIC with Eugene Ludwig, Promontory Fin. Group(Sept. 2, 2010).

② FCIC REPORT, supra note 187, at 352.

③ See FCIC REPORT, supra note 187, at 351; Interview by the FCIC with John Reich(May 4, 2010).

立起相对稳固的金融安全网和成熟的救助机制。但危机的爆发恰恰是从影子银行所暴露出来的风险开始的。监管不足和监管失败是影子银行体系风险形成和膨胀的重要原因。

从风险方面分析,第一,影子银行体系的首要风险是由于期限错配而产生的流动性风险。同商业银行相比,影子银行体系使用短期的资金,投入长期的资产当中,由此形成的期限错配对影子银行的流动性管理提出了更高的要求。当外部冲击来临时,影子银行体系的挤兑迅速导致了流动性丧失并对庞大的金融体系造成致命的伤害。第二,影子银行体系由于中介链条较长,产品高度复杂,过度地使用杠杆造成了金融系统的脆弱性。由于金融体系的高度关联,危机从最初的次级贷款信用危机蔓延到整个金融体系。第三,由于资本监管而形成的监管套利。他导致了传统银行不再专注于发放贷款业务,并从根本上推动了证券化业务、CDS市场的发展。资本监管还导致了顺周期性的增加。第四,影子银行体系中的道德风险问题。由于信息不对称和激励机制的不同,影子银行体系的多个环节存在道德风险问题,如“两房”的放贷标准问题、评级机构问题、过度的证券化导致银行的业务模式转变等。

从监管的角度看,对影子银行体系的监管空白和监管失败在推动影子银行形成方面起到了非常重要的作用,如在抵押贷款标准的监管、证券化的监管、场外衍生品市场以及机构监管等方面都存在严重的缺失。但当前更迫切的是新的监管机构能够将这些规定全面而有力地实施下去。影子银行监管框架的设计必须摒弃依靠“市场自律”的虚妄想法,并重构金融监管体系。如果政策的制定者不能从2008 年金融危机中吸取教训,那么我们注定再犯同样的错误。

第四章　影子银行交易结构与监管

——以证券化为例

根据市场和银行中介在资源配置中作用的不同，金融体系可以分为市场导向的金融体系和银行中介导向的金融体系。对二者关系和竞争优势的研究一直是金融领域研究的重要内容之一。托宾（Tobin，1963，1968，1969）从市场的角度指出了商业银行和其他金融机构负债的区别，并将随着竞争性的金融体系的发展而消失。[①] 现代金融中介理论的研究为我们提供了对市场金融的全新的认识。默顿提出了金融功能观。金融中介与金融市场处在一个先后具有内在联系的逻辑链条之上，它们是履行不同金融产品"创造"与"打造"功能的制度安排，而不是单纯竞争性、替代性以及此消彼长的关系。当我们静态地审视某一特殊产品的活动时，中介和市场的确是两个相互竞争的制度。然而当我们动态地看待金融系统的演进时，两者又恰恰是互补性的制度，在功能的发挥上彼此加强、相互促进。这种中介与市场之间的动态联系体现为金融创新螺旋（financial innovations spiral），基于此，金融体系将朝着一个充分有效率的理想目标演进。[②]

2008 年发生的历史性的次级贷款危机，暴露了银行业长期存在的一个问题：银行信贷已经从传统的关系型银行模式到交易导向的模式，过去的 30 年间，这一问题已经非常的突出。[③] 即使在传统的以银行为主导的金融体系中，如德国、日

---

① See J. Tobin (1963), *Commercial Banks and Creators of "Money"*, in Deane Carson (ed.), Banking and Monetary Studie, Homewood, Illinois: Richard D. Irwin, Inc. 408 - 419. J. Tobin(1968), *Notes on Optimal Monetary Growth*, Journal of Political Economy, July/August, 833 - 59. J. Tobin (1969), *A General Equilibrium Approach to Monetary Theory*, Journal of Money, Credit, and Banking, 1, 15 - 29.

② 参见胡庆康、刘宗华、魏海港：《金融中介理论的演变和新进展》，载《世界经济文汇》2003 年第 3 期。

③ See Antje Berndt & Anurag Gupta, 2009, *Moral Hazard and Adverse Selection in the Originate - to - Distribute Model of Bank Credit*, Journal of Monetary Economics, Elsevier, Vol. 56(5), pages 725 - 743, July.

本、中国,市场导向的金融也发展迅速。① 证券化在这一演变过程中扮演了极其重要的角色。本章首先关注了传统金融中介为主导的金融体系,关注关系型银行的经营行为和经营模式。之后分析商业银行在证券化中的变与不变。商业银行经营模式向"发起—分销"转变,但不妨碍商业银行在现代金融链条中依然发挥重要作用。本章研究了美国证券化的监管中的风险留存规则。顺应不断发展的金融创新,改革金融监管体制和监管手段对我国具有重要意义。

第一节 传统的关系型银行

银行在贷款业务中与借款人建立了长期的、密切的关系。有关现代金融中介的文献在对银行的角色定位中都将其视为关系贷款人。如此,银行在金融体系中发挥特殊的作用,特别是通过甄别和监督,有效地解决了信息不对称问题。对此学者们已有充分的论述。② 银行在收集和处理债务人信息方面具有其他债权人无法比拟的优势。银行监督的核心就是在发放贷款后通过关注企业日常的经营活动,特别是财务信息,进而对债务的违约或破产进行预测。相对于公共债券的持有人,银行贷款债权集中,激励加强对借款人债务合约的监视,能够对公司管理层施加更大的压力,因而监控也更有效。这种信息优势和监督优势也是银行竞争的重要基础。

关系成为负担银行(incumbent bank)③相对初始贷款人的主要的比较优势。然而,交易导向的银行(transaction - oriented banking)和直接融资的迅速发展已经严重挑战银行作为关系银行的地位。由此提出了一系列的理论和实证方面的问题:

首先,现代文献在关于金融中介的分析中是如何界定关系型银行(relationship banking)的? 这一问题有助于理解关系银行的起源和范围。在戴蒙德、Bhatta-

① 参见周莉萍:《为什么要复制银行:自由银行业思想的回归?》,载《金融评论》2012 年第 3 期。

② See Douglas W. Diamond, 1984, *Financial Intermediation and Delegated Monitoring*, Review of Economic Studies, Oxford University Press, Vol. 51(3), pages 393 – 414; R. Ramakrishnan & A. V. Thakor, 1984, *Information Reliability and a Theory of Financial Intermediation*, Review of Economic Studies, LI:415 – 432; E. Fama(1985) *What's Different about Banks*? Journal of Monetary Economics(15): 29 – 39.

③ 负担银行,也被称为混合型网络银行,其机构密集,人员众多,在提供传统银行服务的同时推出网上银行系统,形成营业网点、ATM、POS 机、电话银行、网上银行的综合服务体系。

charya 和 Thakor (1993)①等人的研究中,其认为解决信息不对称是金融中介的核心问题。而关系银行最直接的目的正是解决信息不对称。从这一角度分析关系银行需要我们超越传统上对商业银行贷款的关注,事实上关系的建立与维系在投资银行以及非银行金融中介机构、私募股权投资和债券市场活动中都发挥了关键作用。

其次,关系银行的好处和优势。具体来说包括:是什么促使关系型的贷款人具有特殊性?关系型贷款合同特征价值提升的关键是什么?针对第一个问题,有观点认为关系型贷款的最重要的作用可能在于解决"搭便车"的问题,促进信息的重复使用。这会鼓励贷款人进行信息生产和监督。第二个问题涉及关系型贷款的合同特征。我们认为,关系型银行在多个方面展示了典型的合同特征,包括灵活性和自由裁量权,广泛存在的协商机制,对抵押品的要求等。这些合同特征,可能有助于隐性的(implicit)长期合同并解决代理问题和信息问题。

最后,关系型银行"不利的一面"即它的成本问题。如何解决关系银行面临的严重的预算软约束和套牢问题(hold - up problem)?我们认为,银行债务的灵活性,尤其是重新谈判的可能性,会对借款人产生反向的事前激励(预算软约束问题)。同样,银行融资(bank funding)可能会导致银行的信息垄断,产生套牢的问题。解决预算软约束问题一个非常重要的方面是授予银行在清偿方面的优先性或设定抵押品。前者可以加强银行对借款人的谈判地位,便利即时介入。后者也将使债券持有人受益,促进银行债务和资本市场融资之间的互补。解决套牢问题则有赖于竞争机制的引入,以减轻现任银行对借款人的垄断。同时引入事后竞争(如同时选择多个关系银行)有助于减少套牢问题,但关系银行的发展可能会受到影响。在此,我们还讨论了合同解决机制,即通过限制贷款人自由裁量减轻套牢问题。

一、现代金融中介理论语境下的关系银行

本部分关注关系银行的一些基本问题,即对它的界定、它的起源和范围。关系银行不仅提供贷款,还提供其他类别的服务;我们认为,银行和非银行金融中介机构都提供关系银行服务;应当增加资本市场的融资,但并不是消除关系银行。

---

① See Bhattacharya Sudipto & Thakor Anjan V. , 1993, *Contemporary Banking Theory*, Journal of Financial Intermediation, Elsevier, Vol. 3(1), p. 2 - 50, October.

(一)关系银行的内涵分析

我们将从有关金融中介理论的文献开始讨论关系银行的问题。传统上,商业银行主要的负债业务是吸收存款融资,并持有非流通或流动性差的资产。但存款具有不确定性,即会根据客户的需求随时取出。银行负债的流动性与其资产的非流动性形成鲜明对比,反映了银行存在的本质。通过增加债权的流动性,银行可以向本不可能的项目提供融资,即跨期风险分担(intertemporal risk sharing)。在金融中介理论中,这被称为资产质量转换①:银行会发行不同于其贷款组合特点的债权,置于其总资产当中,进而管理并吸收风险(如信用和流动性风险)。

银行的资产具有非流动性,主要是因为他们具有信息敏感性。在贷款发放和定价过程中,银行产生了专有的信息,另外后期对借款人的监督又产生了更多的私人信息。专有信息的存在,可能会对贷款的销售产生抑制作用。在此类的文献中,Bhattacharya 和 Thakor (1993)认为,信息摩擦——信息不对称和专有信息——为金融中介的存在提供了最根本的解释。② 获取信息与关系银行有内在的关联,并成为银行的比较优势。

"关系银行"一词在文献中并非精确定义的一个用语,其字面含义可以理解为"紧密的银行关系"。我们认为,关系银行是提供下列金融服务的金融中介机构:(1)投资于获得客户的具体信息,通常具有专有的性质;(2)通过长时间或产品等多种途径与同一客户互动,评估这些投资的盈利能力。

这个定义主要围绕两个关键维度:专有信息和多渠道的互动。该定义强调关系银行涉及借款人特定(通常是专有)信息,通常只产生于金融中介和客户之间。在贷款的过程中,银行通过甄别或者监督服务获得客户的此类信息。此外,诚如定义中所说,信息可以被用于与同一客户的多方面的互动,这使金融中介能够在跨期的信息重复使用中获得收益。③ 相较之下,以交易为导向的银行,关注与客户的单次交易,或与多个客户的相同交易。例如,交易型贷款被视为保持距离型的

---

① See S. I. Greenbaum & A. V. Thakor (1995), *Contemporary Financial Intermediation*, Dryden Press, New York.

② See S. Bhattacharya & A. Thakor(1993), *Contemporary Banking Theory*, Journal of Financial Intermediation, 3, 2 -50.

③ See S. I. Greenbaum & A. V. Thakor (1995), *Contemporary Financial Intermediation*, Dryden Press, New York.

融资,其关注特定交易,而不是旨在与客户建立信息密集型的关系。[①] 总体来说,关系银行需要同时满足以下三个条件:(1)中介收集的信息不限于现成的公共信息;(2)通过提供多元化金融服务等方式,在与借款人长期、多层次的互动交往过程中收集信息;(3)信息具有保密性(专有性)[②]。

这其中需要强调两个方面:首先,虽然我们研究的重点是关系"银行",但不应过于从字面意义上理解。它可能还包括非银行金融中介机构。也就是说,在借贷活动中,关系型贷款并非银行的专属领域。Carey (1998)等人的研究表明,其他金融中介机构,如金融公司也同样从事关系型贷款。[③] 以关系为导向(relationship orientation)可能也适用于银行的其他领域,例如,投资银行。虽然投资银行通常被描述为经纪人,作为经纪人,投资银行的根本目标在于促成交易,通过降低搜寻和匹配成本增加价值。通常认为该类经纪功能与关系银行截然不同。然而,投资银行的业务远不止提供经纪服务。几乎所有的投资银行都对公开发行进行承销,这涉及吸收信用风险以及配置风险问题。此类行为使得投资银行的角色趋近从事贷款业务的商业银行:通过专有信息和多方面互动促进处理和吸收风险的活动,这正是关系银行的基本标志。因此,关系导向在投资银行的业务活动中也非常重要,特别是在投资银行与投资者的互动[配置能力(placement capacity)],以及与借款企业的互动中。而随着时间的推移公开发行债券中金融机构和借款人之间的关系相对减少。

其次,借款人可以选择多种融资方式,包括多种不同的产品,对应不同程度的关系。例如,介于银行贷款和公开发行债券之间的银团贷款。贷款中包括了投资银行和商业银行,并涉及其他的几个融资人。一般来说,只有牵头银行与借款人之间存在较多的关系,而其他贷款人的关系强度则介于银行贷款和债券发行之间。[④] 融资方案的选择还包括私募股权投资和私人债务市场,在这些市场中,关系银行也同样发挥了重要作用。例如,风险资本家与企业家不断互动后,为他们的

---

① See Arnoud W. A. Boot & Anjan V. Thakor, 2000, *Can Relationship Banking Survive Competition?*, Journal of Finance, American Finance Association, Vol. 55(2), p. 679 - 713, April.

② See A. Berger(1999), *The "Big Picture" of Relationship Finance*, in "Business Access to Capital and Credit"(J. L. Blanton, A. Williams, and S. L. Rhine, Eds.), p. 390 - 400; A Federal Reserve System Research Conference.

③ See M. Carey, M. Post, & S. A. Sharpe (1998), *Does Corporate Lending by Banks and Finance Companies Differ?* Evidence on Specialization in Private Debt Contracting, J. Finance 53, 845 - 878.

④ See S. A. Dennis & Mullineaux, D. J. (1999), *Syndicated Loans*, Working Paper, University of Kentucky, https://ssrn.com/abstract=152689.

项目提供资金。

从以上的分析可见,由多种非银行金融中介机构提供的经济服务通常构成了关系银行的一部分。更适当的词也许是关系型中介。由于“关系银行”已经成为学界通用的术语,因此,我们将继续使用这一称谓。

(二)关系银行的范围

关系银行并不只涉及融资,还包括各种其他的金融服务,如信用证、存款、支票清算及现金管理服务等。这些服务不是我们关注的重点,但应当明确的是这些服务同样可以为中介提供更多的获取信息的机会。一些人认为,银行通过向同一客户提供多种服务所获得的信息可能都是对贷款有价值的信息。[①] 例如,支票和存款账户可以帮助银行评估企业的还贷能力。因此,关系的范围会影响银行在贷款中的比较优势。

这些观点也将现代金融市场的发展,特别是证券化包括在其中。证券化是融资技术方面的创新,一些人认为它是交易导向的市场金融扩张的重要体现,是侵蚀关系导向的银行借款的重要方面。根据麦肯锡公司的洛厄尔·布赖恩(Lowell Bryan,1988)的研究,“结构化、证券化的信贷……使传统银行已经过时了”。不过,将证券化视为消解关系银行的重要进展,则对证券化的看法过于狭隘了。证券化中贷款发放银行的信用增强活动可以说明这一点。通常信用增强是通过提供更多的抵押品,或提供信用证或其他的支持措施。另外,发行银行保留了部分发行证券,或在销售的贷款中包含隐性追索权(如依靠其声誉保证)。从投资者的角度来看,信用增强降低了资产支持债券的风险,更重要的是,它依靠银行的专有信息解决利益冲突。发起银行拥有大量的私人信息,市场需要该银行保证不会夸大其寻求出售的资产的质量。作为产品的市场保证,信用增强通过要求发行人吸收部分违约损失来防止虚假陈述。同样,信用增强向市场传递出信号,即发行人将会对借款人进行全面的信用评价,同时不会减少监测工作。

我们可以得出结论,即使证券化在很大程度上取代了传统的银行贷款,关系银行也不会就此终结,银行仍然会有显著的增值。他们发现并服务资产,同时也处理随之而来的风险,以维持这些业务活动。因此,银行将继续甄别和监控借款

---

① See S. A. Dennis & D. J. Mullineaux (1999), *Syndicated Loans*, Working Paper, University of Kentucky, https://ssrn.com/abstract = 152689.

人,设计和为金融债权定价,提供风险管理服务。他们对客户的专有信息所带来的竞争优势将继续存在,这将是关系银行的价值所在。

二、关系银行的价值

本部分我们将研究关系银行的几个潜在的好处。首先,关系银行可以方便银行和借款人之间的信息交换,这种交换是一种帕累托改进。在关系银行之下,相对于交易导向的交流而言,借款人倾向于揭示更多的信息,而贷款人有更大的激励在信息产出方面进行更多投入。其次,关系银行包含了几个特殊的合同的功能,可以提高效益:(1)关系型贷款在合同中留出了灵活调整和自由裁量权的空间,能够利用非常细微的非合同的信息,从而促进隐含的长期合同。(2)关系型贷款可能包括内容广泛的协定,双方可以更好地控制潜在的利益冲突。(3)关系型借贷可能涉及对抵押品的监管(如资产支持的贷款)。事实上,该贷款和监测使得与关系融资者近距离的接触非常重要,否则,贷款可能不会发生。(4)有一些贷款从短期来看对银行来说根本不赚钱,但如果维系与借款人长期的关系则可能有利可图,而关系型贷款能够促进此类贷款的发展。正如我们在后文分析到的,原因在于长期的关系可能能够带来贷款定价的跨期转移。

首先是信息交流方面的收益。借款人会向他的关系银行披露某些信息,而由于可能会被竞争对手利用,这些信息永远也不会传递给金融市场。[①] 由于借款人具有投资者不具备的信息优势,这会产生巨大的逆向选择的风险。然而,当银行作为融资主体时,借款人可以向其披露有关信息,而不用担心溢出到其他的竞争对手。银行在克服信息不对称方面起着不可或缺的作用。一家银行作为长期的和主要的贷款人,有更好的激励投资于借款人相关信息的生产。虽然这种信息的生产成本很高,但由于信息可以跨期重复利用,能够增进双方之间的长期关系,因而会长期伴随借款人。增进借款人和银行之间的信息流动,这是关系银行所带来的第一项增值。

其次是由于关系型贷款所具有的合约特性而带来的收益。关系银行的灵活性是这些收益的重要来源。第一个合同收益在于,与资本市场融资安排相比,银行与借款人的关系不会那么僵化,从这个意义上看,对部分合同条款重新谈判比

---

① See Bhattacharya Sudipto & Chiesa Gabriella, 1995, *Proprietary Information*, *Financial Intermediation*, *and Research Incentives*, Journal of Financial Intermediation, Elsevier, Vol. 4(4), p. 328 – 357, October.

较容易。关系金融的这种高度的灵活性,可以提高福利水平,因为自由裁量具有价值。① 经济学中对严格的规范和自由裁量两个问题有着很多非常重要的讨论和分析,在自由裁量之下,可以基于非常细微的信息做出决定,而这些信息可能是不可立约的信息。银行与借款人的关系更多的是基于信任和尊重而产生的相互承诺。这可能使银行和借款人之间产生很多默示的(非强制性的)长期的协议条款,特别是在信息不对称和存在各种不可协议的信息的情况下,长期资本市场融资渠道以及获得银行明确的长期承诺将变得非常困难。② 由此无论是银行还是借款人都意识到,他们的关系产生价值不能通过其他方式获得,必须依靠双方的精心培育。我国一些学者也认为,关系银行事后的谈判能力可以得到加强。当关系银行在对借款人的监督过程中发现重大问题时,根据合约安排,银行可以拒绝向借款人提供贷款,或者向其发布一个可信的撤资威胁,这将可以阻止借款人短视的投资行为,从而加强对借款人的风险控制和约束。③

第二个合同收益来自银行在合同中的明示条款。银行贷款合同中包括非常多的条款以指引银行与借款人的关系。合同条款能够控制潜在的利益冲突,降低代理成本。在分析契约的效果时,我们应当认识到,与发行债券或其他公开资本市场融资工具相比,银行贷款更容易重新协商。④ 虽然这会造成与合约的有效性的冲突。一些非常严格和细节的条款都可以包含在协议当中,如果将来有新的信息使得原有的协议不再适用,双方可以通过协商确定新的条款。当然,如何重新谈判依赖于银行和借款人的谈判地位,而这可能又取决于银行债务的级别(seniority)。在实践中,银行贷款的等级往往高于其他债务。正是由于等级较高,因此银行放弃部分请求权而重新展开谈判的意愿并不强。显然,银行的请求权级别越高,对公司的总价值也将越不敏感。这将削弱银行通过增加公司的总价值提升其请求权的价值的激励,从而导致请求权级别的降低。

第三个合同收益在于,银行贷款合同能够提供抵押品。大量的理论文献表明

---

① See A. W. A. Boot, S. I. Greenbaum & A. V. Thakor(1993), *Reputation and Discretion in Financial Contracting*, Amer. Econ. Rev. 83, 1165 - 1183.

② See Von Thadden & E. L. (1995), *Long - Term Contracts, Short - Term Investment and Monitoring*, Rev. Econ. Stud. 62, 557 - 575.

③ 参见何韧:《论银行关系借贷的价值与风险》,载《财经论丛(浙江财经学院学报)》2005 年第 2 期。

④ See S. A. Dennis & D. J. Mullineaux(1999), *Syndicated Loans*, Working Paper, University of Kentucky, https://ssrn.com/abstract=152689.

抵押品可以减轻贷款合同的道德风险和逆向选择问题。① 然而,抵押品只有在其价值能够被监控的情况下才有效。而对抵押品能否监测主要取决于银行和借款人之间的由于关系银行而产生的距离的大小。②

第四个合同收益体现在,关系银行能够实现跨期平滑(intertemporal smoothing),银行的短期损失能在长期中得到补偿。Petersen 和 Rajan (1995)的研究表明,银行向创业初期或发展中的企业提供信贷补贴能够降低道德风险和信息摩擦,这是此类借款人经常面临的问题。③ 然而,提供此类信贷会使银行面临资产损失的风险,正是由于预见将来能够通过这些贷款人产生的长期收益弥补当前的损失,银行才愿意提供融资。问题在于,如果没有获得信贷支持,初创中的借款人可能会产生严重的逆向选择和道德风险问题,没有银行愿意为他们提供贷款。银行在长期关系中产生的专有信息能够产生租金,使前期损失能够得到弥补,这种关系借贷使信贷投入和伴随性贷款(accompanying loans)变得可行。特别是在市场竞争充分的情况下,金融机构仍可能向借款人融资。贷款定价中的跨期转移非常重要,对此美国学者柏林和麦斯特(Berlin 和 Mester,1998)等人也曾研究过。他们指出,利率不敏感的核心存款(rate - insensitive core deposits)能够实现跨期利率平滑。这表明接受存款和贷款之间的互补性。特别是在我国这样的国家,银行在市场中具有优势地位,在借款初期可以收取较高费用,而当二者建立稳定的关系后再逐步降低利率,以此实现长期融资成本的平滑。

关系型借贷的好处可以解释为什么银行贷款及其他私人债务类型安排在公司融资中发挥了如此重要的作用。而当前银行贷款和公共债券方式融资之间潜在的互补性没有得到应有的关注。Diamond (1991) 和 Hoshi(1993)研究了银行贷款和资本市场融资的互补性。Hoshi(1993)等人的研究表明,银行贷款使得借

---

① 设置了抵押品之后,借款人会变得非常敏感,如果经济状况不好将可能会导致放弃抵押品。由此抵押品能遏制道德风险和逆向选择问题。See Arnoud W. A. Boot & Anjan V. Thakor,1994,*Moral Hazard and Secured Lending in an Infinitely Repeated Credit Market Game*,International Economic Review, Department of Economics, University of Pennsylvania and Osaka University Institute of Social and Economic Research Association, Vol. 35(4), pages 899 - 920, November. Berger 和 Udell (1990)表明,即使考虑抵押品的价值,有担保的贷款也比无担保的贷款风险更大, 这些贷款都是面向有风险的借款人的,他们更需要通过关系来获得银行信贷。See Allen N. Berger & Gregory F. Udell,1990,*Collateral, Loan Quality and Bank Risk*,Journal of Monetary Economics, Elsevier, Vol. 25(1), p. 21 - 42, January.

② 与抵押品有关的另外一个好处是它能够向银行揭示许多有价值的信息。例如,银行接受商业库存和应收账款作为担保品就能够了解到有价值的商业信息。

③ See M. Petersen & R. Rajan (1995),*The Effect of Credit Market Competition on Lending Relationships*,Quart. J. Econ. 110, 406 - 443.

款人需要接受监督，这作为一种认证机制有利于促进资本市场融资。[①] Diamond（1991）认为，借款人可能想先从银行借款，以建立足够的信誉，之后再进入资本市场。[②] 同样地，银行提供认证和监管，一旦借款人建立起足够的信誉，它将转向资本市场融资。按照这种解释，银行和资本市场之间存在连续的互补性。

综上所述，关系型贷款能够提供更便利的信息交流，获得更丰富的信息，这为决定信贷合同创造了很好的条件。同时还增加了信息敏感的借款人的信贷可得性。当然，对关系银行的成本问题也应当有所重视。

三、关系型银行的成本问题

关系银行的成本主要体现为两个方面：预算软约束和套牢问题（hold - up）。预算软约束主要是由于关系银行的近密性，银行信贷合同的部分条款缺乏潜在的强制力。套牢问题，源于银行在贷款过程中产生的信息垄断，这可能导致将来向借款人发放的贷款中存在非竞争性的条款。接下来我们将分别讨论这两个问题及其可能的解决方案。

首先分析预算软约束。问题的关键在于，当濒临违约的借款人向银行申请信贷防止违约的时候，银行能否断然拒绝额外的信贷要求。这种情况下如果是初次接触的贷款人银行显然不会放贷，但为挽救先前的贷款，已经向借款人融资的银行可能会决定进一步扩大贷款。这可能会导致如果借款人意识到，能够事后重新协商他们签订的合同，可能会在事前对借款人产生不恰当的激励。[③] 也就是说，如果重新谈判贷款协议太过容易，借款人就不会尽力地阻止坏的结果的发生。

此时给予银行债权某些优先性可能能够使这一情况得到一些改善。如果银行的债权是最高级别的，在其贷款的利息处于危险时，银行会更有力地介入借款人的决策过程。为什么会出现这样的情况？第一，如果银行认为该公司的经营策略存在缺陷，或公司需要重组，此时银行能够介入吗？这恐怕面临不小的困难，因为借款人可以确信，银行不会强制执行其请求权。即使银行威胁收回贷款，但借

---

① See Empirical Evidence Provided by James (1987) and Slovin et al., (1988) Support the Certification Role of Banks; See also Section 5.2. Other Evidence can be Found in Houston and James (1996).

② See D. Diamond(1991), *Monitoring and Reputation: The Choice Between Bank Loans and Privately Placed Debt*, J. Polit. Econ. 99, 689 - 721.

③ See P. Bolton & D. S. Scharfstein(1996), *Optimal Debt Structure and the Number of Creditors*, J. Polit. Econ. 104, 1 - 25; M. Dewatripont & E. Maskin (1995), *Credit and Efficiency in Centralized and Decentralized Economies*, Rev. Econ. Stud. 62, 541 - 555.

款人认为银行恐怕不会真的这么做,无论是从自身来看还是从银行请求权的价值来看,这都不是一个好的选择。收回贷款会对银行已经处于危机中的贷款产生负面影响。但当银行贷款具有优先性时,较高级别的请求权会使银行避免这一不利局面。因为公司的总价值的变化不会对此类债权产生实质性的影响,银行将采取有效的行动以防止不利后果的发生。此时,银行收回贷款将变为一种可信的威胁,进而传递银行的意愿。因此银行债权的优先性能够促使银行及时干预。第二,能否将及时干预的权利和必要的优先权分配给债券持有人?事实上,债券持有人会面临更严重的信息不对称问题。其在甄别和监测程度上无法与专业化的银行相比,而且他们一般都比较分散(这也将导致"搭便车"问题)。这两个特点使他们不宜承担早期干预任务。因此,债券持有人给予银行债权优先于自己债券的权利,以此将适时介入的权利授予银行对他们而言是最优选择。因此借款人能够通过银行信贷市场和金融市场融资,降低其总的融资成本。这是银行融资和资本市场融资互补的一个例子。

其次分析长期关系导致的套牢。银行获得的借款人的专有信息可能会导致信息垄断。通过这种方式,银行可以收取(事后)较高的贷款利率①。借款人面临被"锁定"或者信息捕获的局面,这会导致借款意愿的降低并使潜在的、有价值的投资机会丧失。另外,公司可能会选择建立多个银行关系。这能够降低任何一家银行的信息垄断,但这也有一定的成本。Ongena 和 Smith (2000)的研究表明②,多个银行关系的确减少了套牢问题,但恶化了信贷的可得性。多个银行关系会降低任何单个银行信息获取的价值,也会造成事后竞争过度,这可能会阻碍"年轻"的企业的发展。这同样能够解释为何风险投资越来越重要。一般来说,风险投资涉及的夹层融资(mezzanine - type funding)会包括权益部分。这种包含权益的组成部分能够使融资人获得部分的事后租金。

Degryse 和 Van Cayseele (2000)的研究却发现:与美国的情况相比,尽管在关系银行增进信贷的可得性方面二者有共通之处,但欧洲银行关系持续时间较长,合同条款会变得恶化。从他们的研究结果来看显然存在套牢问题,且在欧洲更为

---

① See Steven A. Sharpe, 1990, *Asymmetric Information, Bank Lending, And Implicit Contracts: A Stylized Model of Customer Relationships*, Journal of Finance, American Finance Association, Vol. 45(4), p. 1069 - 1087, September, R. Rajan, *Insiders and Outsiders: The Choice between Informed and Arm's - Length Debt*, Journal of Finance 47 (1992): 1367 - 1400.

② See S. Ongena & D. C. Smith (2000), *What Determines the Number of Bank Relationships?* Cross - country evidence, J. Finan. Intermed. 9, 26 - 56.

普遍。[①] 对于如何解释美国和欧洲之间的这种差异,当前的文献没有定论。一种解释是,欧洲银行业更加统一,借款人信贷渠道较少(如金融市场欠发达)。Kracaw 和 Zenner (1998)却认为:欧洲银行和公司之间董事互任的情况非常普遍,这可能会加剧套牢问题。[②]

很多的实证研究已经致力于寻求解决套牢问题。例如,企业可以选择建立多个银行关系。Ongena 和 Smith (2000)认为,这的确能够减少套牢问题,但会恶化信贷的可得性。此外,多重关系的存在降低了任何单个银行信息获取的价值。[③] Petersen 和 Rajan(1994)则认为,多个贷款人的存在会导致"过多"的事后竞争,会阻碍向发展中的公司提供贷款。[④] Houston 和 James (1999)从现金流约束和投资的角度进一步深化了这一理论,他们关注预期融资需求规模。他们认为,是否发展多个银行关系,很大程度上取决于融资需求。他们的实证研究表明,预期有较大的资金需求时,一家关系银行会使公司处于劣势(现金流受限)。但在资金需求适度时,与多个银行关系相比,单一银行关系下企业受到的现金流约束较少。Von Thadden (1995)的研究在这一问题上有着创新性的贡献。他认为解决套牢问题,需要用长期的信贷额度加上一个终止条款来平衡套牢问题产生的成本和收益,以及事后的过度竞争问题。具体地说,在授予信用额度的同时规定贷款人可终止借贷关系,但是,如果选择继续履行协议,则贷款人应当按照事先设定的条款行事。结合终止条款会产生套牢问题,但之后的继续条款限制了贷款人的议价能力。通过这种方式,套牢问题的严重性能够得到有效的缓解,而无须通过多个银行关系解决。[⑤]

四、竞争对关系银行的影响

我们认为,关系可能有利于债务人和债权人之间的连续信息交流,可以保证

---

① See Hans Degryse & Patrick Van Cayseele, 2000, *Relationship Lending within a Bank - Based System: Evidence from European Small Business Data*, Journal of Financial Intermediation, Elsevier, Vol. 9(1), p. 90 - 109, January.

② See W. Kracaw & M. Zenner, 1998, *Bankers in the Boardroom: Good News or Bad News?* Unpublished Working Paper, Smeal College of Business Administration, Pennsylvania State University.

③ See S. Ongena & D. C. Smith, 2000, *Bank Relationships: A Review*, Other publications TiSEM 993b88a5 - 9a0f - 42de - 9cec - 6, Tilburg University, School of Economics and Management.

④ See Mitchell A. Petersen & Raghuram G. Rajan, 1994, *The Effect of Credit Market Competition on Lending Relationships*, NBER Working Papers 4921, National Bureau of Economic Research, Inc.

⑤ See Ernst - Ludwig Von Thadden, 1995, *Long - Term Contracts, Short - Term Investment and Monitoring*, Review of Economic Studies, Oxford University Press, Vol. 62(4), p. 557 - 575.

不间断地获得融资。金融市场竞争的加剧会对原有的关系银行产生影响。问题是银行间的竞争或来自金融市场的竞争如何影响了关系银行?

一种观点认为加剧的竞争会使借款人转而寻求其他银行或金融市场。如果银行预计它们之间关系的周期会缩短,作为回应,它们可能会减少在关系上的专用性投资。更具体地说,预期较短的关系抑制了信息的可重用性,从而减小了信息的价值。银行发现获取昂贵的专有信息非常不经济,这会影响和公司的关系。较短或较弱的关系可能会成为一个自我实现的预言。与此同时,竞争会影响到关系银行对贷款的跨期定价。信贷市场竞争的加强会约束借款人和贷款人跨期分享跨期剩余的能力。特别是,它使得银行在较早阶段"补贴"借款人,以及将来收取租金变得非常困难。银行在企业发展早期所承担的角色可能会受到削弱。这表明,事后过度的同业竞争可能会限制银行前期放贷。①

另一种观点认为竞争也能够提升关系银行的独特的竞争优势。单纯的价格竞争会影响银行的边际利润。Boot 和 Thakor (2000)的研究表明②,以关系为导向可以缓解这些竞争压力,因为有关系的银行相对于竞争对手能够获得更独特优势。一个更有竞争力的环境能促使银行变得更加以客户为导向并定制服务,从而更重视关系银行。

以上的讨论表明,竞争对关系银行的影响异常复杂,多重的效果都有待具体分析。更大的同业竞争很可能会提高关系银行的价值。

综上所述,关系银行已成为金融研究的重要领域。总的结论是,关系银行作为一种重要的中介,在企业价值的提升方面发挥了独特的作用。然而,在这方面还有很多的工作需要做,如对关系银行价值提升的精确来源的分析等。在银行业竞争日益激烈的环境下,不同的成本和收益(对他们的实证验证)至关重要,以此才能够预测未来关系银行的适应性及其规模;基于关系银行的适应性适度调整金融服务业的结构也非常重要。

在更一般的层面上,我们想厘清以银行为基础的金融系统(如德国)和基于市场的金融体系(如盎格鲁-撒克逊国家)的优点和缺点。而了解关系银行的成本

---

① See Mitchell Berlin & Loretta J. Mester, 1998, *Deposits and Relationship Lending Review of Financial Studies*, Center for Financial Institutions Working Papers 99-03, Wharton School Center for Financial Institutions, University of Pennsylvania.

② See Arnoud W. A. Boot & Anjan V. Thakor, 2000, *Can Relationship Banking Survive Competition?*, Journal of Finance, American Finance Association, Vol. 55(2), pages 679-713, April.

和益处无疑对这一测度有极大帮助。但在以银行为基础和以市场为基础的金融体系中，各种成本益处之间的相对重要性可能会存在差异。总体而言，欧洲的银行业的套牢问题比美国更严重。虽然在某些方面取得了积极的进展，但事实上，我们对银行与客户关系的好处的认识，还处在非常基本的层面上，大量的问题依然有待澄清。正如一位银行家所指出的那样："你可能认为你有关系，但客户可能认为这是交易的一个烦人的结果。"

第二节 证券化：商业银行经营的挑战与融入

证券化可能是20世纪后期最重要的金融创新。Pennacchi(1988)指出，证券化是商业银行业务中根本性的变革。[①] 证券化使得银行将资产改造成流动性资产，否则必须在资产负债表上保留至到期。一些银行越来越不仅仅是贷款的发起人、贷款和风险的分配者：贷款授予后不久，就被和其他按揭贷款一起打包，由评级机构给予风险评估，并通过ABS销售出去。随之筹集新资金又可以增加放贷。正如麦考利尖锐地指出，金融中介已经演化为一个以资产证券化为中心的体系(a system now centered around the securitization of assets)。银行仍旧存在，但如果天真地认为储户的钱就在临近的房子里，那就太落伍了。通过那些复杂的非银行投资管道、工具、结构，贷款已经被拿走并转移了。[②]

贷款证券化模式下，借贷不是资金分配的终点，而是一个复杂的过程的开始：贷款被出售给法律上独立的实体，在这里贷款被聚合，并打包成多重证券，每个都有不同的风险和收益，以适应不同类型的投资者。那些相同的证券，可以成为进一步的证券化活动的资产。证券化塑造了一种新型的银行，与客户的关系正在逐步褪色，而以交易为基础的银行越来越受到青睐，其主要收益来自他们发起和打包贷款赚取的费用。此类资金的活动机制在很多方面偏离了传统银行以存款为基础的模式。证券化构造发展了各种潜在的独立的筹资机制，如以证券化资产为基础发行商业票据。这些新型的证券加速了其他以非银行为中心的repo和证券借贷等担保中介交易的发展。

---

① See G. G. Pennacchi, *Loan Sales and the Cost of Bank Capital*, The Journal of Finance, Vol. XLⅢ, No. 2, June 1988, 375 - 396.

② See P. Mcculley 2007, *Teton Reflections*, PIMCO Global Central Bank Focus, September.

在这样一个复杂的构造中,传统银行的地位可能非常尴尬,特别是随着影子银行的发展。本节将深入地研究资产证券化活动,并对以下问题进行讨论:原有监管体系下的银行是否变得越来越边缘化,特别是金融中介透过"发起—分销"模式将贷款转移出银行的资产负债表?金融中介的这种演变具有的政策含义是什么,也即如果受监管的银行不再是金融中介的中心,如果就此衍生的新的中介构成了潜在的系统性风险来源,这种金融体系的变化是否应当伴随我们的监测和监管体系的调整?

过度证券化导致银行经营模式的转型。监管者认为,抵押贷款支持证券相比于传统抵押借贷是一种更安全、更有效率的金融方式。然而在现实生活中,抵押贷款支持证券的增长却对银行的经营产生了重大的影响。对银行资本金的要求一定意义上促进了证券化的发展:因为银行发放并持有高质量的抵押贷款资产会产生大量的资本金消耗。由此,银行并不愿从事传统的抵押贷款业务。为了补偿银行从事的抵押贷款业务,监管者规定可以对抵押贷款资产支持证券降低资本要求。然而这一政策却产生了一些意想不到的后果:通过结构化的设计,银行事实上能够对有风险的抵押贷款也持有较少的资本金,包括次级贷款。例如,对于一个特定的抵押贷款资产池,银行需要按照监管要求持有4%的资本金。而将资产池证券化之后,通过分层技术,每一层根据其获得的评级都有不同的资本要求。这样累积起来,所有的资本要求水平将低于3%。因此贷款机构存在的"发行—分销"模式使得贷款过程中存在发放较差贷款的激励,并传递到证券化过程中。① 传统上来说,银行发放贷款要经过审查、发放贷款、监督贷款的使用和偿还等工作。但"发起—分销"的模式将导致代理问题,降低了银行仔细审查和监督贷款的激励。当借贷活动从传统的银行贷款转向以市场为基础的方式时,银行获利也从以利息为主转向了以手续费为主。以手续费为基础的盈利方式降低了银行对长期特别是对贷款风险和其销售的证券的风险的担忧。这些风险转移到了证券的购买人手中。只要有人愿意购买,银行就有销售的动机。

同样的问题还存在于银行对衍生品的使用中,如通过CDS来转移风险。风险买卖技术的发展使得很多银行不再专注于传统的发放贷款并持有的模式,而转向一种更具主动性的战略,在现有的信贷环境、市场条件和商业机会中寻求最佳

---

① See Antje Berndt & Anurag Gupta, 2009, *Moral Hazard and Adverse Selection in the Originate - to - Distribute Model of Bank Credit*, Journal of Monetary Economics, Elsevier, Vol. 56(5), p. 725 - 743, July.

的资产组合。CDS 除了来自市场利率的驱动之外,银行监管部门也起到了重要的推动作用,其在促进并扩展这些金融创新方面发挥了重要作用。伯南克在 2006 年指出,信用衍生品交易在过去的 10 年中增长迅猛,到 2005 年达到 180 万亿美元。许多知名企业的 CDS 的名义交易价值已经超过了同一债务人交易的债务证券的价值。① 国际货币基金组织也指出:"人们越来越认识到,银行将信用风险扩散到更广泛、更多的投资者范围内,而不是将其滞留在资产负债表上,这使得银行和整个金融体系变得更有弹性。"②

商业贷款出售或二级贷款参与是一种合同,根据该合同,银行将从个人贷款中获得的对全部或部分现金流的比例(股权)索赔权出售给银行以外的第三方买家。该合同没有转让银行与借款人之间的权利或义务,因此第三方买家与银行的借款人之间没有法律关系。由于许多贷款销售涉及非公开交易公司的债务,第三方买家(其中大多数是其他银行)必须依赖原始银行的信用评估。此外,银行法规要求,如果发起银行希望将贷款从其资产负债表中删除,则发起银行不得向贷款买方提供任何类型的贷款担保。换句话说,如果发生贷款违约,贷款买方对出售银行没有追索权。

一、证券化的产生与发展

证券化是金融市场发达国家重要的金融创新。它以相关资产及其产生的现金流为担保发行证券,将证券化池中的证券出售给权益的投资者。资产证券化的创新之处在于,证券的表现是由抵押品的现金流决定的,并且在理论上不依赖于资产发行人的财务实力。按照不同的发行主体可以分为机构抵押贷款支持证券[GSE 发行的抵押贷款支持证券(MBS)]和非机构(non - agency)抵押证券。这两个市场的分界是基于 GSE 建立的贷款标准。机构标准主要包括贷款规模、信用评分和发放条件要求等方面。

---

① See Ben S. Bemanke, Chairman, Fed. Reserve, *Speech at the Stonier Graduate School: Modem Risk Management and Bank Supervision* (June 12, 2006), http://www. federalreserve. gov/newseventslspeech/Bemanke20060612a. htm.

② International Monetary Fund. Monetary and Capital Markets Department Global Financial Stability Report, April 2006: Market Developments and Issues.

(一)机构抵押证券与非机构抵押证券

1. 机构抵押证券

20 世纪 30 年代的大萧条之后,银行放贷能力受到了严格限制。政府设立两家企业在市场上从其他银行和贷款机构手中收购抵押贷款,这大大提高了信贷的可得性。在购买这些贷款资产以后,其并不总是持有贷款到期,而是将抵押贷款放入资产池发行资产支持证券卖给投资者。①

GNMA② 是第一家从事抵押贷款证券化业务的企业。1968 年 GNMA 担保了第一支"过手证券"(pass - through security)③:发行人使用结构性融资技术,将政府资助的抵押贷款置入资产池,并以资产池为基础发行证券;扣除一部分手续费后,将资产产生的所有收益转移到证券持有人手中。GNMA 还担保本金和利息的支付并收取费用。后来这些操作方式被房地美和房利美接受。1971 年,房地美也采用了这一业务模式发行抵押贷款资产支持证券。这些证券被称为参与证书(participation certificate,PC)。20 世纪 80 年代通货膨胀和利率的上升使得持有资产的风险加大,收益降低,两家企业都加大了证券化的力度。1983 年,房地美创造了第一份 CMO。传统上,抵押贷款市场由储贷机构和商业银行主导。这些实体或者在其资产组合中持有抵押贷款,或者将其通过 GSE 证券化,如房地美、房利美和 GNMA。这些 GSE 为其抵押贷款支持证券提供担保,保证本金和利息的偿付。他们只能从事投资级别(investment - grade)的抵押贷款,这也意味着,贷款人只能在资产负债表上持有他们发行的非投资级别的贷款。

2. 非机构抵押证券

早期的证券化所适用的基础资产都是固定利率抵押贷款,并获得 FHA 的违约保险,资产质量仍在控制之中。随着通胀的发生和利率的调整,银行开始大量发行可变利率贷款。这超出了两房购买的范围。投资银行及其他的参与者也开始将这些贷款资产证券化。

另外传统的机构证券化结构难以适应迅速发展的市场需求。20 世纪 80 年代

---

① See K. Pickert (2008), *A Brief History of Fannie Mae and Freddie Mac*, Time (July 14), http://content.time.com/time/business/article/0,8599,1822766,00.html.

② GNMA,美国政府于 1968 年成立,用于推动房屋贷款证券化。

③ 机构证券化市场的常见机制是直通式的抵押贷款支持证券(也称过手证券),通过它将资产产生的现金流无缝转移到投资者手中。

中期，投资者越来越多地寻求更多元化的抵押贷款证券，要求有不同的期限和不同利率的产品组合。这也极大促进了非机构证券化市场的发展。

资产证券化市场发展的一个重要的里程碑是政府推动的证券化业务。20 世纪 80 年代，大量的银行和储蓄机构破产，为此国会于 1989 年组建了 RTC 以处理不良资产。在遗留的4020 亿美元的债务中，有61 亿美元出售给了两房，其余大多是达不到两房标准的抵押贷款。该公司与私人部门合作将其中的部分资产进行证券化。RTC 将不良资产处理完毕时共涉及了 250 亿美元的住房抵押贷款证券。RTC 事实上帮助扩大了不符合 GSE 标准的非机构抵押贷款证券化市场。

1986 年通过的税收改革法案为非机构证券的发展提供了一个重要的契机，并为其奠定了法律基础。它使得房地产抵押贷款投资通道（real estate mortgage investment conduits，REMIC）成为可能。REMIC 的授权成为再证券化和非机构证券化市场发展的一个分水岭事件。这种会计工具本质上允许资产转移到一个破产隔离的信托机构那里，从而实现与发行人资产的隔离。① REMIC 促使了非标准抵押贷款支持证券的爆发性增长，人们使用替代信用增强结构来支持此类证券的发行。非标准抵押贷款支持证券通常被称为私人证券市场，由一些不符合机构规模限制的大额贷款构成。1995 年，旧的 CRA 进行了修改，鼓励低信贷质量贷款的证券化。低利率的环境也让购房者能够负担必需的利息，允许借款人进行再融资，并巩固其债务。REMIC 中的一个重要的要求是基础抵押品必须是静态的，如房地产或房地产衍生财产。REMIC 结构不能应用到诸如汽车贷款、信用卡循环信用应收账款、应收租赁款、助学贷款、企业债券、商业房地产贷款等现金流资产中。为了填补这一空白，资产证券化一直依靠几种可供选择的破产隔离结构。非抵押贷款资产证券化的主要机制是普通法的信托、特殊目的实体，如主信托和商业票据通道。

（二）证券化业务中的关键环节

1. 证券化信用增级。私人的抵押贷款支持证券和资产支持证券与 GNMA 担保的 MBS 结构基本相同，但差别在于私人 MBS 和 ABS 没有政府或 GSE 的担保，他们通过结构化和分层的设计，建立内部保证机制，这意味着他们根据资产池中

---

① See The Tax Reform Act of 1986 Required Income from REMICs to be Treated as Regular Interest and Specified Several Rules Concerning the Taxation of the Residual Payments from REMIC Investments.

贷款的风险分成“层”。

Gennaioli、Shleifer 和 Vishny 等研究信用债券的分级如何满足投资者对低风险或无风险的,同时又能带来比无风险国债更高收益率的债务工具(AAA 级结构性信贷产品)的需求。① 分层不但解决了资产支持证券的内保问题,同时也迎合了不同投资者的投资偏好:在安全性和高收益之间分布。例如,一个交易中可以包括两类证券,高级的和低级的。基础资产产生的收益会用于这两类证券的利息支付。而本金的支付方面,无论是按期支付还是提前还款,都将首先用于偿还高级证券的本金。只有在这些证券偿还完毕之后,本金的支付才用于偿还低等级的证券。如此一来,高级的证券的期限将会缩短,更安全,而且更有可预见性。一个较高的等级意味着只有在一大笔证券违约的情况下该类证券才可能会受到本金损失。因为,最初的本金损失将由低级证券承受。证券化过程中可能会有多个层次,如果大量基础资产违约的话,会有非常复杂的支付机制。大多数私人 MBS 和 ABS 都为证券的持有人提供了超额的保障来缓冲违约。超额的保障是指在资产池中的贷款的本金和 MBS 或 ABS 本金之间的差额。从理论上讲,购买更高安全层级的证券能够取得比绝对安全的政府债券更高的收益,而且没有额外风险。

分层的一个目标是使一组或多组证券获得评级机构 AAA 的评级。但应当注意的是,AAA 层级的风险相对较低,但其并不一定是由优质贷款支持的。它仅意味着,在一个由成千上万的非优质贷款支持的抵押贷款证券中,这一层级会持续从债务的履行中取得收入,直到其他所有的批次都已经损失了。这对于证券的发行具有极其重要的意义。评级机构在证券化的膨胀过程中被诟病的一点就是在证券化分层中与发行人合作,使发行人能够获得一个有吸引力的评级来销售证券。

2. 技术创新、先进的信用评分系统以及评级机构的评级极大地促进了私人抵押证券的发展。信用评分系统使得贷款发行过程自动化,并降低借贷成本。评级机构对私人发行的抵押贷款支持证券进行评分,这为投资者投资于非联邦政府担保债权提供了信心。通过评级,私营机构发行的次级 MBS 更容易被接受,对投资者更具吸引力,尤其是对受监管的实体(如对冲基金和保险公司,被限制参与非评

---

① See Nicola Gennaioli, Andrei Shleifer & Robert W. Vishny, *Financial Innovation and Financial Fragility*(October 7, 2010), FEEM Working Paper No. 114(2010), http://dx. doi. org/10. 2139/ssrn. 1688940.

级的投资)。为了使单个 MBS 获得一个信用评级,私人资产证券化通常会提供信用增级:或内部或外部信用增级机制。外部机制包括债券保险(保险公司担保当违约或丧失抵押品赎回权时将按时支付本金和利息)。内部信用增级机制包括高级/次级的结构设计,超额抵押及超额利差等。

3. 证券化的复杂化。随着证券化市场的扩张,对证券化债券的需求上升,发行人开始将不同类别的资产置入池中。CLO① 是由一系列商业贷款资产池支持的证券。CLO 与 ABS 不同的一点是,其贷款池规模很大。商业银行通常监督商业贷款,这增加了代理成本问题。但市场参与者相信,证券化的结构安排和发行机构的信誉足以促使贷款人监督贷款。CLO 之后更复杂的是 CDO。支持 CDO 证券发行的资产池的类型多种多样,包括从其他证券化中产生的债券、商业贷款(包括商业性的房地产贷款)等,也有的包括从其他 CDO 中产生的债券,这就构成了 CDO 的平方。多数的 CDO 实在太复杂,这也导致其估值异常困难。

二、证券化对商业银行的挑战

银行理论非常简单,银行作为存款人与借款人的金融中介,储户提供资金,银行发放贷款,银行在评估借款人的信誉方面有很强的专业知识。证券化改变了原来银行业的观点:银行是介于投资者之间的中介机构(而不仅仅是储户和借款人)。以抵押贷款证券化为例,银行发行优质抵押贷款支持证券,利用抵押贷款的持有人还贷来支付投资者的本金和利息。这些抵押贷款的本金及利息由房利美和房地美提供担保。美国住宅抵押贷款市场价值超过 100 万亿美元,其中超过 55% 都被证券化了,而这些证券中的 64% 是由房利美和房地美支持的。②

证券化最早的资产是商业银行贷款。银行资产负债表中的大量资产是银行收益的主要来源,也是银行风险与资产管理的主要对象。证券化起点是银行贷款的出售。长期以来,金融中介理论认为银行贷款以前是不可流通的。为了激励相容,银行为贷款活动提供信用评估和监控服务,这要求银行持有自己创造的贷款。

---

① CLD:由特殊目的实体发行的以银行的商业或个人贷款为担保的一种债券。特殊目的机构以发行债券所筹集资金支付购买银行贷款资产的价款,债券投资人所获得收益则来自银行贷款借款人偿付的本息。

② See Viral V. Acharya & Matthew P. Richardson, *Causes of the Financial Crisis*(May 1, 2009), Critical Review, Vol. 21, Nos. 2 &3, p. 195 - 210, 2009, http://ssrn.com/abstract=1514984.

将贷款持有至到期,可以确保银行有动力有效地评估和监控借款人。贷款买家会意识到这种激励的缺乏,并将贷款的价值降低。由于银行拥有信息优势,贷款销售将是一个“柠檬”市场。

证券化对于金融市场最重要的作用在于,它创造了可交易的、流动性更强的证券。原来大量的资产存在于金融中介的资产组合中,是高度不流动的。例如,很少有机构投资者或个人投资者愿意投资于住房抵押贷款、汽车贷款或信用卡应收款。但是他们会愿意投资到这些贷款所支持的证券上。这极大地降低了金融系统的流动性风险。

银行监管和央行政策的出发点也是基于银行贷款缺乏流动性的假设。从历史上看,银行此前无力出售贷款一直是存款保险制度建立和银行监管的根源。银行在发放贷款方面具有较高的专业性和密集的信息,其贷款资产也具有非市场性特点,难以流通。这同时也意味着从存款人的角度很难评估贷款的价值。银行和储户之间的这种信息不对称是导致银行业恐慌的先天条件。如果发生挤兑,银行难以在短期内出售其资产进而导致流动性危机乃至破产。因此,银行资产固有的流动性不足是政府提供存款保险的一个理由。如果存在一个发达的银行贷款市场,那么银行监管的理由就不存在了。

2007 年 9 月 20 日,英国《经济学家》杂志,刊载《当情况变得更糟……》一文,指出:证券化已经变得太重要了,重回 20 世纪 60 年代是不可能的。实际上,它尚有巨大潜力。华尔街的巨头们也许现在还在疗伤,但是他们在不久的将来就会东山再起,带来更多的产品。并且,假以时日,毫无疑问还将有新的购买浪潮。更重要的是,虽然有不完美之处,但把不流动的债务变得可以交易的转换机制,已经在个人贷款人和庞大的资本市场间铸就了巨大的有益链条。这在以前是不可能的。仔细审视之下,需要争论的是应该如何改善这个体系,而不是将其拆毁。①

银行在整个银行控股公司层面上,在资产证券化的出现和成长中起到了主导性的作用,一旦明确承认自己的角色,则有相当部分的现代金融中介应当被纳入监管的视域中。

---

① See Securitisation, *When it Goes Wrong... Economist*, (Sep. 22nd, 2007), http://www.economist.com/node/9830765.

三、证券化中的银行角色

深入考察证券化活动，需要深入分析资产支持证券中的每一个角色，分析他们在其中的作用。我们专注于证券化中的几个主要角色：发行人、承销商、受托人、服务者。他们至关重要，并贯穿资产支持证券的始终。由于不同的产品类型和证券化的角色，银行支配的程度存在差异。银行本质上更适合数据密集型的受托业务竞争，在大多数案例中，银行获得了90%以上的这些服务。在证券的承销中银行发挥着强有力的作用，在证券承销中银行能够利用他们的专业知识获得一大部分资产支持证券的承销业务。当然，在证券化市场发行和服务的不同部分，银行面临来自非银行的抵押贷款人和消费金融公司的竞争。尽管资产证券化基础上的中介系统非常复杂，但我们的研究表明银行依然发挥了非常重要的作用。

（一）证券化的主要流程

证券化过程将银行的传统角色重新分割为几个专业化的功能。一个典型的证券化的流程包含了几个关键角色：发行人、承销商、评级机构、服务机构、受托人，连接了证券化交易过程中的证券、资产、支付、信息和其他服务。有些环节这种流动是双向的。例如，投资者买入特殊目的实体发行的证券并支付现金。应当指出的是，这里提出的证券化的例子只是一个非常典型的证券化过程的基本结构。事实上，不同的抵押品类型以及不同的证券差别非常大。

发行人（issuer，有时指 sponsor 或 originator）为资产支持证券的发行汇集了抵押资产。发行人通常是贷款（证券化资产组合的一部分）的发行人，结构性融资的发展为抵押贷款公司等贷款机构便利地出售其资产提供了重要渠道。

在典型的证券化的过程中，这些资产被汇集在一起，并出售给外部的法律实体，其通常被称为 SPV。SPV 通过发行的分层的证券筹集资金来购买上述资产。资产转让给 SPV 在法律上被认为是真实的销售，它能排除发行人的所有权，以及在发行人破产的情况下，实现与资产抵押投资者的隔离。SPV 一般会将资产转移到另一个特殊目的实体，通常是信托。第二个实体才会在该资产支持下真正地发行证券。其法律依据来自财务会计准则委员会第 125 号声明，即美国通用会计准则—销售规则。[①]

证券化过程中的另一个重要机构是服务商,其主要是处理支付问题,并与借款人进行联络,实施资产池和服务协议规定的催收等现金流业务,如果需要的话,对违约方的抵押品进行清算。如果发行人同时也是基础资产的贷款人,通常情况下发行人将继续保留这些服务的权利。

除了管理支付现金流,服务商还向受托人提供管理协助。受托人是一个独立的公司,受托管理 SPV/信托,代表投资者(票据持有人)的权利,并承担信托责任。受托人的主要职责是向投资者分配收益,代表投资者监督证券。同时,从服务商和发行人处获取信息验证基础抵押品的表现。

结构性融资承销商与其他方法发行证券基本相同。资产支持证券的承销商代表发行人(SPV 或信托)承担经办方的角色。承销商的主要工作是分析投资者的需求,并设计相应的证券层次。与传统做法一样,与现金要约方谈判,资产支持证券的承销商可以以折扣的价格购买特定部分的证券,并转卖给投资者。除了营销和出售这些证券,承销商还在二级市场交易中提供流动性支持。由于资产支持证券在柜台市场交易,承销商作为经纪商,通过保有必要的证券、做市的意愿提升了整个发行过程。

承销商与评级机构紧密合作,帮助 SPV 设计层级结构,以适应投资者不同的风险偏好。在评级机构的指导下,证券化资产的现金流量经承销商后再向不同的层次分配。评级机构在推动结构性融资的快速增长方面发挥了关键作用。评级机构向投资者提供认证服务,帮助其对证券的基础资产开展了尽职调查和评估证券的结构。按照监管法律的要求,许多大型机构投资者和受监管的金融企业都必须持有主要是投资级别的资产,因此在此类证券的发行中,评级机构非常必要。

---

① See Financial Accounting Standards Board's Statement No. 125. 资产证券化交易中资产转移的方式日趋复杂化,风险与报酬分析法显得力不从心。1996 年 6 月,美国财务会计准则委员会在第 125 号财务会计准则《金融资产转让与服务以及债务解除的会计处理》中,正式提出了运用"金融合成分析法"。该方法的核心是资产的控制权决定其归属,且承认金融资产和负债能分割成不同的组成部分。金融合成分析法体现了"实质重于形式"原则。根据该方法,是否将一项资产证券化交易视同销售取决于资产转让方是否放弃了对该资产的实质控制权,明确了转让方拥有金融资产的控制权与保留了多少相关的风险和报酬是两个不同的概念。转让方保留的风险和报酬则被视为转移合约的产物,应按新的金融工具加以确认。金融合成分析法倾向于将资产转让作为销售进行表外处理,同时确认交易产生的新增资产和负债,将其列示于报表中。该方法能够揭示资产证券化交易的本质,增加了会计信息的客观性、有用性。这克服了传统模式的某些弊端,表明人们对金融工具有了更深刻的认识。然而,金融合成分析法下以"控制权转移"为标准仍存在缺陷。

虽然不同类型的资产支持证券产品的次级结构的评级有所差异,但总体上这些证券都基于相同的设计,是典型的结构性票据,这意味着抵押品的现金流被分配到几个独立的批次中。同一个资产池支持的证券被分为不同层级,每个层级有不同的风险评级和不同到期日。分批的多样性使他们能够适应投资者不同的风险偏好和投资目标。这些证券通常包括一些高层级的证券,如 AAA 级,以及一些低于 AAA 级的证券,还有未评级保留的证券层级。高层级的证券受到超额抵押的保护,这意味着其信贷损失将首先被低层级的证券吸收。有时候较高层级(低于 AAA 级,夹层)同样能够从保留层级中得到缓冲保护,或接受其他信用增级。剩余的现金流量被分配到剩余(权益)证书的持有者那里。剩余投资者收到所有剩余的现金流量,但在更高级的证券的所有义务得到充分满足之前,不能对抵押品主张权利。

除了超额抵押缓冲之外,还有其他辅助增信措施保护投资者免受违约和其他风险(如流动性风险、汇率波动风险、利率风险)。与超额抵押缓冲这种证券内部保护机制不同,这些信用增级通常在付费后由第三方提供。举例来说,从独立保险机构购买信用保证保险(通常称为互换),这种做法在非机构抵押贷款证券化的最初几年非常普遍。外汇及利率掉期,有时被用来提高证券的整体风险状况,使得证券对投资者更具吸引力,更容易定价。另外,SPV 可以通过获取信用证或者资产互换协议的方式降低风险暴露。

明确这些角色的分类,我们能够更好地理解证券化带来的"影子"金融体系。从本质上讲,我们认为,结构性融资保留了所有的金融中介的独特方面。除了评级机构之外,证券化还需要发行人、受托人、承销商、风险增强、服务商的主要业务。银行同时承担了与传统中介模式完全相同的角色:他们是贷款发行人及隐含地承销贷款资产组合给投资者(储户和权益的持有者)。他们作为储户的委托代理人担任受托人的角色,代表其资产负债表上持有的权益,提供信用增级。他们为双方的资产负债表上的对方(企业和储户),同时提供流动性服务。他们作为一个服务商,收集贷款支付和向储户支付利息。

虽然银行作为信用中介在传统模式中担当所有这些角色,但其获益是由其资产负债合约决定的。然后通过资产证券化,相同的角色可以由多个实体担当,每个实体都从其服务中获取收益。证券化过程中所涉及的市场和实体的扩展也许可以解释为何现代中介体系如此复杂。

(二)资产支持证券的发行人

证券化过程的第一步是发行,即集合基础抵押品并产生资产支持证券的过程。发行人多与贷款人联系在一起,很多时候这两种功能是重叠的。这取决于抵押品的类型。汽车消费金融贷款机构和大型零售银行在汽车贷款证券化方面占据主导地位,而银行、非银行抵押贷款人、储蓄机构的优势则在私人抵押贷款支持证券和 MBS 领域。

传统的债券或股票企业发行人是一个明确的实体,但资产支持证券产品的发行人往往隐藏在 SPV 或信托等法律角色之后。例如,雷曼兄弟发行的约 4000 支证券,在大约 75 个特殊目的公司或信托的名义下。这些发行计划看起来与雷曼兄弟存在从属关系(如雷曼 XS 信托或雷曼 ABS 公司),但事实上大多数发行人与雷曼兄弟没有公认的关联。①

(三)服务者

贷款在二级市场出售,但以此所创建的抵押服务权通常不会出售。由于服务权和保留权益(retained interests),抵押贷款发起人在其抵押贷款上存有显著的利益。② 全美金融公司(Countrywide)提供了按揭服务权的价值的一个案例。2007 年 12 月 31 日 Countrywide 的 10 - K 表显示③:当出售或证券化抵押贷款时,(银行)通常会保留服务这些贷款的权利。例如,收取和汇寄已偿还的贷款,回应客户查询,计算本金和利息,持有保管(扣除)财产税保险费,律师针对拖欠贷款和监督止赎权及物业产权处置的相关费用。银行获取服务费和其他费用主要用于上述事项。2007 年 10 月,美国全国范围内抵押贷款服务权减记达到创纪录的 8.309 亿美元。截至 2008 年 3 月 31 日,据估计美国全国范围有价值 170 亿美元抵押贷款服务权,涉及总资产 1990 亿美元,达到总资产的约 9% 。④

---

① See Nicola Cetorelli & Stavros Peristiani, 2012, *The Dominant Role of Banks in Asset Securitization*, Liberty Street Economics 20120719, Federal Reserve Bank of New York.

② 银行只出售贷款的一部分,而保留部分贷款。银行因此保留了一些保持贷款价值的动机,持有的贷款比例越大,越有激励评估和监控借款人。这在一定程度上克服了道德风险。

③ 在每个财政年度末后的 90 天之内(拥有 7500 万美元资产的公司必须在 60 天之内),公司要向美国 SEC 递交 10 - K 表格,内容包括公司历史、结构、股票状况及盈利等情况。

④ See Gary Gorton, 2008, *The Panic of* 2007, Proceedings - Economic Policy Symposium - Jackson Hole, Federal Reserve Bank of Kansas City, p. 131 - 262.

在结构性证券存续期间，服务商有几个方面的受托责任：(1)收集标的资产产生的款项。(2)向受托人管理账户转移上述收益。(3)代表信托人管理存款及投资收益。这种特殊的角色要求服务商保留所有的贷款或证券的具体信息，以便于收集和转移现金流，跟踪贷款的表现。因此，与资产支持证券相关联的贷款人更便利于承担这一职责。发行、服务和贷款之间的紧密关联表明，这些角色经常会合并在一起。因此，消费金融公司不仅是汽车 ABS 的主要发行人，他们也为 70.3% 的此类证券提供服务。作为最大的循环信用卡(Revolving Credit Card)的债权人，银行同时也获得了近 88.7% 的信用卡 ABS 服务。借贷与服务之间数据的密集关联同样也体现在房地产证券化上。大型银行贷款在 MBS、商业房地产抵押支持证券(CMBS)和 CDO 服务中占主导地位，其市场份额分别为 54.2%、48.8% 和 71.7%。虽然投资银行和对冲基金也是这些领域中重要的发行人，但他们作为服务商的能力非常有限，信息基础设施建设上的不足限制了他们在这些方面的竞争。①

(四)资产支持证券承销商

承销商是根据抵押品的特征和市场状况，对资产支持证券进行结构化的实体(如设计证券的批次，规模和信用及流动性增强的类型等)。承销商还负责实际的证券销售，通常从特殊目的实体处获取证券，因此也要承受一些与交易相关的初始风险。

传统上投资银行担当了债券和股权融资的角色，为发行公司安排和销售这些金融产品。但商业银行联合生产信息优势②，从而提高了认证水平，这为证券承销带来额外的维度。这些认证的好处也同样存在于资产支持证券中，如 CMBS 或者 CLO，银行对借款人的信用质量状况拥有私人信息。从本质上讲，银行可以作为一个信息专家，在发行人与投资者之间进行认证。

资产证券化过程中证券承销的专业性非常重要，商业银行和投资银行在这一过程中占据主导地位。数据显示，商业银行和投资银行二者几乎包揽了所有(99.1%)零售 ABS 的承销。由于银行在诸多证券化产品中广泛存在，因此在证券承销中占据了较大份额。例如，银行在汽车 ABS 的承销业务中占据 69.5% 的

---

① See Nicola Cetorelli & Stavros Peristiani, 2012, *The Dominant Role of Banks in Asset Securitization*, Liberty Street Economics 20120719, Federal Reserve Bank of New York.

② 主要通过甄别和监督借款人获取那些能与投资者共享的信息。

比例,在这一市场中,消费金融公司的证券发行占据了绝大多数。虽然在按揭贷款领域投资银行所占比重较小,但他们也成功地获得了约41.4%的MBS承销。①

(五)信托服务机构

特殊目的实体购买贷款的交易一般由信托机构处理。受托人保证交易按照相关文件规定进行,以更具成本效益的方式,关注证券的实物交割,遵循合规性和绩效相关的事宜,为证券持有人进行现金及信息处理。值得注意的是,受托人必须与发行人及服务机构紧密合作以保护投资者的利益。发行人或服务机构,二者可能合于一身,但受托人应该是一个独立的实体,其唯一目的是代表投资者,从而消除任何利益冲突。

由于受托人业务的管理性质,这种服务适合由具有高效的后台架构的大型托管银行来处理信息。托管人市场集中度较高,仅少数银行负责证券化受托人业务。各类资产支持的产品中银行受托人的层级不同,这反映了抵押物的不同的性质和它的支付体系。MBS和住房权益产品中前四名受托人分别是纽约梅隆银行、德意志银行信托、美国国家银行协会(US Bank National Association)和富国银行。纽约梅隆银行还是CDO证券最大的受托人,获得近38%的市场份额。不过,纽约梅隆银行在CMBS市场并不非常活跃,拉萨尔国民银行和富国银行在这一领域占主导地位。②

(六)商业银行融入证券化活动

我们的研究结果表明,银行是证券化市场的绝对的主要力量。为了进一步探索银行的重要性,我们更仔细地审查证券化中其主要职能的演变及其市场份额的变化。前文已经指出,证券化受托业务主要由一小部分的托管银行瓜分了这个市场。在1990~2008年,银行的市场份额保持在90%以上。这些受托银行最适合处理信息,并作为投资者的代表。

另外,银行发行了大约一半的非机构资产支持证券。因此银行一直是这些影子银行中的一个重要力量。虽然银行与非银行金融机构在整个证券化的不同阶

① See Nicola Cetorelli & Stavros Peristiani, *The Role of Banks in Asset Securitization*, Federal Reserve Bank of New York Economic Policy Review, July 2012, at 48.

② See Nicola Cetorelli & Stavros Peristiani, *The Role of Banks in Asset Securitization*, Federal Reserve Bank of New York Economic Policy Review, July 2012, at 48.

段开展竞争,但他们仍然具有巨大的市场竞争力。在资产抵押证券发行业务中他们在极力保持一个恒定的市场份额,而在服务和承销方面,银行则更积极地扩大他们的市场份额,从 20 世纪 80 年代初开始到 2007 年,其在资产证券化市场达到顶峰。

银行在承销领域的成功,很大程度上可以归因于格雷姆 - 里奇 - 比利雷法案(1999 年),在该法案中正式去掉了许多在格拉斯 - 斯蒂格尔法案(1933 年)中的法律限制;格拉斯 - 斯蒂格尔法案禁止商业银行参与股票和债券承销。事实上,早在 20 世纪 80 年代后期美国联邦储备银行即授权银行有限地参与到这些包销及其他不合格证券(other ineligible securities)活动中。① 在格雷姆 - 里奇 - 比利雷法案生效后,大银行共同推动扩大其证券承销业务,在资产证券化市场中的比例将近 70%。

银行逐渐增加了他们在证券化中的服务业务,从 20 世纪 90 年代初的不到 10% 增加到 2008 年年底的 60% 左右。银行在证券服务领域的强势从证券化市场扩展到 ABS 产品零售,CMBS,MBS 和 CDO 产品等领域,其基础抵押品和信息主要是由贷款银行发起并持有的。

除了支配这些关键环节的非机构资产支持证券市场,银行也管理并保持着大量受托业务。依靠他们的"第 20 条子公司",银行积极扩大其承销业务,从 20 世纪 90 年代初开始到 2008 年年底,其在这一领域实现了超过 80% 的市场份额。此外,银行在发行领域的市场份额也从 20 世纪 90 年代初的 20% 增加至 2008 年的 75%。银行在市场竞争中和在私人资产支持证券市场(private - label market)②上扩展大部分的服务,其成功大多可归因于他们有效地主导了非合格抵押贷款(nonconforming prime mortgage sector)。

近几十年来,金融中介已经变得越来越复杂。金融中介体系传统上集中在银行,其同时扮演多种角色以保证资金的供应和需求之间高效匹配;但现在这些角

---

① 格拉斯 - 斯蒂格尔法案免责条款中明确规定,银行仍可承销与买卖市政债券等免责证券,其统称为"银行合格证券"(bank - eligible securities)。而所有不属于银行合格证券者,均属于"银行不合格证券"(bank - ineligible securities)。美联储根据格拉斯 - 斯蒂格尔法案第 20 条规定授权银行经营不合格证券,因此此类证券子公司泛称为"第 20 条子公司"(Section 20 subsidiaries)。在格拉斯 - 斯蒂格尔法案未消除银行与证券业务之间的防火墙的前提下,美联储通过对该法第 20 条的宽泛解释,实际上迈出了商业银行涉足证券业的第一步。

② 除了两房等 GSE 发行的 MBS 之外,一些私人机构(如投资银行附属机构)也发行 MBS,它们发行的 MBS 被称为私人 MBS(private - label MBS)。

色已渐渐分散,可以由更专业的实体发挥这些作用。这种转变,引致了一些法律问题:银行的角色、以银行为基础的监管都需要重新思考,而系统性风险的变化可能会超出监管者和决策者的控制。

金融中介的演化增加了多种新的金融实体和潜在的市场,其变得日益复杂。大型银行控股公司,加上小部分的投资银行,是证券化过程中最显著、最活跃的主体。为达到其目的所需的资金,需要通过多个步骤实现,但这一体系仍然需要一套基本相同的中介功能。而再仔细地检讨,银行类企业(banking firms)在其中仍发挥着中心作用。这些因素应当在未来金融体系的监管评估中认真考虑评估。

证券化过程中各方有重要的利益牵连。在危机中次级贷款链条的上下游企业和个人都遭受了很大的损失,包括贷款的发起人,证券结构化者,承销商,次级抵押贷款发放/承销商,他们中均出现了破产,而21世纪,花旗银行、瑞银和美林等,都有数十亿美元的减记损失。①

第三节 证券化中的风险与银行监管

证券化活动的开展首先要有大量的基础资产作为抵押品,而银行贷款,特别是住房抵押贷款是最重要的基础资产。证券化市场的繁荣推动了抵押贷款的发行和抵押贷款销售市场的发展。银行经营也从传统的"发起—持有"(originate - hold)模式向"发起—出售"(originate - distribute)模式转变。这种经营模式的变化对银行产生了新的激励:大量地发放贷款(包括次级贷款)并导致贷款质量的降低。基础资产质量下降为金融危机的爆发埋下了祸根。对此问题,我们将在下文中进行专题研究。

一、证券化所引发的问题

证券化导致了金融体系中新的问题。其一,证券化资产池的建立主要依靠银行贷款资产。银行将贷款出售引发了银行经营模式向"发起—分销"模式转变。

---

① See Eighty Subprime Mortgage Lenders have Exited the Business Since the end of 2006 - many going Bankrupt (See Worth Civils & Mark Gongloff, Subprime Shakeout: Lenders that Have Closed Shop, Been Acquired or Stopped Loans, Wall St. J. Online, http://online.wsj.com/public/resources/documents/info-subprimeloans0706-sort.html).

贷款出售使得贷款机构不再严格审核贷款人的相关信息，在甄别、监督贷款人方面缺乏激励机制，并导致贷款质量的降低，这是引发2008年金融危机的一个基础性的原因。其二，随着银行将大量的资产转移出资产负债表，相关资产的资本充足率要求相应降低，银行有更多的资金用于新的贷款项目。这提高了银行经营的杠杆水平，规避资本监管。这种监管套利无疑增加了金融体系的风险。本部分我们将关注第二个问题，第一个问题将在本节第二部分阐述。

（一）资本充足率的监管要求

银行是利用杠杆经营的实体。银行的拥有者承担的是有限责任，同时其不透明的行为还能获得存款保险的保障和金融安全网补贴。这些会放大银行进行过度风险承担的激励。决策者早已认识到了这一问题，并引入各种机制来解决代理问题，遏制银行的冒险，培养市场纪律。

为了避免存款人在同一时间提出提款要求，如同1850年、1914年以及大萧条期间发生的挤兑，政府为存款提供一定数量的保险，并支付保费。为保证银行在这一过程中有利益牵连，银行必须持有最低金额的“资本”作为损失的缓冲。因此监管机构必须定义“资本”。在危机前期，大多数西方国家的规则将资本等同于发行股票筹集的资金（出售股票或某种形式的“混合型”债务，具有与股权类似的功能），或通过留存收益转增的资本。

大多数西方国家的银行资本监管遵循巴塞尔银行监管委员会的建议条款。根据《巴塞尔协议》，针对经过风险调整后的资产，银行必须保持至少8%的资本缓冲。银行需要持有最低的监管资本。截至目前，在《巴塞尔协议Ⅰ》框架下，资本是一个非常粗略地衡量他们持有的资产风险水平的工具。例如，对一项贷款，银行必须持有8%的资本，而不管该公司的风险水平如何。这也是银行监管者在1999年彻底修改资本监管框架的主要原因之一。这个进程以《巴塞尔协议Ⅱ》框架结束，对银行的资本金要求能更好地与他们的投资组合的风险状况相匹配。通过这种方式，他们对向高风险的借款人发放的贷款不得不维持较高水平的资本。

在美国，联邦存款保险公司解释为至少8%，平均10%，如果某特定银行被认为具有良好的资本（well capitalized），这就意味着银行一定的权限，如较低的存款保险费。保持这一资本缓冲本身就很昂贵。其一，它不能随意借贷给他人，赚取利息。其二，根据巴塞尔规则，资本的两个主要形式是股票和留存收益。如果银行必须通过股权发行股份募集资本，那么这意味着留存收益可能不能满足资本需求。而且新股权的注入还会稀释现有股票的价值。

(二)监管套利

上述规定可能已经在不经意间为监管套利创造空间,即金融中介利用法规的漏洞,进而破坏金融体系的稳定。从历史上看,金融机构管理者系统性地利用这些监管漏洞,很大程度上意图增加金融机构的杠杆水平而不降低其资本比率。

我们认为银行努力规避这些资本充足的要求是引发金融危机的重要原因。很多大型、复杂的金融机构,如全能银行、投资银行、保险公司,以及对冲基金,忽略了自己证券化的商业模式,并选择不将信贷风险转移给其他投资者。证券化的合法和有价值的目标是分散风险。他们将大量集中的风险从金融机构的资产负债表转移至大批投资者手中。但从2003年到2007年,证券化的主要目的不是与投资者分担风险,反而是为了应对资本充足率的监管规定。其最终结果是将风险保留并集中在金融机构那里,事实上,由于过度地使用杠杆而大大放大了风险水平。

证券化使得银行可以避免持有代价高昂的资本,银行像承销商一样发放贷款然后拿去卖给别人。特别是通过构建表外实体,它持有许多资产支持证券。这些工具一般被称为通道,典型的如结构性投资工具(SIVs)。由于贷款被放置在通道中,而不是银行的资产负债表上,银行并不需要对他们保持资本。一旦贷款从银行的资产负债表中移除,银行就不必持有8%或10%的资本储备。但该行随即转头再投资于他们(或其他银行)创造的AAA级的证券化产品。由于其AAA评级,这些证券有极低的资本要求。对于商业银行,《巴塞尔协议》对AAA级证券的加权风险,不到普通商业贷款或抵押贷款的一半,因此对这些资产只需要持有一个相对较低的资本储备。2004年,SEC授权美国独立投资银行采用内部模型评估信用风险并相应确定资本支出。这使得投资银行使用甚至比商业银行更高的杠杆。①

二、银行经营的"发行—分销"模式

证券化的迅猛发展对基础资产,特别是银行贷款资产产生了强烈需求。适应

① See Viral V. Acharya & Matthew P. Richardson, *Causes of the Financial Crisis*(May 1,2009), Critical Review, Vol. 21, Nos. 2 & 3, p. 195 - 210, 2009, http://ssrn.com/abstract = 1514984.

市场的银行迅速改变了其贷款流程。传统上银行发放贷款并持有到期，获取存贷款的利差，这是银行收益的最重要的来源。这被称为“发起—持有”模式。但在证券化的浪潮之下，银行更多选择将贷款出售，即“发起—分销”模式。“发起—分销”模式成为证券化中的关键环节。联合论坛（Joint Forum）①指出：在“发起—分销”模式下，银行通常不再保留风险，也没有必要保留从事债权人谈判的专业人员。② 银行业的经营已经发生了显著的变化：银行信贷模式已经从传统的“关系型”银行模式转向一种“发起—分销”模式。在这种模式下，银行可以发起贷款，获得相关费用，然后将贷款出售给那些愿意承担风险的投资者。

2008 年的次级贷款危机使这一问题充分暴露：银行信贷活动从传统的关系型银行模式转变为交易导向的模式，这种变化对金融市场和金融结构到底产生了什么样的影响？现有的金融监管是否反映了这些变化？

（一）贷款销售的规模

“发起—分销”模式的发展主要得益于证券化的发展。过去的几年美国资产支持证券市场发展迅速，不包括抵押贷款支持证券在内，其资产支持证券的规模已经超过了公司债。这些资产大多数来自银行贷款资产。

另外，在贷款的销售方面，过去 20 年中贷款的二级市场增长迅速。贷款市场一般包括两大类，第一类是优质贷款（primary loan）或银团贷款市场，由多家银行共同发放贷款，通常在贷款发放过程中进行，贷款出售也即银团贷款的参与。第二类是次级贷款销售市场，银行出售他们持有的贷款（或贷款的一部分）。

银行及其他金融机构相互出售贷款已经有超过百年的历史。然而，长期以来这一市场增长缓慢，直到 20 世纪 80 年代初，贷款出售进入快速增长期，贷款为杠杆收购融资，兼并和收购市场的高速扩展是其中的主要推动力。然而随着 1987 年股市崩盘，20 世纪 80 年代末杠杆收购和并购市场萎缩，1990 年贷款销售的数量减少到约 100 亿美元。此后随着并购活动的回升，贷款销售量迅速扩大。2000 年以来二级市场贷款交易已经超过了 1000 亿美元，当然部分的增长是由于在银

---

① 由巴塞尔银行监管委员会（BCBS）、IOSCO、国际保险监督官协会（IAIS）及国际清算银行（BIS）组成。

② See Viral V. Acharya & Matthew Richardson, *Credit Risk Transfer*, Critical Review 21(2-3): 195-210, DOI: 10.1080/08913810902952903.

团贷款市场的机构投资。①

美国二级贷款市场的规模在2004年高达1548亿美元,2005年贷款的二级市场交易达到1763亿美元。而1991年这个数字仅为80亿美元,年均复合增长率达到26%。② 贷款二级市场弹性非常大,以2008年的金融危机为例,2008年二级市场的交易量为3183.8亿美元,与2007年的3420.2亿美元(此为贷款交易峰值)相比,仅降低了6.9%。这与同期市场上结构性金融产品,如CDO及CLO的急剧下降形成了鲜明对比。③ 这表明二级贷款市场交易非常稳定,并未因金融危机而遭受冲击。

这种转型对市场中所有的参与者,如贷款发起银行、投资者、贷款的公司以及监管者,都有重大的影响。银行在信贷质量方面的信息优势引发了对逆向选择的担忧——银行出售的贷款是否具有不可观测的负面的信息?在完善的市场上,根据经典的柠檬理论,这将会导致贷款二级市场的崩溃。从投资者的角度来看,这一问题非常重要:银行销售贷款是基于自身盈利动机(如为缓解资本压力和风险管理)还是基于负面的私人信息?这是否会导致银行监管功能的损害进而引发道德风险,并对投资者造成不利影响?

(二)银行"发起—分销"模式分析

银行在二级市场出售其贷款主要基于两方面的动机:一是为了缓解资本压力或者是风险管理的需要,二是掌握借款人某些负面的私人信息。

1. 贷款出售的考虑因素。

首先,正如Gorton和Haubrich(1990)④、Carlstrom和Samolyk(1995)⑤、

---

① See Debarshi K. Nandy & Pei Shao, *Institutional Investment in Syndicated Loans*(April 2010), UBC Winter Finance Conference 2008 Paper, EFA 2009 Bergen Meetings Paper, https://ssrn.com/abstract=966276.

② See Steven Drucker & Manju Puri, 2009, *On Loan Sales, Loan Contracting, and Lending Relationships*, Review of Financial Studies, Society for Financial Studies, Vol.22(7), p.2635–2672, July.

③ See Amar Gande & Anthony Saunders, 2012, *Are Banks Still Special When There Is a Secondary Market for Loans?*, Journal of Finance, American Finance Association, Vol.67(5), pages 1649–1684, October.

④ See Gary B. Gorton & Joseph G. Haubrich, 1990, *The Loan Sales Market*, Rodney L. White Center for Financial Research Working Papers 35–88, Wharton School Rodney L. White Center for Financial Research.

⑤ See Charles T. Carlstrom & Katherine A. Samolyk, 1995, *Loan Sales as a Response to Market–based Capital Constraints*, Journal of Banking & Finance, Elsevier, Vol.19(3–4), p.627–646, June.

Demsetz(2000)①等人指出的,出售贷款能够帮助银行释放资本,从而将资金部署到更高利润的地方。同时,还能够使银行增加贷款发行的手续费收入,在这些领域相对于非银行的机构来说他们更具有比较优势。这对银行的资本回报和股东回报都有积极的影响。通过贷款出售,银行几乎可以完全依赖批发市场来推动贷款增长(如北岩银行)。事实上,"买入并持有"的模式(银行贷款在资产负债表中保持至到期日)在过去几年里已经越来越少,这有助于我们理解为何银行积极从事证券化业务。

其次,贷款出售市场为银行提供了一个有效的分散风险的机制,特别是考虑到经典的信用悖论(credit paradox)现象,有时候贷款的发起人并非贷款的最佳持有者,因为其贷款过度集中在特定的产业领域,同时需要维护良好的客户关系。信用悖论是银行业在其信用风险管理过程中存在的较大问题:保持良好的客户关系与分散信用风险之间的矛盾。

最后,从宏观的角度看,贷款的出售提高了银行资产负债表的流动性,进而降低了金融摩擦和资本成本。这使得资产负债管理更加容易,提高了银行在不利经济环境中的应对能力。证券化市场流动性充足,银行能够很迅速地出售他们发放的贷款,这也意味着"发起—分销"模式使银行能够灵活改变抵押贷款的规模,而无须对其股权资本或资产组合进行大的调整。也就是说,银行可以自由扩展和缩减抵押贷款的发行,而对银行的其他部分没有太大的影响。从这个意义上看,银行信贷的"发起—分销"模式是顺应社会需求的结果。银行作为消费者和公司流动性的有效的提供者,作为有效的事后监管者,在减少经济摩擦方面发挥着重要的功能。他们累积了大量的专门技能来审查和监管他们的借款人,以减少逆向选择和道德风险的成本。银行借贷中的"发起—分销"模式,即发起人发放贷款并将其出售给第三方,就成为解决这些摩擦的方式之一。在这种模式下,发起贷款的金融机构能够与其他经济主体获得更好的风险分担,更经济地使用受监管的资本,获得更好的流动性和风险管理。②

---

① See Rebecca S. Demsetz, 2000, *Bank Loan Sales: A New Look At The Motivations For Secondary Market Activity*, Journal of Financial Research, Southern Finance Association; Southwestern Finance Association, Vol. 23(2), p. 197 – 222, June.

② See Steven Drucker & Christopher Mayer, 2007, *Inside Information and Market Making in Secondary Mortgage Markets*, Working Paper.

2. 银行贷款出售中的道德风险问题

大量的文献讨论银行的“特殊性”问题,因为他们在向客户贷款的时候产生了专有的信息。银行在信息的获取和加工方面具有专业优势。贷款的购买人与借款人之间不存在借贷关系,因此其在贷款购买的过程中存在信息方面的不利。这将可能会产生道德风险和逆向选择问题。

第一,银行有激励出售那些拥有负面私人信息的借款人的贷款,而外部人很难了解到这些信息。这表明,银行在进行“选择性业务”即“摘樱桃行为”(cherry picking),他们保留那些高质量的贷款,而出售那些劣质贷款。相近的解释还可能是,银行故意发放一些有问题的贷款,从而扩大自己在发行费用方面的收入,因为他们能够在二级市场上较轻松地出售这些贷款,而这些贷款的投资人多数是非银行的金融机构和对冲基金。这与 2008 年次级贷款危机非常吻合,银行发行了有质量问题的抵押贷款并可以在活跃的二级市场上出售这些贷款。在完美的市场中,这种行为无法持续,对自身声誉的关注会使银行停止这种行为。而如果这种行为仍然发生,这可能表明了市场的某种失败,投资者并未认识到他们面临的逆向选择问题。

第二,贷款的出售可能会导致贷款质量的下降,这将从根本上摧毁市场信用。证券化在金融危机前的发展,以及证券化资产在金融危机期间的损失,使得诸多学者探索证券化在金融危机中的重要性,研究证券化引发的“发起—分销”模式产生的代理问题,如何降低了银行审查有风险的、不合格的借款人的激励。随着许多公司正从“发起—持有”转向“发起—分销”的经营模式,代理问题变得比以往更加明显,大量的文献分析了这个问题。① 研究认为,银行经营方式的变化从根本上改变了银行的激励机制。银行的“发起—分销”模式,意味着贷款的信贷风险被迅速转移向第三方。② 有证据表明,代理问题和“发起—分销”模式导致证券池贷

---

① See F. S. Mishkin, 2008, *Leveraged Losses: Lessons from the Mortgage Meltdown*, At the US Monetary Policy Forum, 29 February 2008; Antje Berndt & Anurag Gupta, 2009, *Moral Hazard and Adverse Selection in the Originate - to - distribute Model of Bank Credit*, Journal of Monetary Economics, Elsevier, Vol. 56 (5), p. 725 - 743, July; Steven Drucker & Manju Puri, 2009, *On Loan Sales, Loan Contracting, and Lending Relationships*, Review of Financial Studies, Society for Financial Studies, Vol. 22(7), pages 2635 - 2672, July; Benjamin J. Keys et al., 2010, *Did Securitization Lead to Lax Screening? Evidence from Subprime Loans*, The Quarterly Journal of Economics, Oxford University Press, Vol. 125(1), pages 307 - 362.

② See Sudheer Chava, Dmitry Livdan & Amiyatosh Purnanandam, 2009, *Do Shareholder Rights Affect the Cost of Bank Loans?*, Review of Financial Studies, Society for Financial Studies, Vol. 22(8), p. 2973 - 3004, August.

款质量逐渐恶化,并导致危机的爆发。[①] 米什金(2008)[②]认为:遗憾的是,“发起—分销”模式产生了一些严重的激励问题,这被称为委托代理问题,或者更简单的代理问题,在这一模式下(贷款的发起人)没有足够的激励为本人(贷款的最终持有人)的利益行动。发起人有足够的动力维持发放数量,由此能够赚取可观的费用,但他们在保持贷款质量方面激励很弱。美国所有主要的银行监管机构和央行行长似乎赞同这个观点,尽管他们的观点有一定的差异和细微差别。总统金融市场工作组(President's Working Group on Financial Markets)(2008年3月)的结论是,金融市场动荡是由美国次贷发行标准急剧恶化引发的,开始于2004年年底,并延伸到2007年年初。[③]

一般情况下,按揭贷款的质量是由贷款人获取的有关借款人的硬和软信息决定的。[④] 硬信息很容易验证,如借款人的FICO信用评分;相反软信息验证的成本高昂。软信息主要是指那些不易证实和验证的信息,例如,借款人未来的就业前景或其他即将到来的支出,这些并未在当前的信用报告中反映出来。它还包括借款人的收入或资产信息,对于投资者来说,审核成本高昂。借款人有不同的类别,软硬信息在筛选贷款申请者方面发挥重要的作用,软信息收集和评估费用非常高。银行在对贷款人监管过程中也能够获得相应的信息,并有助于判断公司将来的经营情况,这些信息都成为银行的私人信息,包括对最高管理者的性格的评估,在公司内部真实的权力分配等。贷款的人员往往通过与最高管理层的交往获得这些信息。

在没有证券化与贷款出售的情况下,贷款人内化获得两种信息的成本和收益,并完全地投资于这两方面信息的产出。随着证券化的进行,硬信息会报告给投资者,而软信息难以核实和传递给投资者。投资者仅依赖硬信息来判断贷款的质量。这迅速降低了贷款人产出软信息的激励。因此,当证券化热潮兴起时,所有借款人都具有类似的硬信息特征,随着时间的推移,接受贷款的一方在软信息

---

① See Richard J. Rosen, 2010, *The Impact of the Originate - to - distribute Model on Banks Before and During the Financial Crisis*, Working Paper Series WP - 2010 - 20, Federal Reserve Bank of Chicago.

② See F. S. Mishkin, 2008, *Leveraged Losses: Lessons from the Mortgage Meltdown*, At the US Monetary Policy Forum, 29 February 2008.

③ See Ben Bernanke(2008), *The Report of the President's Working Group on Financial Markets*, at the World Affairs Council of Greater Richmond's Virginia Global Ambassador Award Luncheon, Richmond, Virginia(April 10, 2008), https://www.federalreserve.gov/newsevents/speech/bernanke20080410a.htm.

④ Stein, Jeremy C., *Information Production and Capital Allocation: Decentralized versus Hierarchical Firms*, Journal of Finance, 2022, 57(5): 1891 - 1921.

方面变得非常欠缺。也就是说,证券化改变了贷款人的激励及其行为。其结果是硬信息的变量(如 FICO 评分)和贷款的质量(如违约的可能性)之间的关系产生了变化。

随着资产证券化的开展以及贷款的出售,贷款发起人和贷款违约风险的承担者之间的距离拉大了。由于第三方无法核实借款人的软信息,距离的增加可能导致银行选择不去收集借款人的软信息。虽然银行能够从收集的有关借款人的硬信息中获得补偿,但从根本上来说,贷款人是否审核软信息取决于他们是否要承担他们所发放贷款的风险。银行只有在下列情况下才会发生相关的成本,转而获取软信息:借款人提供的硬信息产生的信号不准确,或者银行有非常大的可能性将贷款保留在资产负债表上。

在监管规则的确定方面,是否应当限制银行贷款的销售?贷款销售的二级市场是银行管理风险的重要方式,完全限制恐怕并不现实,但至少应当要求银行保留一定比例的资产负债表上的贷款,这在一定程度上将抑制道德风险和逆向选择问题。此外,对在二级市场上买卖的银行贷款,以及有关交易的市场参与者必须有额外的披露要求。可以肯定的是,银行"发起—分销"的信贷模式需要进行修正,交易必须更加透明。

三、我国证券化市场:初创与纠结

(一)我国资产证券化的起步

通过上文的分析可以发现,资产证券化在发达金融市场中发挥了多重作用:扩大信贷资产的流动性、以此为基础创造更多的金融产品、丰富投资选择。证券化市场的发展需要多元主体分工合作,同时也与一国金融市场结构有着密切的关联。证券化市场的发达同样也吸引了中国金融业者的目光。商业银行经营过程中形成了大量的资产,绝大多数资产只能持有到期。在资本充足率的约束下,这导致了大量的资本消耗。而补充资本金的渠道却非常有限。因此信贷资产证券化在盘活存量资产、释放资本金约束方面对银行具有巨大的吸引力。

2005 年 12 月,我国启动了第一批资产证券化试点,建行在银行间市场发行了第一期个人住房抵押贷款支持证券,同时国家开发银行也发行了第一期资产支持证券。截至 2008 年 12 月底,共批准 16 单累计 667.85 亿元资产支持证券。但 2008 年金融危机爆发,证券化作为金融市场最重要的创新,其业务模式和潜在的风险饱受批判。这也打断了我国资产证券化的进程。2013 年 8 月国务院批准信贷资产证券化继续扩大试点。共6家金融机构发行了6单共计228.5亿元的信贷资产证券化产品。①

2012年5月，中国人民银行、财政部和原中国银行业监督管理委员会（以下简称原银监会）联合下发《关于进一步扩大信贷资产证券化试点有关事项的通知》。此次试点的额度共计人民币500亿元。该通知要求：第一，在证券化资产方面，主要针对政府在"十二五"规划中列为优先项目的相关资产，包括重大基础设施项目贷款、涉农贷款、中小企业贷款，以及地方政府融资平台公司贷款。同时证券化资产的受托人要定期公开披露基础资产池的表现，这将提高银行信贷审核及银行资产组合中类似资产质量的透明度。第二，在风险控制方面，要求发行人必须保留至少5%的最低档次资产支持证券，持有期限不得低于最低档次证券的存续期限。这有利于强化发起机构的贷款管理责任。另外，发行人在申请发行资产支持证券时，需要获得两家国内评级机构的持续评级，这将为这些资产支持证券提供第三方监督。由于试点期间事项双重审批，即央行审批额度、原银监会审批资产证券化方案与业务，这使得资产证券化范围非常有限。②

2012年8月，中国银行间市场交易商协会颁布《银行间债券市场非金融企业资产支持票据指引》，资产支持票据（asset - backed note, ABN）面世；2013年3月，证监会发布《证券公司资产证券化业务管理规定》，企业资产证券化重启。由此我国证券化市场形成了证监会主管的企业资产证券化，银保监会主管的信贷资产证券化，交易商协会主管的资产支持票据。

2013年12月，中国人民银行、原银监会联合发布《进一步规范信贷资产证券化发起机构的风险自留行为的公告》（〔2013〕21号），允许采用更灵活的方式进行风险自留。公告要求最低要求为各档资产支持证券均留存5%，同时规定，"持有最低档次资产支持证券的比例不得低于该档次资产支持证券发行规模的5%；发起机构如果持有优先档，则持有各档次的比例必须相同"。这意味着发起机构可

---

① 参见阎立良：《央行：大盘优质信贷资产证券化产品可跨市场发行》，载《证券日报》2013年8月30日，A2版。

② 《关于进一步扩大信贷资产证券化试点有关事项的通知》第2条关于机构准入规定，扩大试点阶段，金融机构信贷资产证券化业务准入条件及审批程序继续按照《信贷资产证券化试点管理办法》（中国人民银行　中国银行业监督管理委员会公告〔2005〕第7号公布）和《金融机构信贷资产证券化试点监督管理办法》（中国银行业监督管理委员会令2005年第3号发布）有关规定执行。

以选择垂直留存、水平留存、L 型留存[①]等多种方式满足监管要求。

2014 年原银监会发布《关于信贷资产证券化备案登记工作流程的通知》。本着简政放权原则,信贷资产证券化业务由审批制改为业务备案制;2015 年中国人民银行发布《关于信贷资产支持证券发行管理有关事宜的公告》,实行信贷资产证券化注册制;为促进信贷资产证券化业务规范化、常态化,中国银行间市场交易商协会制定了《个人消费贷款资产支持证券信息披露指引(试行)》。放松管制使得信贷资产证券化出现"井喷式"的发展。从中国债券信息网发布的《2021 年资产证券化发展报告》[②]可以看出,2014 年后我国资产证券化规模从 3000 亿元起步,至 2021 年我国共发行资产证券化产品 30,999.32 亿元,年末市场存量为 59,280.95 亿元,如图 4-1 所示。

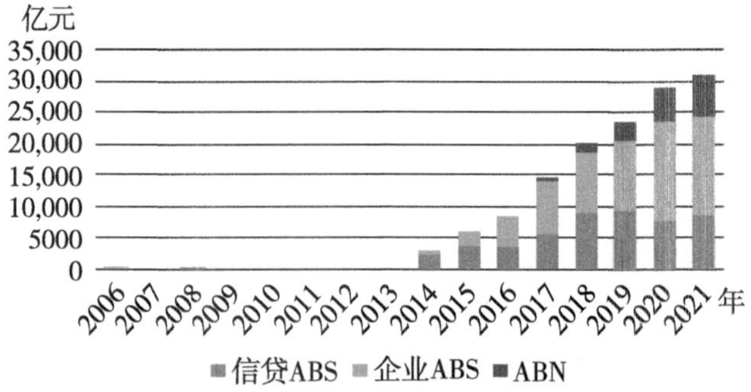

图 4-1 2006~2021 年资产证券化产品发行量

(二)资产证券化的监管

目前我国的资产证券化形成了分割的系统:中国人民银行、原银监会监管下的信贷资产证券化;中国证监会监管下的企业资产证券化;银行间交易商协会所负责的银行间债券市场非金融企业资产支持票据(ABN)[③];原保监会监管下的保

---

① L 型留存是垂直留存和水平留存的组合,即发起机构除了以垂直方式按某一比例自留每一档资产支持证券之外,还必须保留高于该比例的最低档次证券。

② 参见中债研发中心:《2021 年资产证券化发展报告》,载中国债券信息网 2022 年 2 月 14 日,https://www.chinabond.com.cn/resource/1472/1488/1505/18472/41498/63390/159663521/16448013412101058924150.pdf? n=2021%E5%B9%B4%E8%B5%84%E4%BA%A7%E8%AF%81%E5%88%B8%E5%8C%96%E5%8F%91%E5%B1%95%E6%8A%A5%E5%91%8A.pdf。

③ 参见 2016 年中国银行间市场交易商协会《关于发布〈非金融企业资产支持票据指引(修订稿)〉及〈非金融企业资产支持票据公开发行注册文件表格体系〉的公告》。

险资产支持计划①。各类资产证券化品种的主要特点如表 4－1 所示。

表 4－1 各类资产证券化品种的主要特点

项目	信贷 ABS	企业 ABS	资产支持票据 ABN	保险资产支持计划
监管机构	央行、银监会	证监会、交易所	银行间交易商协会	银保监会
发起人	商业银行	企业	非金融企业	
基础资产	银行信贷资产	企业债权、收益权类资产	企业、政府及公用事业债权、收益权资产	负面清单制；与企业 ABS 类似
SPV	特殊目的信托	证券公司专项管理计划	信托或交易商协会认可的其他特定目的机构	保险资产管理公司
发行方式	公募、私募	私募	公募、私募	私募
审核方式	备案制	备案制	注册制	初次申报核准同类产品事后报告
交易场所	银行间债券市场	证券交易所	银行间债券市场	保险资产登记交易平台
信用评级	双评级	初始＋跟踪评级	公募情况下需双评级	初始＋跟踪评级
登记托管机构	中央国债登记结算有限责任公司（中债登）	中央国债登记结算有限责任公司（中证登）	银行间市场清算所股份有限公司（上清所）	保险资产登记交易平台
投资主体	银行间市场投资者	合格投资者，人数不超过 200 人	银行间市场投资者	向保险机构＋合格投资者发行

从表 4－1 可以看出，与理财产品发展初期类似，我国证券化市场仍处于各个金融主管部门分别管理，各自为政的局面。由此产生的问题也是显而易见的：

首先，监管规则不统一，可能出现监管套利与不公平竞争的问题。与资管类产品类似，不同部门的证券化产品实质上有诸多的共通之处，不同的监管要求也造成了各机构成本差异，不利于市场竞争。

其次，从最终产品看，各类证券化产品都经过评级后形成了风险等级类似的投资产品，面向的投资人也基本都是合格投资者。市场分割不利于不同产品之间的竞争。

① 参见 2015 年原保监会《关于印发〈资产支持计划业务管理暂行办法〉的通知》。

最后,从基础法律关系分析,原银监会主导的信贷资产证券化充分运用了SPV信托公司,其基础法律关系建构在信托法律关系之上(保险资产支持计划也是信托架构)。而证监会主导的企业资产证券化系统,由于缺少信托公司作为SPV实现破产隔离,基础关系建立在民法委托代理法律制度上。学者的研究指出,民法中的委托代理合同用来构建资产证券化中的SPV,具有脆弱性,功能上不能取代信托。这导致证监会培育和监管下的企业资产证券化法律结构是脆弱的,蕴藏法律风险。①

如同本章所述,证券化需要链条中的多个机构协作共同发挥作用。原来分属于不同监管领域中的机构,如银行、投行、信托、保险、基金、评级机构等分工协作,在证券化活动中联结为一体。打破原有的分立格局,建立统一的证券化规则已势在必行。

第四节　证券化监管——以多德-弗兰克法案为例

金融市场的动荡表明,“发起—分销”模式存在巨大的风险。特别是由于贷款出售,贷款人不再承担信用风险,正常筛选和监督借款人的激励降低。

传统贷款业务中,银行整合了整个贷款流程,持有贷款并提供相应的服务。但与之相对应的是,在证券化活动中涉及多个不同的代理人,提供不同的服务并收取费用,但这些服务与资产池中贷款的表现无关。证券化过程中的一个潜在问题是,贷款发起人保留的证券化贷款的相关利益太少,进而对于其发行并证券化的抵押贷款缺乏筛选并监督的激励,造成了贷款标准和贷款质量的降低。事实上,证券化批评者认为,2007年开始的房地产和抵押贷款市场的崩溃,微观方面一个很重要的原因就在于证券化所带来的“发起—分销”模式的发展导致了贷款发起人筛选标准的下降。一些贷款发起人在贷款证券化过程中,将所有的信用风险都转移出去,这导致ABS事件中投资者缺乏信心。Gorton(1995)指出②,银行销售贷款必须通过保留部分贷款风险使贷款的购买者确信其对贷款质量的承诺,才能使得资产证券化的激励相容。2008年美国财政部关于监管改革的报告指出,证券

---

① 参见沈朝晖:《企业资产证券化法律结构的脆弱性》,载《清华法学》2017年第6期。

② See Gary B. Gorton & George G. Pennacchi, 1995, *Banks and Loan Sales Marketing Nonmarketable Assets*, Journal of Monetary Economics, Elsevier, Vol. 35(3), p. 389-411, June.

化的贷款缺乏透明度和标准化，导致贷款发行标准的降低。该报告还继续指出，任何证券化活动中，发行人均须维持5%的份额。

2010年美国制定了多德－弗兰克法案，部分地解决了证券化过程中的错位激励问题。该法案试图解决发起人或发行人的代理问题，使他们有激励收集和使用贷款人的信息。该法案并没有解决证券化贷款的事后再谈判引发的潜在的低效率，并导致贷款服务中的扭曲问题。

该法案试图从五个方面解决证券化过程中的激励冲突。第一，该法案要求发行人对于证券化资产池中的贷款保留相当的信用风险敞口［“共担风险”（skin in the game）］，使其有激励发行并将更优质的抵押贷款证券化，从而使其与RMBS的投资者的利益保持一致。特别是，多德－弗兰克法案要求发行人保留通过证券化转移的资产中不少于5%的信贷风险。当然，那些QRMs资产支持证券可以豁免。该法案禁止发起人直接或间接对冲或通过其他方式转移这些应当保留的资产的信贷风险（第941条）。第二，该法案要求发起人持续性地（on an ongoing basis）向投资者披露标准化信息，包括有各类RMBS的基础贷款特征，以及贷款发行人或抵押贷款经纪人的身份、报酬和风险留存（risk retention）的相关信息（第942条）。第三，该法案要求发起人向投资者披露对评级机构的代理、担保和执行机制，以及发行人总计实现和未实现的回购请求，使投资者可以确认有明显的资产发行人（第943条）。第四，该法案要求发行人对发行的产品根据证券法进行登记，对这些证券的相关资产进行审查，并就这些审查进行披露（第945条）。第五，该法案禁止RMBS发起人和承销人在RMBS销售第一次结束之日起一年内从事任何涉及或导致与RMBS投资者有实质性利益冲突的交易（第621条）。[①]

在本节中，我们将讨论对RMBS风险留存监管的经济合理性问题，以及现有的经验和理论研究对“共担风险”的监管的研究。笔者认为，诸多的实证证据证明，“共担风险”能够有效地激励发起人在其贷款项目中收集使用所谓的软信息。当然，实证结果也表明，投资者也同样意识到证券化对发行人发放贷款的影响，由此，RMBS的定价和结构也统一反映了发行人在收集软信息方面的差异。笔者认为，风险留存具有多重效果，通过简单的风险留存措施，如由发起人保留的权益层或剩余层的大小，不一定能够准确地衡量发起人或发行人“共担风险”的程度。此

① See Final rules implementing Section 943 and 945 were adopted in January 2011. For details on implementation on these and other rules related to asset－backed securities, see http://www.sec.gov/spotlight/dodd－frank/assetbackedsecurities.shtml.

外,证券化过程中的各种参与者的激励机制所需的风险留存额,在 RMBS 市场各部分中会有所不同,特别是信息摩擦、声誉问题,以及基础抵押品的性质都会影响这一比例的确定。

负责制定多德 - 弗兰克法案要求的风险留存规则的联邦监管机构提出了几套可行的方案(虽然最终颁布的规则未采纳)。[①] 这些方案包括:(1)垂直的风险留存,据此,发起人应当按比例保留发行的每一层级的资产;(2)水平的风险留存(horizontal slice),即发起人保留发行实体中第一损失(first ioss)层的利益(如权益层),在其他类别权益遭受损失前率先承受抵押贷款损失;(3)保留代表性的样本,据此,发起人保留可证券化的抵押贷款部分具有代表性的样本,使发行人承受同证券化的抵押贷款相同的信用风险。我们将在后文讨论这些风险保留形式可能引发的问题。

一、证券化和非优质抵押贷款的增长

风险留存监管的支持者认为,证券化引发的“发起—分销”模式导致了次级抵押贷款和抵押贷款产品的增长,其价值主要取决于持续的房价升值。这成为贷款发放标准下降的重要标志,这些贷款最终大多被证券化了。[②] 例如,从 2001 年到 2006 年,次贷/ Alt - A 贷款[“Alt - A”贷款的全称是“Alternative A”贷款,指的是介于优质抵押贷款(prime loan)和次级抵押贷款(subprime loan)二者之间的贷款]从 2500 亿美元增至 1 万亿美元(包括抵押贷款融资),增加了 4 倍。同一时期,次级抵押贷款的证券化从 39.5% 上升到 81.4%,这表明,新增的 7500 亿美元中约 95% 的次贷最终被用于私人证券化(private securitization)。Mian 和 Sufi(2009)的研究也证实了证券化在次级贷款增长中的作用,他们发现,2002 年至

---

① 2011 年 3 月 29 日,根据多德 - 弗兰克法案要求,美国 SEC、联邦银行监管机构(包括美联储、联邦存款保险公司、OCC)、美国联邦住房金融局(Federal Housing Finance Agency,FHFA)以及住房和城市发展部联合制定了资产证券化风险留存细则——《信用风险留存草案》(Credit Risk Retention,Proposed rule)。该草案的征求意见截止日原定为 2011 年 6 月 10 日,后因业界存在较大争议以及立法的复杂性,该草案的征求意见截止日推迟至 2011 年 8 月 1 日。但截止日至今,尚无其他修订稿或正式稿出台。

② See for example, the Financial Stability Oversight Council's “Macroeconomic effects of risk retention requirements” (January 2011), http://www. treasury. gov/initiatives/wsr/Documents/Section% 20946% 20Risk%20Retention%20Study%20%20(FINAL). pdf.

2005 年,次级贷款中的高证券化活动与住房抵押贷款的供应量增加密切相关。①

越来越多的证券化活动与风险较高的抵押贷款产品的发放有关。例如,混合型浮动利率抵押贷款(ajustable rate mortgage,ARMs)(如 2/28 或 3/27ARMs,开始时以较低的利率"诱惑",两三年后利率会重置到一个更高的水平),或者负式分期偿还贷款使得提前还款罚金非常普遍。② 这些产品提高了低收入借款人的支付水平(通过增加杠杆比率,降低初期的每月付款),而且增加了贷款还款与房价升值之间的敏感度。根据 Rajan、Seru 和 Vig (2012)的研究,投资者越来越多地依赖于借款人的 FICO 评分及贷款价值比(loan - to - value ratio)的统计数据来预测贷款违约状况,从而减少了对贷款相关文件及其他与信用相关的信息的需求。③

证券化市场中各方的代理和逆向选择问题,将夹层 RMBS 置于 CDO 之中,金融危机前由于严重的流动性过剩对高收益、安全资产的需求巨大(例如,高收益的 RMBS 层级),发起人和发行人面临竞争的压力,金融机构也面临政治压力,即增加低收入社区的抵押贷款比例,提高住房拥有率(如 CRA)。这些都促进了非优质抵押贷款市场的扩张。当然,要确定每一个潜在因素的具体影响非常困难。在对多德 - 弗兰克法案中授权监管问题进行研究的过程中,以下的问题值得我们深入探讨:(1)证券化导致贷款发行人更少使用借款人的软信息,而这些贷款却被大量证券化。(2)投资者是否认识到了这些激励并在 RMBS 的定价中有所反映。(3)"风险共担"机制中不同的风险留存比例是否会影响经营绩效。

二、证券化的激励效应

关于第一个问题,理论上证券化降低了发起人收集与信贷相关的软信息的激励。所谓软信息,是指那些验证成本较高且难以从一个机构转移到其他机构的信息,如贷款发行人对借款人的性格品质的主观判断。与此相反,硬信息是指易于验证、总结并易于在代理机构之间传输的信息。FICO 评分或贷款价值比都是典

---

① See Atif Mian & Amir Sufi, 2009, *The Consequences of Mortgage Credit Expansion: Evidence from the U. S. Mortgage Default Crisis*, The Quarterly Journal of Economics, Oxford University Press, Vol. 124 (4), p. 1449 - 1496.

② 负式分期偿还贷款(negative - amortization loans)允许贷款人每月支付甚至低于正常利息的月供,差额部分自动计入贷款本金,又被称为选择性可调整利率贷款。贷款人在每月还款之后,会欠银行更多的钱。See B. J. Keys et al., 2013, *Mortgage Financing in the Housing Boom and Bust*, NBER Chapters, in Housing and the Financial Crisis National Bureau of Economic Research, Inc.

③ See Uday Rajan, Amit Seru & Vikrant Vig, 2015, *The Failure of Models that Predict Failure: Distance, Incentives, and Defaults*, Journal of Financial Economics, Elsevier, Vol. 115(2), p. 237 - 260.

型的硬信息。鉴于软信息难以核实和转移,其质量不能体现在发起人交易价格上,贷款的投资者也无法为其定价。其结果是,贷款人对于将会出售或证券化的贷款,没有激励收集其软信息。[①] 需要注意的是,证券化交易中收集软信息方面的激励与那些奉行"发起—持有"战略的大型贷款机构收集软信息的激励可能并不完全相同,因为通过个人信贷员收集的软信息不能传递到有组织的下层级机构。

与上述预测相同的是,研究发现,证券化与软信息生产的激励的降低(不勤勉筛查)息息相关。例如,Keys(2010)等人研究发现,在次级抵押贷款市场,发起人的筛选最为重要,特别是对低文件贷款(low documentation loans)。那些事前就确定可能被证券化的贷款比那些同样风险等级但出售可能性较低的贷款的违约率高10% ~25% 。[②] Rajan、Seru 和 Vig (2012) 分析了证券化是否导致了在贷款决定的过程中更多地依赖硬信息,并减少对软信息的依赖,以此研究证券化和筛查之间的关系。[③] 他们发现,随着证券化的发展,软信息的产出也逐渐减少。(1)贷款利率更多地取决于提供给投资者的硬信息(主要是借款人的 FICO 评分和贷款价值比)。(2)基于硬信息的利率分散性下降。(3)住房抵押贷款利率成为反映违约糟糕状况的指标。

由于抵押贷款的不同特点以及贷款的不同发行渠道,证券化的可能性也存在差异。其中不合格的贷款(那些通常不符合 GSE 购买条件的贷款,此类贷款通常作为私人证券化的抵押品),如次级贷款和 Alt - A 贷款,比优质贷款更可能被证券化。例如,美国最权威的次贷信息机构之一"抵押金融内情"(Inside Mortgage Finance)的数据显示,2007 年,93% 的次级/ Alt - A 贷款被证券化,相较之下,大型优质贷款的比例只有 51% 。此外,还有一些证据表明,通过抵押贷款经纪人、负

---

① See Jeremy C. Stein 2002,*Information Production and Capital Allocation: Decentralized Versus Hierarchical Firms*,Journal of Finance LVII (5): 1891 - 1921.

② See Wei Jiang,Ashlyn Aiko Nelson & Edward J. Vytlacil, *Securitization and Loan Performance: A Contrast of Ex Ante and Ex Post Relations in the Mortgage Market*(September 31, 2010), Indiana University-Bloomington School of Public & Environmental Affairs Research Paper No. 2011 - 03 - 05, AFA 2012 Chicago Meetings Paper, Columbia Business School Research Paper No. 12 - 1, https://ssrn. com/abstract = 1787119.

③ See Uday Rajan,Amit Seru & Vikrant Vig,2015,*The Failure of Models that Predict Failure: Distance, Incentives, and Defaults*,Journal of Financial Economics, Elsevier,Vol. 115(2), p. 237 -260.

式分期偿还及可调整利率贷款等形式发放的贷款更有可能被证券化。[①]

为什么风险较高的贷款更容易被证券化，而不是保留在其资产组合中？一种解释是，相对于贷款发行人而言，RMBS 的投资者具有更多样化的机会，能够更好地承担次级/Alt－A 抵押贷款中较高的信用风险。另一种解释是，投资者并不知道或并不理解证券化贷款的质量，因此发行人和发起人有更多的激励将有风险的、定价错误的贷款投入资产池。但事实上，RMBS 的主要投资者是大型机构，并且发行文件当中也披露了住房抵押贷款的详细信息（至少自 2005 年以来），包括相关贷款抵押品的特性，以及主发行人的身份和贷款的发行渠道。2005 年，美国 SEC 颁布条例 AB（Regulation AB），规定资产支持证券中的信息披露和报告要求。[②] 其第 1110 条（a）项规定，发起人披露其发起的不低于 10% 的证券资产。而且，这种贷款销售的解释在学术上也存在不小的分歧，理性的投资者会预见到投机行为的存在并相应地在贷款定价中有所反应。[③] 这种价格低估会反馈给发行人，促使发起人或发行人在证券化过程中尽量减少这些折扣，并关注证券化贷款中的那些重要的软信息。

对于风险较高的贷款被证券化还有一种解释是，投资者了解证券化的激励机制，但鉴于对未来房价的预期，低估了较为宽松的审贷标准对将来贷款质量的影响。如 Gorton（2009）认为，次贷/ Alt－A 贷款的重要特点是借款人及投资者能够从短期内房价的升值中获益。由于那些低（无）文件借款人收入和资产状况不佳，混合型浮动利率抵押贷款的初始利率低，负式分期偿还贷款以及高贷款价值比率使得次级和 Alt－A 住房抵押贷款偿还比那些固定利率贷款更依赖于抵押品的价值。房价升值对次级/Alt－A 贷款的质量非常重要，RMBS 投资者可能认为，软信息的缺失对这些贷款的影响会比较小，从而导致这些贷款的证券化率比那些

---

① See for example, Wei Jiang, Ashlyn Aiko Nelson & Edward J. Vytlacil, *Securitization and Loan Performance: A Contrast of Ex Ante and Ex Post Relations in the Mortgage Market*（September 31, 2010）, Indiana University－Bloomington School of Public & Environmental Affairs Research Paper No. 2011－03－05, AFA 2012 Chicago Meetings Paper, Columbia Business School Research Paper No. 12－1, https://ssrn.com/abstract=1787119.

② 2004 年美国 SEC 颁布披露豁免制度（SEC Disclosure Exemption Regime），即著名的条例 AB。See Asset－Backed Securities Act and Exchange act Release No. 33－8518, Release No. 34－50905, 84 SEC Docket 1624, 2004 Wl 2964659（Decemenber 22, 2004）.

③ See Jensen and Meckling（1976）, Gorton and Pennacchi（1995）, DeMarzo（2005）, Downing, Jaffee and Wallace（2009）, Parlour and Plantin（2008）.

优质贷款更高。①

三、证券化对投资者的影响

投资者是否认识到证券化的激励效应对于理解是否需要监管以及监管措施的确定具有重要意义。虽然有人认为即使 RMBS 投资者充分了解和理性行事,监管仍不可或缺。证券化会导致较高的社会成本,如高风险的住房抵押贷款泛滥。如果证据表明,RMBS 投资者没有认识到证券化的代理成本,建立更广泛的监管就非常必要。

实证证据表明投资者仔细甄别他们购买的贷款,购买决定中也包含了相关的新的信息。例如,与 Keys(2010)的研究相近,Jiang、Nelson 和 Vytlacil (2013)等人研究发现,从那些可观测的风险因素出发,那些事前可能会被出售的贷款有更高的违约率。这一发现与不严格的证券化贷款的筛选行为相一致。然而,他们也发现一旦贷款发行后,逆向选择机制也对发行人产生作用。他们发现,投资者会充分地利用贷款发起到贷款出售(通常只有一两个月)之间的相关信息,包括个人贷款表现方面的信息,近期贷款产品的表现信息,其他如贷款所在区域房屋价格等相关的信息,进而选择购买那些质量相对较高的贷款。②

要寻求直接证据,发现发起人或发行人风险留存的数量与住房抵押贷款证券的表现之间的关系非常困难。因为风险留存的方式非常多,如尽管会计准则及银行资本监管要求证券化的贷款应当以无追索权的方式出售,发行人仍然可以通过陈述与保证条款保留信用风险、仓储风险(发起的贷款因市场混乱等原因无法出售),还可以通过保留他们参与的证券的剩余层或权益层来进行留存。

精确衡量权益层的数量进而确定发起人保留的潜在的信用风险仍然很难,因为 RMBS 交易被结构化,而且这种结构化的方式差异极大。一般来说住房抵押贷款证券有两种结构:在大部分 Alt-A 贷款和优质贷款中使用六组结构,在某些 Alt-A 贷款和大多数的次贷交易中使用超额抵押/超额利差(over collateraliza-

---

① See Gary B. Gorton, *The Subprime Panic*(September 30, 2008), Yale ICF Working Paper No. 08-25, https://ssrn.com/abstract=1276047.

② See Wei Jiang, Ashlyn Aiko Nelson & Edward J. Vytlacil, *Securitization and Loan Performance: A Contrast of Ex Ante and Ex Post Relations in the Mortgage Market*(September 31, 2010), Indiana University-Bloomington School of Public & Environmental Affairs Research Paper No. 2011-03-05, AFA 2012 Chicago Meetings Paper, Columbia Business School Research Paper No. 12-1, https://ssrn.com/abstract=1787119.

tion/excess spread，OC/XS）结构。在六组结构中，剩余利益是其发行中最优厚的部分。在交易的最初几年，有连续的偿还，这意味着高级债券将被首先支付。在OC / XS结构中，剩余层处于发行中最不利的位置。超额利差的净亏损（基础抵押贷款的合同利率与发行批次的票面利率之间的差额）被计入超额抵押账户，直到超额抵押目标实现。当达到目标（这主要基于抵押品的表现）后，超额利差才会支付给剩余层的持有人。因此，风险留存的数额与RMBS结构、现金流量的时间、交易对象的特定表现、连续的支付规则，以及超额抵押目标等都有关系。通过持有特定批次留存风险也因抵押贷款保险覆盖的个别贷款的范围差异而有所不同。

更复杂的事情是，即使能够准确测度最优厚的权益层，这也不宜作为确定发起人风险留存程度的指标。在危机爆发之前，随着他们的RMBS交易，发起人通常同时发起净利息收益率（net interest margin，NIM）交易，从而转移他们保留的剩余收益。许多发起人和发行人的财务报表都显示，他们持有其发行的RMBS的大量头寸，而我们都知道，对特定层级的持有情况通常无法获知。在以往的证券化活动中，精确测度发起人或发行人的风险留存存在巨大的困难。这表明，对发行人的披露要求和对剩余利益出售或对冲的限制，可能有助于提高投资者评估确定证券化过程中的参与者"风险自担"的数量。

尽管测度权益层存在不小的困难，但最近的两项研究发现，投资者在RMBS投资时认知并考虑了代理问题。① 我们认为，加入RMBS的交易以及作为证券化贷款的服务商有助于加强贷款发行人的甄别激励，从而产生质量较好的贷款，这可能通过那些可观察或其他不可观察的特征体现出来。例如，由于发行人往往持有该证券的权益层，当贷款发起人同时也是证券发行人时，贷款发行实体会产生较大的亏损风险（由于风险共担），相较之下，当RMBS发行人与抵押贷款发起人无关时，这种风险相对较小。同样，贷款发起人在担任贷款服务商时，由于风险共担机制，抵押贷款服务权的价值在贷款期间也会增加。同时，如果加入证券的交易当中，则贷款发起人更倾向于内化仓储风险和低质量贷款产生的声誉损失。总体而言，与"风险共担"的重要性相一致，我们发现，在贷款发起人担任发行人或证券服务商的时候，事后违约率显著降低。当贷款发起人与发行人或服务商有关时，住房抵押贷款证券的初始收益较低，以证券化池中的贷款为基础发行的AAA

---

① C. Demiroglu & C. James，2012，*How Important is Having "Skin in the Game"?*，Originator - sponsor Affiliation and Losses on Mortgage - backed Securities，Review of Financial Studies 25：3217 - 3258.

级证券的比例较高。此外,“风险共担”主要对低文件贷款的交易产生影响,特别是对于贷款发行人软信息的生产影响最大。①

我们观察到贷款表现上的差异似乎源于收集软信息的激励的降低,而不是由于发起人收集信息,并选择质量更好的贷款投入交易中。之所以认为没有“挑肥拣瘦”,在于我们发现那些发放贷款并发行自己的 RMBS 的机构与那些发放贷款但不发行 RMBS 的机构相比,他们之间贷款的平均表现没有差异。

尽管测度权益层的规模存在不小的困难,但 Begley 和 Purnanandam(2013)研究发现,权益层的大小与贷款的事后表现(建立在基础贷款资产的风险之上)呈正相关的关系,与 RMBS 初始收益率(依 RMBS 评级而定)呈负相关关系,特别是在低文件贷款交易中(投资者和发起人之间的信息问题最严重)。②

总体来说,有证据表明,“风险共担”的机制能够影响贷款发行人收集信息的激励,而投资者也能发现这种激励效应,并在价格中反映出来。但显然,投资者事前是否正确地为激励效应定价很难确定。

四、监管的政策含义

如果说监管风险留存的首要目的是提供激励机制,促进贷款人对软信息的收集和使用,那么首要的关注点在于要求贷款发起人保留部分贷款,建立“风险共担”机制。然而,多德-弗兰克法案并不要求抵押贷款发起人保留任何证券化的贷款风险敞口(尽管它要求发行人分配至少一部分信用风险保留给他们)。做出这种规定有些出人预料,因为现有的研究发现,贷款发起人筛选激励对于贷款的绩效有显著影响。不要求发起人持有他们出售的担保池中的贷款,原因之一是可能涉及大量发起人“搭便车”的问题,这会削弱风险留存的激励机制。需要注意的是,“搭便车”的问题应当只涉及发起人风险留存的比例,而不应当成为拒绝这一机制的理由。

现有的研究表明,尽管“风险共担”机制有其重要意义,但基础抵押品的性质不同,其发挥作用的情况也有所差异。一个共识是,“风险共担”在大多数低文件

① See C. Demiroglu & C. James, 2012, *How Important is Having "Skin in the Game"?, Originator-sponsor Affiliation and Losses on Mortgage-backed Securities*, Review of Financial Studies 25: 3217-3258.

② See Taylor A. Begley & Amiyatosh Purnanandam, 2017, *Design of Financial Securities: Empirical Evidence from Private-label RMBS Deals*, Review of Financial Studies, Society for Financial Studies, Vol. 30(1), p. 120-161.

贷款中效应明显。多德－弗兰克法案也认识到，至少在某种程度上，该风险留存的重要性因抵押品的类型而异。然而，拟议的风险保留规则粒度（granularity）却非常有限。具体来说，该法案规定，只有在那些完全由 QRMs 作为抵押品的情况下，才会免除 RMBS 风险留存要求。该法案要求监管机构明确界定 QRMs 的标准，虽然有关 QRMs 的最终规则尚未发布，但该定义不能比金融消费者保护局（CFPB）对合格的抵押贷款（qualified mortgage，QM）的界定更宽泛（它根据支付能力规则确定）。① 根据这些规则，低文件贷款、只付息贷款（interest－only loans）、负式分期偿还贷款，以及债务与收入比（debt to income ratio）超过 43% 的贷款都不属于 QRMs。法律规定缺乏粒度，这意味着即使他们都有非常相似的抵押品类别（如只有少量的非 QRMs 与 QRMs 构成的抵押品池），在 RMBS 风险留存中也可能会存在巨大差异，资产池由性质截然不同的抵押品构成但在风险留存的要求上却没有体现出差异。这种"一刀切"的做法很可能导致抵押贷款市场显著扭曲。

除上述方面之外，还有一个问题必须考虑：监管机构对 QRM 的界定可能会过于保守。例如，根据房地产数据分析公司核心逻辑（core logic）的数据，尽管 2010 年以来金融机构显著收紧了按揭贷款标准，但当年发放的 220 万份抵押贷款中约 60% 都不符合 2011 年提出的 QRM 的要求。这意味着，如果该规则按照草案确定的标准实施，会影响大量人群，并显著增加抵押贷款融资的费用。短期来看实施该规则影响可能有限。但据穆迪的预测，约 90% 的住房抵押贷款由 FHA、房利美和房地美等实体发放，而他们能够豁免风险保留规则。当然，这些豁免的机构可能会产生一个意外后果，即通过将高风险的抵押贷款证券化，将其从私人市场转入机构市场，从而很大意义上使得监管规则无效。②

要使规则有更多的粒度，同时保持透明度和简洁性，一个方法是针对 5% 的风险留存规定，考虑对于混合 QRM 建立例外标准。例如，要求根据资产池中非 QRMs 的比例扩大风险留存的要求或根据平均的资产池特点建立基本的风险留存比例要求。

显然，简单地要求 0 或 5% 的风险保留比例过于简单化。2006 年，次级和 Alt－A抵押贷款证券权益层（不包括超额利差）的平均规模为 1.9% 和 0.8%，都

---

① For information on QM standards, see http://www.consumerfinance.gov/regulations/ability－to－repay－and－qualified－mortgage－standards－under－the－truth－in－lending－act－regulation－z/.

② See Mark Zandi and cristian deritis (June 20, 2011) Reworking Risk Retention, Moody' analytic. See http://www.economy.com/mark－zandi/documents/Reworking－Risk－Retention－062011.pdf.

远低于多德－弗兰克法案的要求。该法案也不允许以其他形式的风险留存调整或降低5%的留存要求。例如,对非QRM资产池适用5%的规定,而没有考虑证券化时贷款的历史状况和偿还情况,贷款发行人风险留存的比例就被固定下来。

多德－弗兰克法案要求证券发行人保留信用风险,而监管机构颁布的规则确定保留的风险证券化产品面值的百分比,由于证券化中包含超额利差作为第一损失层,这可能会导致保留超过5%的信贷风险。与超额利差账户计算5%的风险留存要求相关的是水平风险留存问题。证券化中的超额利差是指抵押品池贷款的加权平均利率(扣除服务费),与发行的证券的加权平均票面利率之间的差额。根据拟议的规则,留存的剩余利益必须达到初始发行总额的5%。因此,超额利差账户的现值将不计入风险留存的要求。无视超额利差账户的价值显然不利于发行人安排超额利差账户交易(或不利于水平风险留存)。超额利差按照公允价值计量或允许发行人出售部分剩余权益作为超额利差账户的增值或许有助于解决这一问题。

水平或垂直风险自留哪个更优?对此Hartman－Glaser、Piskorski和Tchistyi(2011)进行了理论研究,他们认为,剩余层现金流的时机具有重要的激励作用。他们建立了一个抵押贷款支持证券合同的动态最优模型,其中具有有限责任的抵押贷款发行人能够从事高成本的借款人筛选工作,并将贷款出售给投资者。他们发现,打包抵押贷款比个人贷款销售更有效率,前者由于信息的增强效果能使投资者更迅速地了解贷款发行人的努力。关于风险自留的最佳形式,他们发现相比之下向贷款发起人支付的时间,而不是其保留的资产类型是其中的关键。特别是在一段时间没有违约,能持续支付情况下,投资者能够提供发行低风险抵押贷款的激励。他们还表明,要求发行人保留"首先损失部分"可以更接近于最优的合同,当然在实践中落实面临一定困难。在最优合同的期限方面,他们认为由于拖延支付给发起人(或要求发起人持有"首先损失部分"较长时间)会增加成本,发起人筛查和贷款状况之间的关系会随着时间的推移不断减弱,最优合约到期时间应当比基础抵押贷款的到期日短。他们估计,发起人风险自留的最佳期限为2.25年。①

垂直风险自留的一个优点是通过要求发行人持有发行证券每个层级一定比例的风险暴露,能够有效地使发行人和投资者的利益保持一致。但可能出现的问

① See B. Hartman－Glaser, T. Piskorski & A. Tchistyi,2011,*Optimal Securitization with Moral Hazard*,Journal of Financial Economics 104:186－202.

题是,当发行人持有“首先损失部分”时,发行人有关的服务机构可能会采取措施,最大限度地扩大“首先损失部分”的价值,并损害其他层级证券持有人的利益。[①]如果监管机构实施将证券化抵押贷款服务标准化的规范,应当对此问题有所关注。

此外,还有一种风险留存方式是代表性样本留存,这同样也产生了一些担忧。首先,它有利于规模较大的贷款发行人,其资产负债表能够容纳更多的贷款。其次,很难保证证券化的贷款和留存的贷款有相同的风险水平,特别是发行人不会使用专有的风险模型来转让风险层次较高的贷款。

最终规则尚未确定发行人应当保留风险敞口的期限。如果监管的目标在于进一步鼓励发起人收集软信息,同时尽量减少抵押贷款市场的扭曲,那么相对较短的持有期可能是最优的选择。原因在于,贷款中任何严重的问题可能都在一年或两年内表现出来。此外,违约率通常随着时间推移逐步拉平(危险率随时间而下降),因为按揭贷款借款人权益随着贷款偿还和住房价格上涨(在正常情况下)而上升。由此,在发起过程中收集软信息的现实意义会随时间而减弱。显然,该软信息的重要性的下降速率因基础抵押贷款的特点和住房市场状况而有所不同。因此,确定一个静态的风险自留期间不可能是最优的。

五、对我国的启示

对非优质抵押贷款的表现,实证研究清楚地表明,“风险共担”机制能够影响发起人在他们作出贷款决定时收集和使用软信息的激励。然而,经验证据也表明,市场参与者都知道“风险共担”的激励效应并相应地在 RMBS 的定价中得到体现。因此从经济激励角度看,要求监管留存的论点,是建立在市场对降低的筛选行为错误定价基础上的,或者是由于行为偏差(如对未来房价升值过于乐观),或者是由于与高风险抵押贷款相关的社会成本巨大。RMBS 的结构和定价的相关证据还表明,“一刀切”地确定风险留存的规则不可能是最优的,因为“风险共担”机制的重要性,很可能会因抵押贷款和借款人的特点而有所不同,包括发行人和发起人、抵押贷款服务商之间的从属关系,以及风险留存的具体形式。

2013 年 6 月 19 日,国务院常务会议研究部署金融支持经济结构调整和转型

---

① See Yingjin Hila Gan & Christopher Mayer, 2006, *Agency Conflicts, Asset Substitution, and Securitization*, NBER Working Papers 12359, National Bureau of Economic Research, Inc.

升级的政策措施,明确提出要优化金融资源配置,用好增量、盘活存量,更有力地支持经济转型升级,更好地服务实体经济发展。同年7月1日,国务院办公厅发布《关于金融支持经济结构调整和转型升级的指导意见》(国办发〔2013〕67号),要求逐步推进信贷资产证券化常规化发展,盘活资金支持小微企业发展和经济结构调整。国务院应对国际金融危机小组第七次会议对此进行了专题研究,国务院有关部门一致赞同扩大信贷资产证券化试点。2013年8月28日,国务院总理李克强主持召开国务院常务会议,研究部署促进健康服务业发展,决定进一步扩大信贷资产证券化试点。进一步扩大信贷资产证券化试点,是落实金融支持经济结构调整和转型升级决策部署的具体措施,也是发展多层次资本市场的改革举措,可以有效优化金融资源配置、盘活存量资金,更好支持实体经济发展。会议确定,要在严格控制风险的基础上,循序渐进、稳步推进试点工作。一要在实行总量控制的前提下,扩大信贷资产证券化试点规模。优质信贷资产证券化产品可在交易所上市交易,在加快银行资金周转的同时,为投资者提供更多选择。二要在资产证券化的基础上,将有效信贷向经济发展的薄弱环节和重点领域倾斜,特别是用于"三农"、小微企业、棚户区改造、基础设施等建设。三要充分发挥金融监管协调机制作用,完善相关法律法规,统一产品标准和监管规则,加强证券化业务各环节的审慎监管,及时消除各类风险隐患。风险较大的资产不纳入试点范围,不搞再证券化,确保不发生系统性区域性金融风险。

随着证券化业务在我国的开展,如何借鉴国外金融危机的经验,防范金融风险也成为重要课题。从危机后各国对证券化的监管策略上看,"金融稳定理事会提出由发起机构保留部分基础资产风险的建议,美国和欧盟等国家/地区陆续发布了强制要求发起机构进行风险自留的监管规定"①。2013年12月31日,中国人民银行和原银监会发布了〔2013〕第21号公告,规范信贷资产证券化发起机构风险自留行为。按照该公告的要求,首先,信贷资产证券化发起机构需保留至少5%的基础资产信用风险。其次,在保留的形式方面应当:(1)持有部分由其发起资产证券化产品,其比例不得低于该单证券化产品全部发行规模的5%。(2)持有最低档次资产支持证券的比例不得低于该档次资产支持证券发行规模的5%。(3)若持有除最低档次之外的资产支持证券,各档次证券均应持有,且应以占各档

① 李文红、刘丽娜:《危机前后资产证券化监管思路的重大转变及启示》,载《金融监管研究》2016年第4期。

次证券发行规模的相同比例持有(垂直留存)。(4)持有期限不低于各档次资产支持证券存续期限。最后,信贷资产证券化发起机构原则上应担任信贷资产证券化的贷款服务机构,切实履行贷款服务合同各项约定。

综上所述,关系银行在金融中介主导的金融体系中发挥着重要作用。银行作为信息生产者在解决金融摩擦、提供金融效率方面发挥了重要的作用。关系银行的合同机制灵活,在长期的关系中能够实现成本的分摊和利润的平滑。这对于初创企业的融资尤为重要。但关系银行的不足也非常明显,从贷款人的角度看,信息垄断容易产生套牢问题。而从借款人的角度看,双方间关系的灵活性会导致预算软约束的问题。在中国,银行业在金融体系中占据绝对的主导地位,银行经营过程中也同样注重对客户关系的维护。随着金融市场化程度的提高,非银行的融资也发展迅速,如信托融资、P2P 融资、投资基金等。很多学者也提出市场主导型的金融体系是我国金融市场发展的战略选择。① 应当指出的是,虽然新的融资主体的变化同时也导致了融资方式的调整,但从本质上来说,非银行的金融中介同样属于关系"银行"的范畴,对此本书也进行了探讨。关系型金融在我国仍然处于主导地位,应当充分关注关系型金融的利弊,充分提高金融效率。

证券化作为最重要的金融创新极大地推动了金融业的繁荣。多种机构在证券化活动中发挥作用,分享证券化的收益。但银行中介依然在这一链条中发挥着极其重要的作用,并未因为业务模式的改变而落伍。证券化所产生的问题也不容忽视,特别是逃避资本监管和资本约束。证券化将不同的金融机构联结在一起,整个金融市场也被整合起来。金融市场的融合显然对分业监管的"割裂"体制造成了冲击。监管机构制度与监管行为的协调也导致了巨大的交易成本,这显然不利于证券化市场的发展。

证券化活动的基础环节是基础资产,这也导致了银行经营模式从传统的"发起—持有"的模式向"发起—分销"的模式转变。大量的银行贷款资产被转移出银行资产负债表。对此学界进行了深入的研究,对其中酝酿的道德风险讨论最多,即银行由于不再持有信贷资产而放松了对贷款人的审核和监管,这降低了贷款资产质量并引发了系统性风险。我国证券化活动中也面临类似的问题,迫切需要法律规则的健全,如"在会计和法律制度上,需要明确'真实出售'和'破产隔离'的标准;在不损害债权人和债务人实际利益的前提下,需要进一步简化债权债务关

① 参见吴晓求:《市场主导型金融体系:中国的战略选择》,中国人民大学出版社 2005 年版。

系变更的程序和要求;在资产证券化对资本的释放方面,监管部门需要制定科学审慎的标准;对资产证券化基础资产的限定,需要重回‘可独立分割’、具有‘可预期现金流’的证券化本质,而淡化其他因素的考虑”①。

面对证券化活动的如火如荼和银行贷款出售市场的发展,美国金融改革法案也针对性地提出了监管方案,其中重要的就是“风险自留规则”。本章对美国风险自留规则进行了深入分析,同时也对我国的相关规则进行了评析。我国对证券化活动也同样提出了类似的要求,但在自留的方式、证券类别、期限、豁免等方面略显粗糙,当然这也与我国证券化市场所处的发展阶段有关,对该规则的实施效果需要进行进一步的实证研究。

① 鲁政委:《信贷资产证券化的协调监管》,载《中国金融》2013 年第 21 期。

第五章 国际影子银行监管的框架设计与法律改革

第一节 金融稳定理事会对影子银行监管的研究

2009 年 4 月在 FSF 的基础上成立了 FSB。其前身 FSF 是 1999 年根据 G7 财长和央行行长的建议而设立,目的是加强各国和国际监管机构以及国际金融机构的合作,促进金融稳定。FSF 是一个国际金融咨询和协调组织。2009 年 4 月 2 日 20 国集团伦敦峰会后一致同意成立 FSB 来代替金融稳定论坛,在全球金融形势趋于稳定的情况下,各国开始对危机进行反思,并重建金融监管。而 FSB 承担了全球金融体系监管改造制度设计的重任。会议后的公报指出:FSB 的任务是识别并预警金融体系中存在的问题,促进各国金融监管和监管合作;改造现有的监管体系并建立起全球金融监管框架。

2010 年 12 月,20 国集团首尔峰会之后,鉴于巴塞尔委员会已经基本完成了《巴塞尔协议Ⅲ》的建构,加强影子银行的监管问题被提上日程,峰会要求 FSB 提出监管建议。FSB 之后成立了专门工作组做了大量的工作,提交了一系列的报告或文件。它所提出的观点和建议得到了广泛的认可,并有巨大的影响力。由于各国金融市场状况和监管情况存在较大的差异,对影子银行的监管也都还处于探索和调整的阶段。FSB 在引领各国监管框架的构建,加强对影子银行的监管协调,防止全球套利方面处于领导性的地位。因此 FSB 所提出的监管报告和建议,尤其是对影子银行的监管原则方面值得我们深入研究。FSB 形成了多份影子银行监管报告,包含了危机后对影子银行的共识,阐述了 FSB 对影子银行的基本界定和监管框架。

一、影子银行监管的基本问题

《影子银行:问题的范围》①是FSB受命之后发布的第一份报告。这是一个基础性的文件,阐述了FSB对影子银行内涵的认识和外延的初步界定;明确了对影子银行的监测方法和可能的监管措施。这为进一步地开展监管研究奠定了基础。报告同时也是一份咨询文件,文件发出后收到了众多市场机构或协会的回复意见。这有助于将影子银行这一广泛使用的概念法制化,并尽可能地在这个全新的领域,市场与监管者能够取得更多的共识。

(一)影子银行的内涵

金融危机后"影子银行"这一概念开始广泛使用,它是指常规银行体系之外发挥着"类银行"功能的实体和行为。FSB认为,所谓影子银行体系,是指游离于传统受监管的银行体系之外从事信用中介活动的机构和行为,特征有二:第一,增加了系统性风险,特别是通过期限和流动性转换、有缺陷的风险转移和杠杆使用;第二,从事监管套利。

"银行监管体系之外"表明这些信用中介机构或行为没有受到审慎监管标准的约束,或者适用了较轻的标准。这意味着在该领域对影子银行存在监管的疏忽。

"系统性风险"是指通过期限或流动性转换、有缺陷的风险转移和杠杆使用增加了系统性风险。在影子银行体系中,通过短期或能够随时支取等类似于银行存款的负债方式从资金提供者手中获取资金。这些资金被转化为流动性较低的资产,或者进行再投资增加杠杆率。虽然该行为与银行类似,但在风险控制和检测方面没有与银行采取同一个标准。与银行相同的是,采取类似于存款的方式获取资金容易导致挤兑。过度使用杠杆会扩大顺周期性。与常规银行体系的关联会增加风险的传染性从而产生系统风险。"有缺陷的信用风险转换"是指影子银行体系从事的风险转移行为没有真正消除风险,如商业银行设立的表外实体,事实上并未买断该信贷资产,银行实际上仍然承担着隐性担保;再如在危机中广泛使用的CDS虽然将信用风险转移到CDS的出售方,但增加了出售方的对手风险。

---

① See FSB, *Shadow Banking: Scoping the Issues* (April 12, 2011), http://www.financialstabilityboard.org/publications/r_110412a.pdf. 参见中国人民银行合肥中心支行金融稳定处课题组:《金融稳定理事会关于加强影子银行监管的政策建议及对我国的启示》,载《金融发展评论》2011年第8期。

从“监管套利”看，部分影子银行体系由于较低的监管强度不必内部消化其真实风险成本，相对于银行来说获得了资金优势。银行也会利用影子银行实体增加杠杆使用，并绕过法律对其资本和流动性的要求，从而破坏银行监管，并导致金融系统中杠杆率的上升和风险增加。

（二）应当加强对影子银行体系的监测

识别影子银行的存在状况并获得相关的数据信息是对其进行风险测量和有效监管的基础。FSB 提出通过定性和定量信息从宏观（系统层面）和微观（基于机构和行为）两方面确定影子银行体系的检测方法。

宏观层面应当关注资产负债表和资金流量数据，评估影子银行资产的规模和增长情况，包括其绝对数和总负债、GDP、常规银行体系的相对数据。在微观层面，应当利用从市场调查、公开出版物，以及商业资讯提供商获取相关实体或工具的规模。此外，常规银行体系或受监管部门（如保险公司）的交易对手的信用风险敞口数据也为观测影子银行提供了一个很好的窗口，能够了解影子银行体系的风险外溢情况。此外，金融集团内部的行为的数据也可能非常有用。这对于那些以银行为主要信用中介的国家更有用。

（三）影子银行监管方式的分类

由于影子银行体系包含了不同的业务和实体，且各国之间由于金融市场发展程度的不同也存在较多的差异，因此目前建立一个统一的监管模式仍然非常困难。影子银行监管框架的建立需要考虑影子银行不同的业务模式、风险状况以及对金融体系的风险影响等方面的差异。总体来说，对影子银行的监管主要包括以下四个方面：

第一，银行体系与影子银行实体的关联（间接监管）。通过规范银行与影子银行实体的业务往来，不但可以防范影子银行风险外溢，而且对那些商业银行部分或全部通过与影子银行实体的交易，从而降低资本或流动性要求的监管套利行为也能够起到一定的作用。第二，影子银行实体（直接监管）。对影子银行实体的监管能够降低它们对金融系统产生的影响。第三，影子银行行为。与实体监管不同，当局可以通过对影子银行体系的特定工具、市场或行为进行监管，以促进信用中介的稳定。第四，宏观审慎措施。宏观审慎要求不在于关注某一个机构或行为，而是关注影子银行所制造的系统风险（如降低顺周期性的措施或者加强市场基础设施降低风险传染等)。

二、加强影子银行监管的基本框架

确定了影子银行的内涵与范围问题之后,FSB 发布了第二份监管文件:《影子银行:加强监管》①,开始涉及影子银行的具体监管问题。该文件包括三个方面的内容:第一,提出了影子银行监管的总体措施;第二,建立对影子银行监测的方法框架;第三,提出了对影子银行监管措施原则、五个重点领域和 10 项监管建议。

(一)影子银行监管的总体方针(approach)

首先,要关注所有的非银行信用中介。在信息和数据搜集过程中应当全面覆盖影子银行对金融体系的潜在风险。其次,监管的重点应当是那些可能引发系统性风险的影子银行业务和实体(包括期限与流动性转换、杠杆使用、有缺陷的风险转移行为)以及监管套利行为,因为这会损害监管体系的有效性。

基于上述要求,工作组成立了 5 个工作组,对影子银行体系中的五个重点领域开展更详细的研究,并要求他们提交相应的监管报告,试图解决以下几个方面的问题:什么是"影子银行系统",它在金融业以及在整个金融体系中的作用和风险;制定有效监控影子银行系统的方法;考虑额外的监管措施,以解决系统性问题。具体而言,包括五个方面:第一,研究银行与影子银行实体的关联;第二,研究货币市场基金的改革;第三,研究其他影子银行实体;第四,研究证券化活动;第五,研究证券的借贷和回购业务。

首先,各监管当局应扩大监管的范围,关注所有非银行信贷中介,即"常规银行系统之外的实体和活动",以确保数据收集和监控能涵盖可能出现影子银行风险的所有领域。其次,出于政策目的,应将关注焦点缩小到非银行信贷中介,特别是导致系统性风险增加以及监管套利的领域。最后,对关联性的审查也异常重要。影子银行业务可能在一个在资金的最终提供者和需求者之间进行,但它通常涉及多个实体和活动,形成一条信用中介链。链条的一个或多个实体可能是银行或银行拥有的实体。银行也可能通过短期贷款(warehousing)、提供融资或有信贷额度而暴露于影子银行系统。因此,监测非银行活动与银行活动之间的联系也很

---

① See FSB, *Shadow Banking: Strengthening Oversight and Regulation* (October 27, 2011), http://www.financialstabilityboard.org/publications/r_111027a.pdf.

重要。

（二）建立对影子银行监测的方法框架

1. 监测影子银行体系的几项原则(high – level principles)

由于影子银行体系在不同的国家表现不同,并且不断演化,在确定有效的监管框架的时候,相关的监管当局应当遵循以下的总体原则:

第一,范围方面,当局应当有全局视野,获得影子银行体系活动的全景,对其风险有全面的掌握。

第二,程序上,影子银行系统的监控框架应定期和持续地识别和评估风险。

第三,数据与信息,在建立影子银行的监管框架中,监管当局应当有权收集所有信息,并划定信息报告的范围。各种来源的市场信息和统计数据以及应当全面、宏观和微观方面的信息共同使用并相互印证。信息的搜集应当迅速及时,以支持风险导向的监测。

第四,创新,对影子银行的监测应当灵活并具有适应性,发现金融体系中的创新和变通所导致的新的风险。

第五,监管套利,在监管影子银行系统时,需要注意监管政策变化对影子银行可能的激励作用,留意影子银行体系的扩张。

第六,本国特征,在建立影子银行监管框架时,当局应当考虑本国的金融市场结构和监管框架,以及它们与国际金融市场的关联。

第七,信息交换,当局应当交换相关信息,以便能够评估影子银行系统带来的风险,评估跨境的风险溢出和传染。

2. 加强影子银行监测的三个步骤

第一步,总体观测。当局应当根据本国的资金流向数据掌握非银行类金融中介的总体规模和主要发展趋势。除了资金流量数据之外,当局还应当使用其他相关数据,如货币数据统计、来自部门监管机构的报告等。

第二步,识别影子银行体系可能形成的系统风险和监管套利。在关注主要的风险因素时,应当注意发现信用中介链条,过于关注某个特定的实体会误导当局的评估。

第三步,详细评估系统性风险和监管套利。当局应当深入分析特定的实体、市场和工具,关注其影响的程度,特别是某些影子银行实体/活动的陷于严重困境或失败将对系统造成的潜在影响。重点是影子银行与商业银行体系的关联度、规模和营业收益。

(三)影子银行体系监管措施的原则、领域与建议

1. 确定影子银行监管方法的基本原则

影子银行体系包括多种实体和行为,因此,用一种方法针对所有的组成部分显然是不恰当的。不同的商业模式、风险特征、对系统风险的影响应当有不同的对待。在设计监管工具方面应当遵循以下原则:

第一,关注重点。监管措施应当定位于负外部性和影子银行制造的风险。监管者也应当注意这些措施会产生的潜在影响和预料之外的后果,如对市场功能的损害。所有的监管措施都应当有效地缓解风险。

第二,适当性。监管措施应当与影子银行体系所产生的风险相对称。

第三,前瞻性和适应性。监管措施应当具有前瞻性和适应性,以应对新出现的风险。不应当仅关注近期危机中所暴露出来的缺陷,还应当留意市场的发展演化,如关注《巴塞尔协议Ⅲ》实施后金融机构的反应。

第四,有效性。监管措施应当有效,保持政策平衡,尤其是保持国际统一标准,解决共同风险,避免由于各国金融机构和体系方面的差异制造跨境的监管套利机会。

第五,评估和审查。监管者应当在措施实施后,经常性地评估其有效性,并不断完善。当局应当沟通信息,相互学习以寻求最佳的方案。

2. 影子银行体系监管领域及建议

在2011年4月的文件中,FSB提出了四类可能的监管方面。在此基础上,工作组具体分析了应当优先关注的五个领域,并有针对性地提出了10项监管建议。

(1)监管影子银行实体与商业银行之间往来(间接监管)。具体的建议包括:

建议一,基于审慎监管目的,任何银行发起的影子银行实体都应当并入其资产负债表中(如在计算风险资本、杠杆率、流动性比率时),国际社会应当对此保持一致。

建议二,应当限制银行向影子银行实体风险敞口的规模和性质。包括银行对单一银行的敞口限制或者总体敞口规模限制。

建议三,对银行以风险为基础的资本要求方面,银行对影子银行实体的风险敞口应当重新检视,以保证该风险已经完全考虑。特别是投资基金、对影子银行

实体的短期流动性便利等。

(2)对货币市场基金的监管改革

建议四,应当加强对货币市场基金的监管,由于其容易造成挤兑,在一些国家,货币市场基金在短期资金市场中发挥重要作用。因此,要求 IOSCO 提出对货币市场基金的监管建议。

(3)对其他影子银行实体的监管

建议五,对于其他影子银行实体,应当从审慎视角评估并提高其监管要求,如资本和流动性监管等。

(4)对证券化的监管

建议六,应当充分关注证券化业务的激励机制。特别是要求证券化的提供者如发行人、发起人有一定的风险自留。提高证券化产品的透明度和标准化程度。

(5)证券借贷和回购监管

建议七,应仔细审慎评估并进一步加强担保融资市场的监管,特别是回购领域。并在必要时从审慎的角度进一步加强。2008 年金融危机前证券回购是影子银行活动发展的核心。首先,它促进了在金融交易中使用证券化产品作为抵押品;其次,它为交易商和影子银行实体提供明显低风险的短期担保资金来源;再次,通过背靠背交易(back - to - back transaction)增加金融系统的相互联系;最后,通过将来融来的证券再投资,为货币市场提供重要的借贷来源。

(6)其他实施现有监管措施的建议

建议八,适当提高透明度和持续的信息披露要求。

建议九,所有与影子银行相关的金融机构都应当加强监管并适当提高标准。

建议十,信用评级机构在影子银行行为中的作用应适当降低。

三、影子银行监管的政策建议

2011 年 10 月发布的建议文件《影子银行:加强监管》中提出,要继续加强对影子银行体系中五个具体的领域更细致的研究,FSB 成立了 5 个工作团队负责具体的事项(第一,研究银行与影子银行实体的关联;第二,研究货币市场基金的改革;第三,研究其他影子银行实体;第四,研究证券化活动;第五,研究证券的借贷和回购业务)。同前一份文件相比,FSB 对影子银行的监管设计开始扩展到具体的机构业务层面,也越来越具有强烈的针对性。2012 年 11 月 18 日,FSB 相继发布了三份咨询报告,并进一步听取各界的意见。[①] 分别是:(1)《政策建议综述》[②]。该文件明确了影子银行体系所关注的问题,FSB 如何应付这些问题,以及政策建议。(2)《对影子银行实体监管的政策框架》。[③] 这份文件关注如何评估并解决由"货币市场基金之外其他影子银行实体"所带来的风险。(3)《对影子银行中证券借贷和回购业务风险的政策框架》。[④] 该文件关注了证券借贷和回购业务所产生的风险,并提出了相关建议,包括提高透明度、监管证券融资、提升市场结构等。由于涉及的领域更加宽泛而具体,难以在本书中对所有的领域的监管建议展开讨论。笔者仅以《政策建议综述》为基础,分享 FSB 提出的监管建议。

总体来说,FSB 对影子银行问题从两个方面展开,一是提高对影子银行体系的监测水平,这是对影子银行监管的基础。从监测中发现影子银行的规模、结构、趋势与风险,这是构建一个有效的监管框架的基础。二是监管方面,从影子银行的概念出发,逐步明确监管重点和领域,并对这些领域提出相应的监管建议。

(一)提高对影子银行体系的监测

影子银行体系是一种非银行类的金融中介,通过其行为有效的部分实现了银行的功能。但同时其也存在类似于银行的风险。这种风险也许来自实体层面,也许是复杂交易链条所产生的。

同银行一样,影子银行高杠杆的适应和期限转换可能会导致挤兑效应,并发生风险传递,放大风险。如果不给予必要的关注,会通过信用供给的增加推高资产价格。2008 年金融危机已经证明了这些。毫无疑问,影子银行应当受到监管。应当建立一个有弹性的非银行信用中介体系。其政策设计也应当与之产生的风险相匹配。在这一领域,任何政策的制定都应当具有包容性,部分的或不完整的政策将很快导致套利的发生。

加强对影子银行体系的监测。在 2011 年 4 月发布的监管文件中已经阐述如

---

① 对于领域 3 和 4,IOSCO 已经发布了政策建议。即 Policy Recommendations for Money Market Funds (http://www.iosco.org/library/pubdocs/pdf/IOSCOPD392.pdf) 和 Global Developments in Securitisation Markets (http://www.iosco.org/library/pubdocs/pdf/IOSCOPD394.pdf)。

② See *An Integrated Overview of Policy Recommendations* (November 18, 2012), http://www.financialstabilityboard.org/publications/r_121118.pdf.

③ See FSB Consultative Document, *A Policy Framework for Oversight and Regulation of Shadow Banking Entities*, http://www.financialstabilityboard.org/publications/r_121118a.pdf.

④ See FSB Consultative Document, *A Policy Framework for Addressing Shadow Banking Risks in Securities Lending and Repos*, http://www.financialstabilityboard.org/publications/r_121118b.pdf.

何监测影子银行体系，如通过现金流量数据和金融部门的资产负债表数据等。运用上述方法，FSB 对 2012 年全球影子银行的发展进行了监测，并发布了监测报告。[①] 监测报告涉及 25 个国家，相比 2011 年的报告（11 国），代表了全球 GDP 的 83% 和全球金融资产的 90%。通过宏观监测，形成了对全球影子银行的“全景图”（macro – mapping）。

从监测全景图可以看出：（1）非银行金融中介在危机前增长迅速，目前仍在上升过程中，虽然步伐有所减慢。（2）各国非银行信用中介在规模、组成等方面差异较大。例如，在美国，影子银行体系超过常规的银行体系，但在其他国家却并非如此。（3）数据的精确性正在提高。不明来路的（unidentified）非银行金融中介在所有非银行中介中的比重从 2011 年的 36% 降到了 18%。一些国家的相关数据质量仍有待提高。（4）对不同机构和行为所制造的风险的理解仍存在差异。由于各国机构种类包含不同的商业模式和行为，使得不同地区数据的可比性仍然较低。显然，更精确的国别分析，能够加强我们对当前问题和发展趋势的理解。

（二）对影子银行的监管

遵循 2011 年 10 月 27 日提出的《影子银行：加强监管》中所指出的监管方法的基本原则，FSB 将影子银行的监管集中在 5 个领域，并成立了工作组，分别提出监管政策建议。这五个方面的主要政策是：

1. 银行与影子银行实体的关联问题

关于银行的监管规则，危机之后巴塞尔委员会就迅速制定了相关策略并逐步实施，这些政策主要体现在《巴塞尔协议Ⅲ》，以此增加银行部门在应对影子银行风险方面的弹性。影子银行体系的关联方面的监管要求主要包括以下四个方面：

（1）对银行的再证券化的风险敞口以及向证券化工具提供的流动性便利（1 年以下），增加了资本要求。

（2）对受监管的资产大于等于 1000 亿美元的金融机构的风险敞口，以及对未受监管的金融机构基于内部评级的方法[②]的风险敞口，提高了资本要求。

（3）根据有效银行监管的原则支柱二（监管部门的监督检查），提高了对证券化风险、信誉风险和隐性支持的银行内部资本充足评估程序。

---

① See FSB, *Global Shadow Banking Monitoring Report* 2012*r*_121118*c*.

② 内部评级法（The Internal Ratings—Based Approach, IRB）是巴塞尔新资本协议所倡导的一套以银行内部风险评级为基础的资本充足率计算及资本监管的方法，是巴塞尔新资本协议的核心。

(4)提高了支柱三(市场约束)中的与证券化有关的信息披露要求。

2012年7月,巴塞尔委员会向FSB提交了报告,并确定了其今后提交政策建议的三大领域。

(1)合并的范围。巴塞尔委员会将基于审慎监管的目的,致力于形成一个关于合并范围的指引,以提高国际的一致性。它将为跨境的合并提供一套清晰的指引,以防止跨境的监管套利行为。

(2)大额的风险敞口。巴塞尔委员会制定一个大额风险敞口机制,该机制需要考虑影子银行体系带来的风险,如关联程度和透明度等。

(3)银行投资于基金。对银行投资于股权投资基金行为,巴塞尔委员会将制定一个国际统一的、风险敏感的资本确定规则,以使其能够反映基金主要的投资和杠杆情况。

2. 对货币市场基金的监管

货币市场基金在影子银行体系中发挥重要的作用。危机中货币市场基金或接受其发起机构或政府机构的支持才能保证货币市场基金的稳定。对那些承诺保证基金净值稳定的货币市场基金来说,其面临的挤兑风险更大。2012年4月,IOSCO曾提交了报告,初步分析了货币市场基金的系统重要性、脆弱性,包括容易发生的挤兑。[①] 对此,IOSCO提出了相应的政策建议以保持货币市场基金的稳固,包括以命令的形式从稳定净值向浮动净值转变;提高货币市场基金评估和价格框架;提高货币市场基金流动性风险管理;降低货币市场基金领域中评级机构的依赖;等等。

在其报告中,IOSCO提出了15项监管建议。归纳起来主要有以下七个方面。

(1)总体监管框架:货币市场基金应当明确定位于集合投资计划(collective investment schemes)。其监管应当包括货币市场基金投资特定资产类型的限制和风险承担问题。监管者应当密切关注与货币市场基金相似的其他工具的发展,以降低可能的监管套利行为。

(2)估值:在评估货币市场基金资产时,应当与公允价值的基本原则保持一致。摊余成本法只能在特定的情况下使用。MMF的估值行为应当被第三方作为定期审查资金账户的一部分。2021年8月,我国开始对资产管理产品引入上述规

① IOSCO, *Consults on Money Market Fund Systemic Risk Analysis and Reform Options*, Madrid (April 27, 2012), https://www.iosco.org/news/pdf/IOSCONEWS232.pdf.

则,要求有二:一是央行、银保监会、证监会、外汇局联合发布《关于规范金融机构资产管理业务的指导意见》(以下简称资管新规)过渡期结束后(2021年年末),不得再存续或新发以摊余成本计量的定期开放式理财产品;二是除严格按照现行监管规定使用摊余成本计量外,理财产品(除现金管理产品)自2021年9月1日之后新增的直接和间接投资的资产,均应优先使用市值法进行公允价值计量。已适用成本法估值的理财产品存量资产,应于2021年10月底前完成整改。

(3)流动性管理:MMF应当建立文件的政策和程序来了解他们的客户。MMF应当持有最低数量的流动性资产来面对回赎的压力,防止被迫变卖资产。他们应当定期进行压力测试,应当有适当的工具能够有效应对市场条件的变化,以应对大量的回赎压力。

(4)提供稳定净值的MMF应当遵守相关的措施,这些措施有助于降低与其稳定净值的特征相关联的特定风险,并将这些风险内部化。监管者应当要求在可能的情况下转变为浮动净值的基金。或者,另外引入其他的安全措施以增强稳定净值MMF的弹性,使其能面对重大的回赎。

(5)对信用评级的使用:MMF负责机构内部信用风险评估的行为,其监管责任应当加强,应当尽量避免过度依赖外部信用评级的机制。信用评级机构应当更加明确他们对MMF的评级方法。

(6)对投资者的披露:MMF的文件应当包括不提供资本保证和发生本金损失的可能性。MMF面向投资者的信息披露还应当包括与估值有关的信息和在市场紧迫时所采取的程序。

(7)MMF与证券回购有关的行为:必要时,监管者应当制定加强MMF运用证券回购所适用的框架指引,并考虑当前的工作对证券回购业务的后果。

3. 其他影子银行实体的监管

FSB设立的第三工作组研究除MMF之外的非银行金融机构对金融系统产生的影响并制定相关政策建议。这些政策建议应当形成一个政策框架,使监管当局能够发现在非银行金融领域存在的影子银行风险;从金融稳定的角度评估风险;适用恰当的政策措施缓解识别的风险。这一政策框架应当非常健全,而且能发现金融创新和银行监管边缘所产生的变异。

基于这些要求,第三工作组从经济功能的视角(如行为基础)而不是单纯地从机构视角确定监管策略。这个视角能够从他们的基本经济功能出发,发现非银行金融实体对影子银行的参与程度,而不仅仅关注他们的法律名称或法律形式。这就使以此开发的缓解影子银行风险的政策工具能够内生于其经济功能,从而能够运用于不同的国家,适用所有发挥相同功能的实体。该方案还具有前瞻性,能够将新的从事相同经济功能的结构或创新包容其中。

第三工作组的政策框架包括以下三个方面的要素:

(1)基于经济功能(或行为)的评估:监管机构必须识别本国非银行金融实体所造成的影子银行风险的来源。工作组主要框定了五类经济功能,分别是管理客户现金池,其特点是容易引发挤兑(如提供稳定净值的信用投资基金,杠杆化的信用对冲基金)。基于短期资金提供的贷款(如使用短期融资结构或者吸收存款的金融公司)。使用短期资金或有担保的客户资产媒介市场的行为(如证券经纪人、其融资高度依赖批发性资金)。为信用创造提供便利(如信用保险、金融担保保险)。证券化和金融实体融资(如证券化工具)。

(2)采用的政策工具:当局应当拥有全方位的政策工具菜单,适用时考虑本国的市场结构,以及非银行实体所带来的风险程度等因素,从每一种经济功能所对应的菜单中选择政策工具,只要认为它们能够最好地适用于非银行的金融实体。政策工具的选择应当遵循以下原则:

原则1,当局应当有能力界定监管范围;

原则2,当局应当能够收集必要的信息来评估影子银行的风险程度;

原则3,当局应当提高影子银行实体的信息披露水平,只要这些信息能够帮助市场参与者理解这些实体带来的风险;

原则4,当局应当评估影子银行实体的经济功能,从政策工具箱中选择必需的工具。政策工具箱是为应对影子银行的五种经济功能而确定的。

(3)信息共享方法:当局在实施政策框架的时候,应当通过FSB的渠道分享信息,以保持不同国家之间的一致性,降低监管缝隙或产生新的监管套利可能。

4. 对证券化的监管

证券化能够使用短期资金(如资产支持商业票据)为长期信用(如贷款)融资。证券化对经济有积极的作用,主要是将长期信用风险转移给非银行的投资者。但证券化的广泛流行是金融危机的起点,它带来了复杂的结构、多环节的分配链条,并产生了快速、大量的无法检测的杠杆和期限不匹配。许多证券化交易制造了不完善的信用风险转移,导致风险的集中,而不是从影子银行体系分散。在很多方面,证券化设计是为了规避银行的资本监管框架(《巴塞尔协议Ⅰ》)。

很多监管改革设计都是为了处理系统的脆弱性和与证券化相关的激励问题。

IOSCO 2012 年 6 月发布了咨询报告。[①] 该报告提出三项可能的政策措施以矫正证券化带来的不当激励。

(1)提高对证券化预留措施的监测,关注对市场的影响,特别是不同国家实施证券化预留要求的情况,如预留的形式和免除等。

(2)提高发行人的信息披露,如对基础资产进行的压力测试或情景分析。

(3)鼓励标准化的证券化产品,如以发达国家现行的方式为基础提供标准化的信息披露模板。

在充分征求意见和进一步分析的基础上,IOSCO 提交了最终的政策建议。

5. 证券借贷和回购

证券借贷和回购市场是影子银行市场中最重要的融资方式之一,它们是金融中介做市能力的核心,便利投资与风险管理。回购市场是一些金融机构和工具最重要的资金市场。除了上述功能之外,证券借贷和回购还从事类银行的行为,如创造准货币负债,从事期限和流动性转换,并使用杠杆。为了应对这些金融稳定问题,第五小组确定了 10 项政策建议,包括:

(1)提高监管报告精确性。现有的收集国际金融机构风险敞口的数据措施应当更加精确。

(2)提高市场的透明度。第五小组意见识别了一系列的数据项来提高证券借贷和回购市场的透明度,并认为通过建立交易信息库(trade repositories,TRs),从整个市场来审视和收集数据是当前最有效的办法。

(3)提高公司的信息披露。通过与国际标准制定机构合作,提高金融机构证券借贷与回购、抵押品管理行为的公开披露的要求。

(4)由于基金经理应当接受最终投资者的审查,因此应当提高基金经理对最终投资者的报告要求。

(5)引入最低预留折扣率标准。用以限制过度使用杠杆和降低顺周期性。

(6)限制与现金抵押投资有关的风险。应当建立与现金抵押品投资相关的最低监管标准,以限制期限和流动性转换中产生的流动性风险。

(7)处理与再抵押相关的风险。当局应当保证,对客户资产的再抵押监管适用下列原则:金融中介应当向客户提供充分的披露信息,使客户能够了解其在交

---

① See The Board of the International Organization of Securities Commissions, *Global Developments in Securitization Regulation Consultation Report* (June 2012), http://www.iosco.org/library/pubdocs/pdf/IOSCOPD382.pdf.

易失败的情况下的风险敞口;在有些国家,客户资产可以通过再抵押用来为客户提供长期头寸或弥补短期头寸,而不能用于金融中介自己账户的行为;只有那些受到充分流动性风险监管的实体才能够从事客户资产的再抵押活动。

(8)加强抵押品估值和管理行为。当局应当对所有市场参与者的抵押品估值和管理适用最低的监管标准。

(9)评估在适当的情况下建立或扩大中央清算。当局应当评估建立中央清算机制,包括其成本和收益。

(10)修改破产法中对回购和证券借贷交易的特殊待遇。理论上说,通过修改破产法中对证券借贷和回购的特殊待遇并建立 repo 解决机构(resolution authorities),能够降低对这一市场的过度依赖,缓解市场混乱。但目前这些措施由于实践上的障碍不会得到推行。

第二节　美国监管法律的调整
——以多德－弗兰克法案为中心

美国是全球影子银行体系的发源地,这里的影子银行规模最大、结构最复杂,对金融体系的影响也最大。影子银行的过度发展造成金融系统的不稳定,金融危机的爆发也是从影子银行体系开始的。可以说,美国影子银行的发展充分暴露了美国原有的监管体制存在的问题。在危机趋于稳定之后,美国立即启动了金融监管改革的调整和立法行动。最终的成果都反应在了其里程碑式的文件——《华尔街改革和消费者保护法》(又称多德－弗兰克法案)当中。该法案是美国经历 20 世纪 30 年代大萧条之后最重大的金融监管调整,构筑起危机后美国金融监管的基石,并为全球金融监管规则的调整建立了一个新的模板。该法案并未专门规定影子银行体系的监管,但多处改革均涉及影子银行问题,本书重点关注四个领域中的改革措施:(1)为提高系统性风险管理的监管改革。(2)建立新的联邦机构解决系统重要性金融机构的倒闭问题。(3)原来未受监管的影子银行体系的监管框架,包括衍生品和 repo 等。(4)新的金融消费者保护局。这些举措共同指向原有监管体系中的缺陷:导致未受监管的影子银行体系的扩张和大而不能倒的金融公司。这为经济恢复和强有力的金融体系建立了基础。

一、加强系统性风险的管理

（一）对系统重要性金融机构的监管

多德-弗兰克法案之前，美国的金融监管体系起源于20世纪30年代的大萧条。依照分业监管的体制，主要金融公司按照不同的形式，银行、储蓄机构、投资银行、保险公司等，接受不同部门的监管，这一体系导致受轻度监管的机构和市场的发展，并酝酿了系统性的风险。例如，如果一个机构称为"银行"（bank），它将面临严格而有力的监管，包括更高的资本金要求；而称为投资银行（investment bank）的则不需要。这极大地诱发了监管套利行为：近几十年来，美国金融体系的一个重要的变化就是这些实体，如投资银行、形形色色的金融机构、非银行的金融公司迅速崛起，并在市场上同银行开展竞争，投入抵押贷款、消费者信贷、商业贷款领域，而不需要像银行一样需要获得牌照并承担资本金和其他的约束。大型的金融机构能够选择监管要求最低的监管者作为自己的监管机构。这种监管的结构性缺陷导致无效的监管。OTS允许储蓄机构从事高风险的借贷活动，但受法律和组织机构的限制，OTS并不能有效地监管那些形式多样的从事存贷业务的金融控股公司，如美国保险集团（AIG）。SEC推出的CSE项目也被认为是失败的典型。这一项目是为了满足欧盟提出的在其境内从事业务的监管要求。而事实上，该项目并未提供实质性的监管。SEC并不是作为一个审慎监管者而建立的，其监管经验不足，也没有足够的有经验的监管人员。CSE项目允许参与该项目的投行规避杠杆限制，而这是以风险为基础的资本金要求的重要基础。

如今多德-弗兰克法案授权美联储监管所有的金融公司，无论其法律形式如何，只要其倒闭能够危及金融稳定。OTS以及SEC推出的投资银行自愿监管计划在法案中被撤销。除了在危机之前承担的对银行控股公司的监管责任之外，美联储还承担了原OTS承担的对储贷控股公司（savings-and-loan holding companies）的监管责任，另外，对于被金融稳定监管委员会（Financial Stability Oversight Council）认定的非银行金融机构，只要能够对金融稳定构成风险，都纳入美联储的监管范畴。

原有的监管体制下，一些系统重要性的大型机构尽管危及金融稳定，但却不在美联储的监管范围中。新的立法规定美联储作为负责宏观稳定的机构，对具有系统重要性的机构，制定比同类型的公司更严格的资本和流动性要求，并进行年度的压力测试，以判断这些公司是否有足够的资本能够经受不利经济条件的冲击。法案特别指示美联储有权行使宏观审慎监管的权力,这就要求在监管中不仅考虑机构的内部风险,还要考虑金融机构对金融体系带来的风险。主要的金融公司(包括银行控股公司、储贷控股公司、接受存款保险的机构、系统重要性的非银行类公司)都受到新的经营者集中限制,这意味着:如果通过合并或股份取得将导致一家公司的负债超过整个金融公司负债的10%①,那么该行为将被禁止。更重要的是,所有的公司都要遵守借出限额②、对关联交易的更高规则③以及交易对手信用风险敞口④等多方面的规则限制。所有这些针对主要金融公司的更高的审慎措施,都是为了降低金融系统性风险,减少所有的"大而不能倒"的现象。

(二)系统性风险的监控

2008年金融危机暴露了美国对影响金融稳定的系统性风险缺乏有效的监控体系。在多德－弗兰克法案之前,没有一个监管者对整个金融体系进行监控,包括那些受到较少监管的部分,以致在其积聚风险的时候没能采取适当措施。而事实上,监管者和市场参与者甚至没有足够的数据明了市场中的关联性或市场如何倚重短期资金。法案虽未能将监管主体整合成一个单一主体,但建立了一个金融稳定监管委员会,该委员会有权甄别并处理对金融稳定构成影响的事宜,可以从各地的金融服务市场获取信息,包括新建立的机构金融研究办公室获取的信息。

二、建立有序清算机构

多德－弗兰克法案的第二个重要的创新是建立了有序清算机构(orderly liquidation authority)处理大型的、高度关联的非银行金融机构,因为它们倒闭加剧了金融危机。如危机中的美国保险集团,由于它是衍生品市场CDS的主要交易商,市场的高度关联性使美国政府不得不出手救助,以防止金融机构之间的连锁反应导致金融系统产生更大危机。法案中通过建立这一制度意在处理大型公司的"大到不能倒"问题,无论是在危机中还是在金融稳定时期。一些公司"大到不能倒"的观念在危机前的几年中,降低了市场纪律,过度承担风险。这些公司认为当局

---

① See U. S. C. § 1852. These limits include wholesale funding and off－balance sheet exposures.

② See Dodd－Frank Wall Street Reform and Consumer Protection Act, Pub. L. No. 111－203, § 610, 124 Stat. 1376, 1611－12(2010)[amending 12 U. S. C. § 84(b)].

③ See Dodd－Frank Wall Street Reform and Consumer Protection Act, Pub. L. No. 111－203, § § 608(a)－(b), 609, 124 Stat. at 1608－11(amending 12 U. S. C. § § 371c, 371c－1).

④ See U. S. C. § 5365(e)(3)(E)(Supp. IV 2010).

会支持大型公司的发展,由此创造了一个与较小公司不同的领域,这违背了市场公平性的原则,极大地扭曲了市场。解决机构应当减少这些市场扭曲,通过授权给政府可靠的方法来逐步降低这些大型、高度杠杆化、高度关联的金融公司的影响力。而且,解决机构应当在帮助政府管理金融危机方面有着积极的作用。

在 2007 年到 2008 年的金融危机中,联邦监管者包括联邦存款保险公司,使用大萧条时期形成的银行解决法律来管理几家重要的银行和储蓄机构,以减少对宏观经济造成的混乱。但是当贝尔斯登、雷曼兄弟、AIG 等大型的非银行金融机构面临类似的问题时,政府只能任由其寻求破产保护或给予救助。[①] 由于破产法的基本目标只是"保证在全体债权人中公平地分配破产人的财产",并不能处理系统性风险,而雷曼破产案件也表明,破产法注重法庭决定程序,缺乏预置的资金解决流动性问题,因此,依靠破产法并不能有效解决主要金融公司破产案件。

为补救这一问题,多德－弗兰克法案授权政府在传统破产框架外,使用长期以来救助银行经营失败的方法来解决大型、高度关联金融公司的问题。同 2008 年秋所采用的方法相比,这一新的有序清算机构下的破产清算拥有三方面的优势:第一,在公司的清算中,要求联邦存款保险公司保证在其他求偿权获得满足前,股东不能获得支付;[②]并且应当撤换有责任的董事会成员和管理人。这种方式要求经营管理者、股东和其他当事人吸收部分损失,降低"大而不能倒"中的道德风险。第二,允许联邦存款保险公司救助流动性危机,避免因暂停对手方的终止净额结算权而产生连续的违约,进而导致系统性的崩溃;[③]其手段包括从财政部借款来为那些合格的金融合约和短期债务提供资金。所有的上述财政部贷款将自动从失败公司资产中获得偿还。[④] 如果资产不足以清偿,则从对大型金融公司的事后评估中获取,而不是由纳税人来承担。[⑤] 第三,授权联邦存款保险公司建立过桥公司(bridge company)以满足困境公司的流动性和资本需求,直到公司清算、再注资或被出售。[⑥] 这种安排使得接受联邦存款保险公司资金的公司能够继续衍生品和证券回购合约,处理对手方的请求,减轻多个公司失败的连锁效应,保护困境

---

① See Sagers, Christopher L. ,*Too Big To Fail: The Role for Antitrust and Bankruptcy Law in Financial Regulation Reform, Part Ⅱ* (2010) ,Law Faculty Articles and Essays, 327.

② See U. S. C. §5386(2)(Supp. Ⅳ 2010).

③ See U. S. C. §5386(4) -(5).

④ See U. S. C. §5390(c)(10)(B).

⑤ See U. S. C. §5390(o).

⑥ See U. S. C. §5390(h).

公司的健康子公司等。通过这种方式,股东和债权人承担损失,避免使系统面临突然、无序的失败,从而出现系统性风险。

多德-弗兰克法案中的清算机构还包含了重要的债权人保护责任,包括在两个不同的阶段提请获得司法审查权利:第一,财政部长援引了政府有序清算机构之时;[①]第二,在解决程序过程中。后一种形式的司法审查以监督联邦存款保险公司的破产和接管机关的司法审查制度为蓝本,该制度已经运行了75余年。法案还允许申请人在监管者驳回其主张的情况下,提出异议的权利。[②] 像破产法一样,新的机构本着公平和平等的原则对待地位相同的股东,并要求任何对这一原则的偏离都必须保证股东不低于按照《破产法》第七章(破产清算)时的地位。如上所述,法案要求主要的金融公司达到更高的审慎标准,包括更高的资本要求,这将降低机构失败的可能性,并提供更大的资本来缓冲损失。

多德-弗兰克法案规定,金融机构还应当制订详细的处理计划,即制定"遗嘱";这些计划能够简化组织形式、提高监管,并帮助公司为金融危机做好准备。法案还鼓励公司降低其规模、复杂性、杠杆和关联性,并对那些仍然具有系统重要性的公司施以全面的监管和更多的资本缓冲,[③]对使用短期债务或热钱融资规定了更严厉的条件。[④] 应当指出的是,对任何监管计划的有效性都应当保持合理的怀疑,我们也无法预测每一个金融公司导致的系统性失败。在一个严重的危机面前,主要的金融公司可能会失败,审慎性的措施和资本缓冲也可能在破产时还远远不够。法案的设计还是试图解决原有解决方案中的一些问题,通过有序清算机制,以及随之而来的清算资金的提供,以降低任何单一公司的失败对整个国家的金融稳定构成的风险。

当然,建立国内的解决机构只是一个开始。大型的金融机构都是全球运作,解决一个主要金融机构的问题需要国际范围的合作和协调。强调系统性风险问题的这一维度要求其他国家也建立相应的机构,美国这一解决机制也试图为各国在监管大型金融公司方面建立国际范本。

三、对未受监管的金融市场的监管

如上所述,影子银行体系的崛起允许金融公司承担额外的风险,却没有足够

---

① See U. S. C. § 5382(a)(Supp. Ⅳ 2010).

② See U. S. C. § 5390(a)(4).

③ See U. S. C. § § 5365(a)-(c),5371(b)(2)(Supp. Ⅳ 2010).

④ See U. S. C. § 5365(g).

的保护机制。当这一体系崩溃的时候,监管者和市场参与者甚至缺乏关于这些公司流动性和偿付风险的可靠数据,这也使得监管者难以有效应对。所有这些因素都加剧了市场恐慌。多德－弗兰克法案对此问题的应对主要体现在两个方面:一是增加透明性的要求;二是针对影子银行体系中的主要工具,建立更有效率、统一的监管制度,包括衍生品的柜台交易、repo 市场、私募基金和对冲基金、资产证券化等。

(一)对衍生品柜台交易监管

场外衍生品交易是指在受监管的交易所之外,如芝加哥期货交易所之外进行的衍生品合约的买卖。在经济危机之前,市场中这些金融产品的名义交易额达到 700 万亿美元。① 从事后看,这一市场增加了金融市场的风险和不确定性。信用衍生品,其设计本来用于分散风险,但却导致风险集中于大型的银行、投行和其他机构,如美国保险集团等。衍生品增加了公司的交易对手信用风险敞口,加重了某一特定公司失败对整个金融体系的影响。合成证券化产品(植入了衍生品)放大了真实的证券化市场的失败程度。

危机之前,场外衍生品市场由于缺乏监管或公开披露,这些风险都被隐藏起来,有关价格和交易量的信息对外部是不透明的。而且,交易方采用保证金交易,一旦这些产品价值下跌,系统中的主要交易方将会缺乏足够的资本。更进一步,很多的交易都依靠短期货币市场融资,在危机的冲击下流动性迅速消失。由于缺乏衍生品风险敞口的相关信息,危机中的金融公司需要从市场中以及对手方获取资金;或者要求对手方提供更多的保证金保护,这也推动了资产价格的进一步下行。对于单个公司而言,其希望通过衍生品帮助其管理风险,但对整个体系而言却使风险变得更大。在危机中,资产价格泡沫的破裂导致衍生品合约的一连串损失,进而传染了整个金融体系。

多德－弗兰克法案第七章的标题为"加强华尔街的透明度和问责性",这要求监管者加强对场外衍生品市场的监管。多德－弗兰克法案通过扩大中央清算和交易所交易,加强对市场参与方的监管来降低风险集中和提高市场的透明性。中央清算的提出有现实的需求和激励:标准化的衍生品必须进行中央清算,必须在

① See Fin. Crisis Inquiry Comm'n, at 299.

指定的交易所交易或在“互换交易系统”(Swap Execution Facility,SEF)中交易①。其他衍生品应当遵守新的报告规则②和更高的资本与准备金要求,这意味着法案将鼓励更多的标准化衍生品和使用中央清算机制。法案也希望通过提高价格的透明度和竞争来降低成本,通过关注交易对手风险的积累来降低风险,③同时通过对场外衍生市场中的经纪人和其他主要交易者的审慎监管和资本要求来加大对其监管。④ 衍生品清算组织将通过集中清算交易承担交易对手风险,它也将在资本、保证金、利益冲突、所有权和其他事项等方面受到监管。⑤

(二)Repo 和其他市场

除了对衍生品市场的规范之外,多德 - 弗兰克法案还提供了对其他金融市场工具的新的监管框架,包括 repo 市场,它是影子银行体系中的主要组成部分。在金融危机中,主要的金融公司越来越依靠 repo 市场作为短期资金来源。同时,这些市场的风险逐步上升,特别是随着市场集中到两家主要的清算银行,以及抵押品的使用上从低风险的国债到股票、公司债、再到资产支持证券。市场参与者错误判断了这些抵押品的质量和流动性,当然部分原因是评级机构对一些低质量贷款提高了意愿,特别是次级抵押贷款和 Alt - A 抵押贷款标示为安全资产。当金融危机到来时,repo 市场冻结,导致了大范围的信用收缩,这种收缩只能依靠美联储的干预才能缓解。

多德 - 弗兰克法案力图彻底改革短期的批发资金市场,其手段之一是使金融公司将这一资金系统的成本内部化。法案授权美联储监管那些被金融稳定监管委员会认定为具有系统重要性的金融市场实体(financial market utilities,FMU)⑥,在资本要求、抵押品、保证金要求等方面设定新的监管规则,⑦在市场中建立统一

---

① See Dodd - Frank Wall Street Reform and Consumer Protection Act, Pub. L. No. 111 - 203, § 723 (a)(3),124 Stat. 1376,1675 - 1681(2010)(amending 7 U. S. C. § 2).

② See Dodd - Frank Wall Street Reform and Consumer Protection Act, Pub. L. No. 111 - 203, § 729, 124 Stat. at 1701 - 1702(codified at 7 U. S. C. § 6r).

③ See S. REP. No. 111 - 176, at 32(2010).

④ See Dodd - Frank Act § 729, 124 Stat. at 1703 - 12(codified at 7 U. S. C. § 6s).

⑤ See Dodd - Frank Act § 729, 124 Stat. at 1703 - 12 § 725(c), 124 Stat. at 1687 - 1692[amending 7 U. S. C. § 7a - 1(c)].

⑥ See U. S. C. § § 5461 - 5472(Supp. Ⅳ 2010)(empowering the Financial Stability Oversight Council to designate systemically important "financial market utilities" and "payment, clearing, or settlement activities", and authorizing the Federal Reserve Board to prescribe standards governing these utilities and activities).

⑦ See U. S. C. § 5464(c).

的风险管理标准。对市场中两家为三方 repo 市场进行清算的清算银行进行监管。其他改革措施对这些市场的改革也不可或缺。例如，主要的金融公司将面临《巴塞尔协议Ⅲ》严格的流动性要求。多德－弗兰克法案对短期债务和对手方的信用风险敞口也有所限制。[①] 此外，对存款保险费用的评估将包括所有的负债，而不仅仅是存款。[②] MMF 作为短期商业票据的主要购买者，SEC 也将提高资产组合质量、资产组合的平均到期期限、可转化为现金的能力等方面的监管要求，以保持其流动性头寸。[③] 这些改革将产生征税或调整短期借款的效果，从而激励公司转向更加可持续的资金结构。

（三）私募基金和对冲基金监管

多德－弗兰克法案在其第四章规定了加强对私募基金和对冲基金的监管的规则。对冲基金由于其私募基金的性质，几乎不受监管的约束。法案将其纳入监管体系，首先要求管理资产规模在 1 亿美元以上，并且应当在商品期货交易委员会注册；低于该标准的在州的相应机构注册（第 410 条）。在信息披露方面，商品期货交易委员会有权要求私募基金和对冲基金保留运营记录并定期向其汇报。其中涉及资产管理规模与资产类型、杠杆率（含表外业务）、交易对手方信用风险、贸易和投资头寸、采用的估值方法等。监管机构有权采取定期检查和临时检查措施（第 404 条）。在银行与私募基金的关联性方面，采纳了沃尔克规则。在金融危机中商业银行的业务严重偏离了传统的存贷款业务，其热衷于自营交易等高风险的投机性交易业务，以赚取更多的市场收益。这导致银行经营风险的增加。沃尔克规则旨在禁止商业银行的自营交易，要求将自营交易与商业银行的业务分离，使银行回归传统的存贷款业务。除此之外，还限制银行对私募基金或对冲基金的投资。要求银行通过赎回、出售或稀释等方法，将投资减少至基金所有者权益的 3% 以下。在任何情形下，银行对私募基金和对冲基金的投资都不得超过其核心

---

① See Dodd – Frank Act Wall Street Reform and Consumer Protection Act, Pub. L. No. 111 – 203, § 165(e), 124 Stat. 1376, 1427 – 28(2010)[codified at 12 U. S. C. § 5365(e)].

② See Dodd – Frank Act Wall Street Reform and Consumer Protection Act, Pub. L. No. 111 – 203, § 331(b), 124 Stat. at 1538(codified at 12 U. S. C. § 1817).

③ See Money Market Fund Reform, 75 Fed. Reg. 10,060(Mar. 4, 2010)(codified in scattered sections of 17 C. F. R. pts. 270, 274). See generally President's Working Grp. on fin. Market, Money Market Fund Reform Options 13 – 16(2010), http://www.treasury.gov/press – center/press – releases/Documents/10.21%20PWG%20Report%2OFinal.pdf(reviewing SEC's progress in regulating money market funds).

资本的3%。

(四)证券化的监管

对于影子银行体系的主要组成部分,多德-弗兰克法案从根本上改变了对证券化的监管。法案要求投行和其他发行人全面披露证券化结构,包括资产和发起人的相关信息。[①] 要求发起人在大多数情况下保留一部分其发行证券的风险,使之在证券化中有切身利益(skin in the game),如此才能与证券的参与者利益保持一致。[②] 资本规则将更好的用于实际风险,而同时会计规则的变化将使那些最普通形式的证券化产品出现在资产负债表中[③]。信用评级机构对证券化的评级极大地扭曲了市场,特别是评级购买问题[④]和利益冲突问题。[⑤] 法案将评级机构纳入SEC的监管之下,并且法案要求对评级方法、基础性数据、第三方尽职调查的结果等进行信息披露,以此增加评级的透明度。[⑥]

四、加强消费者保护

在多德-弗兰克法案之前,联邦金融消费者保护的监管被分散到7个不同的部门,它们有不同的规则、监管方式和执行力度。[⑦] 这种分散的局面使得银行选择消费者保护最薄弱规则来适用,而非银行类金融机构则集体避免联邦的监管。传统上对于金融中介,如银行,监管机构关注的重点在于其管辖范围内的金融机构的安全和稳健,而消费者保护并非其关注的重点。而在消费者保护方面具有优先

---

① See Dodd - Frank Act § 942, 124 Stat. at 1896 - 97[amending 15 U. S. C. § § 77(g), 780(d)].

② See Dodd - Frank Act sec. 941(b), § 15G (directing the SEC to require sponsors of asset - backed securities to retain at least five percent of the credit risk of the underlying assets).

③ See FIN. ACCOUNTING STANDARDS BD., FIN. ACCOUNTING SER. NO. 310, STATEMENT OF FINANCIAL ACCOUNTING STANDARDS NO. 166(2009); FIN. ACCOUNTING STANDARDS BD., FIN. ACCOUNTING SER. NO. 311, STATEMENT OF FINANCIAL ACCOUNTING STANDARDS NO. 167 (2009).

④ 如果发行人对于某家评级机构所给予的评级结果不满意,他就会转去另外一家评级机构以获得更好的评级结果。发行人有权选择对其友好的评级机构,而评级机构为了商业利益,不得不放弃必要的职业操守,调高评级结果以取悦客户,这就使评级结果丧失了必要的中立性。

⑤ See Dodd - Frank Act § 932, 124 Stat. at 1872 - 83(amending 15 U. S. C. § 780 - 7).

⑥ See Dodd - Frank Act § 932(a)(8), 124 Stat. at 1877 - 78.

⑦ See Creating a Consumer Financial Protection Agency, *A Cornerstone of America's New Economic Foundation: Hearing before the S. Comm. on Banking*, Hous., & Urban Affairs, 11Ith Cong. 6 - 7(2009) [hereinafter Consumer Financial Protection Hearing] (statement of Michael S. Barr, Assistant Secretary for Financial Institutions, United States Department of the Treasury).

性的州的法律也没有充分起到消费者保护的作用。多德－弗兰克法案规定了一个统一的专任的机构，结束了这种分散的、无效率的局面。该机构有权禁止不公平、欺诈性的滥用行为，①并达到国会所要求的“保证消费者保护的法律和监管规则能够全面、公平和有力地实施”，新设立的消费者保护局将结束“监管购买”（regulatory shopping）局面并增加政府的责任。该机构拥有统一的规则制定和实施的权力，这将有利于增强规则制定过程中的信息反馈，并提高监管质量。法案要求该机构能够平衡消费者保护与金融服务和金融创新的关系，②并与州检察总长紧密合作。③ 此外，消费者保护局自身在其权力的使用方面也被视为一个创新者，特别是引入对非银行类公司更有效的监管方法，如以风险为基础的考核。新的消费者保护监管不仅促进银行和非银行类金融机构在价格和服务质量方面的竞争，而且使消费者即使在金融产品的提供者有动机隐藏真实成本的情况下也能够做出他们自己的选择并找到最适合的金融产品。

应当指出的是，虽然过去的30年间影子银行集聚了较多的风险，并导致了2008年金融危机的爆发，但我们应当看到金融市场发展的合理性。从美国金融监管法案的修改情况可以看出，该法案基本保留了过去30多年以影子银行体系飞速发展为主要内容的金融创新和金融自由化的基本成果，并进一步确认了市场化仍是美国金融业未来发展基本方向。④

第三节　欧盟影子银行监管改革

欧盟在面对影子银行问题及其监管调整方面相对于美国来说要显得迟缓。尽管在欧盟层面上对欧洲金融监管体系进行了较大的调整，但并未对影子银行问题有专门应对措施。这也许和欧盟作为国家间组织，在监管协调上相比主权国家存在较大的难度有关。欧盟在影子银行的监管方面还处于起步阶段，主要工作体现在以下两个方面。

---

① See Dodd－Frank Wall Street Reform and Consumer Protection Act, Pub. L. No. 111－203, § 1031, 124 Stat. 1376, 2005－06 (2010) (codified at 12 U. S. C. § 5531).

② See U. S. C. § 5511 (b) (Supp. Ⅳ 2010).

③ See U. S. C. § § 5495, 5552.

④ 李扬、殷剑峰：《影子银行体系：创新的源泉，监管的重点》，载《中国外汇》2011年第16期。

一、欧盟委员会:影子银行绿皮书

2012 年 3 月 19 日,欧盟委员会发布了影子银行绿皮书,对涉及影子银行的一些基本问题征求意见。① 由于欧盟是 FSB 的重要参与者,FSB 工作组的成员很多也来自欧盟,因此,FSB 发布的关于影子银行监管的文件中所阐述的观点在绿皮书中也基本得到了贯彻。绿皮书的发布意在向欧盟市场中的利益相关者征求意见。

绿皮书涉及的主要问题包括以下几个方面:

(一)什么是影子银行

绿皮书沿袭了 FSB 的界定,认为影子银行是"常规银行体系之外从事信用中介的实体和行为"。影子银行体系有以下两个基本特征。第一,在常规银行体系之外,从事了下列行为之一:像存款一样接受资金、从事期限或流动性转换、从事信用风险转换、使用直接或间接金融杠杆。包括特殊目的实体、货币市场基金、投资基金(包括交易所基金)、银行监管之外的一些金融公司和证券实体、提供信用保险的保险或再保险公司。第二,从事的行为可以成为非银行实体资金的重要来源,如证券化、证券借贷和回购。

(二)影子银行的作用与风险

影子银行体系的发展是 2008 年金融危机的重要根源,各国在面对影子银行时多充满了警惕,严加约束成为共同的选择。但欧盟仍然认可影子银行发展对经济和金融的作用,这些值得我们在采取进一步的政策之前深入思考。

影子银行在金融体系中发挥了以下功能:(1)它们为投资者提供银行之外的另类投资机会。(2)由于专业化水平的提高,它们向特定的融资需求提供了更有效和更多的渠道。(3)当传统银行或市场渠道不畅时,它们为实体经济提供了另一种选择。(4)它们为分散银行风险提供了一种可能的方式。

影子银行的实体和行为同样也创造了一些风险,这些风险可能是系统性的。其风险性主要体现在四个方面:第一,类似于银行存款可能导致的挤兑风险;第

① See European Commission, *Green Paper on Shadow Banking*: *The Eurosystem's Reply* (July 5, 2012), https://www.ecb.europa.eu/pub/pdf/other/commissionsgreenpaperon shadowbankingeurosystemreplyen.pdf.

二，高度杠杆率；第三，规避法规和监管套利；第四，混乱无序的失败会影响银行体系。

（三）影子银行对监管当局带来的挑战

第一，监管当局首要关注的是必须识别和检测相关实体及其行为。虽然在欧盟新的金融监管架构下，相关机构已经在从事该工作，但当前关于银行体系和非银行金融机构之间关联性的数据还非常匮乏，这需要欧盟委员会、欧洲央行、各国央行加强合作，信息分享。

第二，当局需要决定对影子银行实体的监管方法。包括：(1) 在合适的层面获得；(2) 对称监管；(3) 考虑已有的监管能力和实践；(4) 与宏观审慎框架的协调一致。

第三，由于影子银行的问题可能需要扩展审慎监管的范围和本质，必须有适当的监管回应。对此，绿皮书也考虑了 FSB 提出的监管建议，即监管措施应具有针对性（targeted）、适当性（proportionate）、前瞻性（forward - looking）、适应性（adaptable）、有效性（effective），并能够进行评估和回顾。

第四，欧盟将采取什么样的监管措施。一系列的包含影子银行实体和行为的监管立法建议已经建立或正在欧洲议会和欧盟理事会中讨论。一些成员国也有自己的监管规则，但这些并未在欧盟层面上实行。欧盟对影子银行的监管措施主要从以下三个方面入手：(1) 间接监管，通过对银行和保险的监管控制影子银行行为。(2) 扩大当前审慎监管的范围，将影子银行行为纳入其中。(3) 直接监管一些影子银行实体。

在以下 5 个领域，欧盟委员会正在考虑进一步调查可选择的途径和下一步的方案：(1) 银行监管。包括基于审慎目的防止任何风险向影子银行实体转移；检查并发现风险敞口的途径，限制对影子银行实体的过度风险敞口，提高银行对此种风险敞口的信息披露要求；确保银行监管能够覆盖所有相关行为。(2) 资产管理监管事项。欧盟委员会正在密切关注在影子银行背景下交易所基金和货币市场基金的发展。(3) 证券借贷和回购业务。此类行为能够用于迅速提高杠杆水平，并且是影子银行机构的重要资金来源。特别需要关注的问题是，审慎的抵押品管理；抵押证券收到现金后的再投资行为；再次利用抵押品（再抵押）；对市场和监管当局提高透明度问题；市场基础设施的作用。(4) 证券化。欧盟委员会正在检测证券化监管的措施是否能够有效解决影子银行问题。证券化中的主要问题包括透明度、标准化、自留以及会计要求。欧盟委员会也正在加强与美国和 FSB 的沟通与协调。(5)其他影子银行实体。关注其他影子银行实体是为了使所有的实体都能够被涵盖;纳入现有的监管体制;识别这样体制中的不足;如果需要,建议对这些实体采取审慎措施。

对绿皮书确定的主要问题,欧盟范围内的利益相关者进行了积极的回应。2012 年 12 月,欧盟委员会公布了回应情况的概要。通过绿皮书,欧盟在一些基本问题上取得了共识。

二、欧洲央行监管探索

2012 年 4 月,欧洲央行(ECB)发布了《欧元区影子银行状况概览》[①],该文件对欧元区内影子银行的发展状况进行了统计和概括,并提出了自己的监管思路和重点。影子银行问题由于对金融稳定有着巨大影响而引起了广泛的关注和讨论。从广义上而言,影子银行是指那些受监管的银行体系之外,从事信用中介、流动性和期限转换的行为。在这份文件中,ECB 首次对欧元区范围内的影子银行的规模、结构进行了调查,虽然总体上影子银行行为较美国小,但非常重要。受监管的银行体系和未受监管的部门之间关联密切,这种关联也造成了风险在不同部门和国家之间的传染。欧元区内银行越来越多地依赖于金融部门之外的资金,特别是其他金融中介,这些也包含了影子银行实体,如证券化实体。此类资金往往都是短期资金,容易出现挤兑和流动性不足。这就要求有关部门加强对这种关联的监管。这需要提高数据和其他信息的可得性。

ECB 认为,欧元区范围内的影子银行实体主要包括:证券化、货币市场基金、回购市场、对冲基金。

证券化使得信用中介过程被打断,并提高了期限转换的程度(短期债务投资于长期资产)和流动性转换(通过更具流动性的负债取得非流动性的资产)。最初的贷款人将其请求权转让给另外一家实体,它可能不是一个受监管的银行。同样,银行或获得贷款组合的实体可以将其作为基础资产发行资产支持商业票据或资产支持证券。这些证券获得信用机构的评级使其能在更广的范围内交易。更进一步地,资产支持证券(其本身就是证券化产品)被用作基础资产,做成担保债

---

① See European Central Bank Occasion Paper Series, *Shadow Banking in the Euro Area: An Overview*, No. 133/APRIL2012, http://www.ecb.int/pub/pdf/scpops/ecbocp133.pdf.

务凭证。这使其能够增加组合的层级,创建次级债务。

货币市场基金投资于低风险的短期债务,是影子银行资金的重要来源,如购买存单或商业票据等。货币市场基金与影子银行部门高度关联,美国一家货币市场基金也是美国历史上最悠久的货币市场基金——主要储备基金(the Reserve Primary Fund)跌破1美元净值后所引发的挤兑,对金融危机中流动性的不足造成了巨大影响。2011年第二季度,欧元区MMF管理的资产达到了1.1万亿欧元。2009年年初经历了轻微下调后,欧元区MMF的投资基本保持了稳定。

repo是一种短期融资工具,大约48%的未偿还的repo到期日长于1个月。欧洲市场中的repo可以分为两类,一类是一般抵押品回购(general collateral repos),抵押品是"一揽子"证券中的一种。如一国中央政府债券或政府债券。这些回购是为了取得现金,即主要服务于融入方资金或流动性需求而进行证券回购。另一类是"特殊"或"特定"抵押品回购。特定证券,即融出资金方指明借入某证券作为抵押品,不可替换,如证券借入方卖空证券。从影子银行和系统稳定的角度看,关注的重点在于融资和流动性相关的回购市场。因为它们部分从事了期限和流动性转换的功能。而事实上,在金融危机期间,一般抵押品回购业务增长高于特定抵押品回购。回购市场具有私人交易的特点,存在高度的不透明性,《欧元区影子银行状况概览》没有关于欧元区市场repo规模的相关数据。尽管如此,根据国际资本市场协会(ICMA)的信息来推测,2011年12月,欧洲市场内未偿还的repo规模约为6.2万亿欧元。①

对冲基金包含了多种实体和商业模式,根据ECB/Eurosystem获得的数据,欧洲市场内对冲基金总体上作用有限。截至2010年欧洲范围内对冲基金的资产总额刚刚超过1000亿欧元(这一数据不包括英国)。对冲基金是否构成影子银行体系的一部分存有争议。但对冲基金是复杂的金融中介网络中的一部分,通过参与证券化行为或者repo市场,有助于促进影子银行生长。

欧元区内的影子银行行为要低于美国市场的状况,无论从总体规模还是金融体系中的比重来看,都是如此。但在绝对规模上,银行金融中介所持有的资产仍是非常可观的。欧洲央行在文件中首先强调了数据与信息获取的重要性,并认识到当前ECB和欧元区体系所建立的数据统计系统仍是不充分的。特别是涉及影

① See International Capital Market Association (2012), European repo market survey, No. 22, September, http://dev. icmagroup. org/assets/documents/Market – Info/Repo – Market – Surveys/ICMA – ERC-European – Repo – Survey – June – 2012. pdf.

子银行体系与其他金融部门的关联交叉方面还存在较大的不足。具体的监管方式上,ECB 基本沿用了 FSB 所设计的监管思路,从直接监管和间接监管两方面加强对影子银行系统的关注。特别是对那些过度使用杠杆的机构,以及 MMF 这类容易发生挤兑,并在紧急时候需要央行给予流动性支持的机构。

综上所述,危机后国际社会已经启动了对影子银行的研究,开始了监管改革的进程。但有效地界定影子银行的内涵和外延,并将该问题体现的政策含义充分纳入国家的监管法律仍然有较长的路要走。国际社会在推动影子银行监管方面尽管进程上存在差异,但也存在很多的共通之处。

首先,在 20 国集团和 FSB 所建立的国际金融合作与对话框架下,FSB 发布的对影子银行监管的一系列报告获得了广泛的认同,在推动各方形成共识方面做了很多的工作。报告概括了影子银行体系发展中暴露出来的一些突出问题,特别是其潜在的风险,这些已经迅速被各方所接受。如针对原有监管体系的空白,要求建立全面覆盖的监管体系,将所有的金融中介和市场化融资的方式都纳入监管视野;建立有效的机制,解决影子银行发展中因道德风险产生的不当激励问题等。美国在推进监管立法方面走在最前面,主要原因还是美国影子银行体系规模影响巨大,是金融危机爆发的根源之一。欧盟将影子银行的监管与建设单一的金融市场和统一的金融监管体系联系在一起。由于 FSB 在报告的制作和发布过程中的广泛参与,欧盟对影子银行的内涵和外延以及监管原则的确定等方面与 FSB 不存在太多的差异。欧盟在危机后建立起泛欧层面的金融监管机构,推动了成员国监管之间的协调。此外,欧盟通过了《另类投资基金管理人指令》等三个指令,开展对另类投资基金(alternat iveinvestment funds,AIF)监管。着力点也集中在对冲基金和私募股权基金等对危机影响较大问题的较突出的方面,对其他影子银行体系中的实体和行为的监管也正在渐次展开。

其次,从各方的立场看,虽然影子银行体系被认为是在 2007 年开始的金融危机中"闯了大祸的孩子",但从监管规则的制定上来看,并未给予立法限制或禁止。(各国)都致力于构建"好的监管制度",而不是强制的监管。一个好的监管制度必然是鼓励金融市场发展,并致力于减少金融市场的摩擦和信息不对称,降低系统性风险,而不是凌驾于金融市场自身发展之上。① 作为过去 30 多年金融市场发展的最重要的变革,影子银行的产生和发展无疑具有相当的合理性。影子银行的

① 周莉萍:《论影子银行体系国际监管的进展、不足、出路》,载《国际金融研究》2012 年第 1 期。

发展适应了市场中资金需求者和投资者多样化的需求，是在现代信息技术的基础上发展起来的，代表了金融领域发展的方向。自由主义和市场化根植于西方的经济体系中，虽然影子银行暴露出来的风险和监管方面的不足值得重视，但绝不会对其予以根本性的否定。正如美联储的员工报告指出，影子银行将永远（always）存在下去，它们无所不在，通过套利、创新和从专业化中获利。这已经成为所有高级金融体系的典型特征。①

最后，在对影子银行的监管内容方面，非常注重数据与信息问题。由于影子银行体系高度市场化、不透明，在获得相关数据并评估风险方面存在很多的障碍。如场外衍生品交易的数据、证券回购市场规模等。在信息方面，第一，关注信息的获取。将影子银行纳入监管框架，加强影子银行实体的信息披露。避免由于信息不对称引发道德风险，以保护金融消费者的权益。第二，关注信息的分享。影子银行体系的链条涉及多个监管部门，各部门除了自己获取有关的数据信息之外，还应当与其他部门共享。通过相互参照发现影子银行中存在的风险。如金融监管部门与货币政策的制定部门之间的共享等。

---

① See Pozsar, Zoltan et al., *Shadow Banking* (July 15, 2010), http://www.newyorkfed.org/research/staff_reports/sr458.pdf.

第六章　中国影子银行的特性与监管改革

影子银行的产生、发展、繁荣和危机的爆发有着来自金融监管政策和金融市场两方面的因素。在宏观层面上，主要是新自由主义及其主导的经济发展模式深刻影响了金融监管，去监管化、强调市场自律成为主流的意识形态。在微观层面上，金融机构和金融市场所进行的金融创新和监管套利行为直接导致了影子银行的产生，并将整个金融体系连结为一个整体。影子银行体系的发展使其在金融规模和金融结构等方面超越了传统商业银行，挑战了金融监管，形成了系统性的风险。传统的金融"挤兑"风险通过新的形式出现在金融体系中，加上过度的杠杆使用导致了金融体系的脆弱。美国房地产市场的转向直接动摇了建立在其基础之上的资产支持证券及衍生品的价值，金融风暴迅速席卷了庞大金融体系，影子银行的风险充分暴露。

危机后，各方深刻反思了新自由主义带来的影响，重塑金融监管体制，加强政府对金融市场的介入。在具体的监管制度的设计上具有极强的针对性，针对危机暴露出的金融体系中的风险，加强对金融薄弱环节的监管，如除了继续提高资本充足率要求之外，更强调流动性监管；针对市场的统一和高度传染性，加强对系统重要性金融机构的监管；另外，针对影子银行体系中的主要机构和行为进行特别监管设计，如证券化、证券借贷、回购交易等。可见，影子银行监管设计是与特定的经济背景、经济环境和特定的金融市场、金融行为联系在一起的。中国影子银行问题的考察分析和监管设计也同样离不开对中国经济环境与金融市场的研究，并与当前我国金融的特点和发展模式相匹配。本章的结构思路如下：首先，分析我国影子银行与境外影子银行的共通之处，这是它们适用相同的监管理念和原则的基础；其次，关注中国影子银行发展的特殊背景与特征，我国金融监管的法律设计不能脱离当前的环境和背景；最后，在对我国影子银行的存在形式进行分析的基础上，提出完善我国影子银行监管的原则和政策建议。这是今后监管制度设计的主要方面。

第一节 中国影子银行问题的共性与特殊性分析

一、中外影子银行发展的共性

(一)逃逸金融管制

美国影子银行的发展与美国金融市场的管制联系在一起,主要体现在分业经营与利率管制。1933 年美国制定的《格拉斯 - 斯蒂格尔法案》确立了美国银行业与证券业、保险业分业经营的体制,这使得各金融部门彼此难以进入对方的领域。但分业经营使金融机构在与混业经营者的竞争中处于劣势。同时随着金融创新的推动,更多的金融产品和金融行为跨越了不同领域,开始挑战分业监管的局面。例如,随着证券化的发展,银行与证券市场紧密联系在一起,金融的统一性影响了监管的有效性。另外,美国长期存在利率管制。按照美联储 Q 条例的规定,银行存款利率设定了最高限制。在"货币管理资本主义时期",大量资金寻求更高的回报。货币市场基金发展迅速,它提供了类似于银行活期存款的便利和高于银行存款的利息,由此开启了金融脱媒的进程。市场导向的金融,特别是回购市场和证券化业务的极大繁荣成为影子银行发展的标志,并在规模、系统重要性等方面超越了传统商业银行。

我国金融市场发展相对落后,但也面临和美国相似的局面:金融业严格管制体现了国家对金融资源的配置。国有金融机构构成了金融市场中的主体,加上我国间接融资为主的金融体系,国有商业银行可以开展吸收公众存款的业务,形成了资金聚集以及开展贷款业务的源头。中国影子银行的发展也表现为对现有金融框架的突破:在负债方面,吸收存款或变相吸收存款的金融机构和行为屡禁不止,突出表现为大量所谓的非法集资;在资产方面,通过民间借贷一定程度上满足了非国有企业融资需求。国有金融体制之内,在利率管制特别是活期存款利率管制的情况下,银行可以从社会中获取大量低成本存款;从资金的使用角度看,金融机构仍倾向于向国有企业发放贷款。例如,2013 年,国有工业企业利润总额占工业企业利润总额比例为38.3%,而国有企业贷款占全部企业贷款比例达46.5%。[①]体制外,中小企业、民营经济在活动贷款方面存在“玻璃门”,或者承受较高的资金成本。由于存在体制内外资金价格落差,形成了多层次套利体系,这与改革开放之初广泛存在的双轨制并无本质差异。部分国企通过贷款或发行股票取得大量资金,进而通过委托贷款获取利差,成为影子银行体系中的一员。

对经济的调控政策也常指向对特定领域的窗口指导(如限制房地产领域融资)。房地产市场长达20多年的迅猛发展,特别是房地产资产价格长期上涨的趋势,使得金融机构将房地产作为信贷投放的重要领域。随着一轮又一轮国家调控政策出台,一个重要的方面是现在面向房地产企业的融资。在银行融资受阻的情况下,通过信托通道进行的融资依然活跃。这成为资金寻找高收益途径,逃逸监管的又一途径。

随着我国市场化改革的不断推进和市场主体的多元化,原有金融体制下,众多市场主体的融资需求无法实现,民间金融市场的存在是我国金融体系中的一个长期问题。虽经多次打击控制,不过是不断固化了原有体制,没有充分考虑其发展的合理性,并为其生长留下空间。此类影子银行也是对监管的突破,对经济仍有一定的积极作用。

除了上述对金融市场准入存在严格限制之外,金融管制的另外一个重要领域是对资金价格,即利率的管制。1993年确立利率市场化改革的基本设想,2013年7月央行放开了商业银行贷款利率,2015年10月又放开一年期以上定期存款利率浮动上限。距离最终“保持一年期以内定期存款及活期存款利率”还剩关键一跃。由于利率市场化的进程尚未完成,再加上通货膨胀的发展,居民存款处于“负利率”的状态,居民财富在面临缩水的情况下同样也在寻求存款之外的投资方式。这极大地促进了各类理财市场和非银行的金融机构、金融产品、货币市场基金的发展。“存款搬家”成为银行负债方脱媒的主要方式,寻求更好的投资渠道和更高的回报成为市场的选择。在资产方面,银行贷款在全社会融资规模中的比重也从2002年的91.9%下降到了2011年的58.2%。[②] 银行在我国金融体系中居于主导

① 参见盛松成:《投资软约束与高利率的形成——高利率与高货币余额并存的宏观层面原因分析》,载中国经济网,http://views.ce.cn/view/ent/201406/04/t20140604_2920554.shtml。

② 参见中国人民银行:《2002年以来社会融资规模年度数据及结构》,载中国人民银行网2012年9月13日,http://www.pbc.gov.cn/publish/goutongjiaoliu/524/2012/20120913102139128723838/20120913102139128723838_.html。

地位，但金融脱媒的发展将成为长期面临的挑战。金融脱媒对我国金融体系、金融监管产生重要的影响。[①] 中国货币市场基金的典型——阿里巴巴旗下的余额宝，于2013年设立，短短4年其规模就已超过摩根大通美国政府货币市场基金，成为全球最大的货币市场基金，托管资金规模达到1656亿美元。

（二）金融创新和监管套利推动了影子银行的繁荣

20世纪60年代以来，金融创新层出不穷，通过金融制度、金融产品、交易方式、金融组织、金融市场等方面的创新和变革，促进了金融领域各种要素的重新优化组合和各种资源的重新配置，已经成为促进金融市场发育、金融行业发展和经济增长的重要力量。[②] 逃避监管、规避税收、投资者对更安全和更高收益的追求是金融创新的内在动力。在西方影子银行的发展过程中，许多新的金融工具和金融产品被开发出来，影子银行从事着类银行的业务，发挥着银行的功能，却不受银行监管规则的约束。例如货币市场基金，一方面提供类似于银行的存款账户，另一方面却无须缴纳存款准备金、存款保险费用等成本，通过监管套利获取竞争优势。再如，一些金融机构从事类似于银行的贷款业务，却不受银行审慎监管约束，所以不必维持较高的资本充足率。由此在金融活动中不断提高杠杆比例，获取较高的资本收益率。这将导致市场行为受价格波动和市场波动的影响巨大，从而增加金融系统的脆弱性。[③] 金融脱媒并没有对商业银行造成巨大冲击。商业银行迅速融入这一进程，并成为其中的主导者。如通过资产证券化将银行所持有的长期资产转移到资产负债表之外，既能够为银行长期资产提供流动性，同时也减少了持有资产产生的资本消耗。银行的经营模式也从"发放—持有"转变为"发放—分销"。除此之外，商业银行还设立了特殊目的实体等从事证券化业务。如此等等，影子银行体系适应了筹资者和投资者们的多样化需求，这使其发展建立在牢固的市场之上。

金融创新同样是中国影子银行发展中不可或缺的推动力量。我国金融体系中面临较多的管制，例如，由于分业经营的要求，银行不得从事信托、保险或基金业务。但近年来，商业银行理财产品聚拢的资金，通过银信合作、银证合作等模式，利用信托公司的平台，发挥通道作用进入资金需求的领域。再如，2010年后蓬

---

① 参见李扬：《脱媒：中国金融改革发展面临的新挑战》，载《新金融》2007年第11期。

② 参见何德旭、王卉彤：《金融创新效应的理论评述》，载《财经问题研究》2008年第12期。

③ 参见［英］约翰·伊特韦尔、［美］艾斯·泰勒：《全球金融风险监管》，成家军等译，经济科学出版社2001年版。

勃发展的“人人贷”,即 Peer to Peer(P2P)借贷。人人贷经营企业承担中介职能,融通资金的借出人和资金需求者,并借助网络平台降低信息的搜集成本和交易成本以获取收益。这种经营模式从事的是贷款的发放和贷款资产管理和转让业务,是民间融资的一种形式。这种经营方式游走在监管政策边缘,在我国分业监管的体制下缺乏有效的监管。

银行是我国信贷资源配置的主渠道,国有企业在获得金融支持方面具有优先性。现有的商业银行体系无法满足市场中广泛存在的融资需求,民营企业、中小企业和农村地区的金融需求旺盛。影子银行形成的信贷链条,通过新的金融工具达到分散风险和扩大服务范围的目标。对于金融创新的效果,默顿认为金融创新能够极大促进实体经济的发展,是实体经济的“发动机”,能够带来社会净福利的增加。①

二、中外影子银行发展的差异

我国影子银行的发展与国外影子银行在基本经济背景以及发展的内在机制方面存在共同之处,这使得二者能够适用共通的监管理念和原则。如注重宏观审慎监管,防范系统性风险,注重监管的统一性和一致性等。但由于金融发展阶段和发展水平的不同,以及各自金融体系和金融监管方面的巨大差异,影子银行的发展形式、表现,以及在各自金融体系中的影响有很大的不同。这也决定了各国在确定监管重点、监管方式,调整金融监管法律的内容上存在不同。

(一)金融业市场准入管制

发达国家的金融市场大多已经实现了金融市场的开放和金融自由化,影子银行体系的发展也体现了市场化金融和注重市场交易的特点。但与之不同的是,中国金融市场仍然存在严重的金融管制。金融业在国民经济中有着特殊的作用:金融业提供的许多金融业务属于基本金融服务,如吸收存款、办理结算等,对社会公众影响巨大;银行所提供的发放贷款业务是社会实体部门获取资金的重要来源,并以此构成了经济增长的主要力量;另外,商业银行向社会提供信用,是社会信用规模控制的主要渠道,中央银行金融调控也要透过商业银行发挥作用。因此,金

① See Robert C. Merton, 1992, *Financial Innovation and Economic Performance*, Journal of Applied Corporate Finance, Morgan Stanley, Vol. 4(4), p. 12 - 22.

融行业传统上就被纳入受管制的行业。在市场准入方面,按照《商业银行法》《证券法》《保险法》的要求,必须获得相应的经营许可才能够从事。而在业务经营方面,也必须获得相应的许可才能够开展。为了加强对金融经营的保护,我国《刑法》中也设置了诸多罪名,如"非法经营罪""集资诈骗罪""非法吸收公众存款罪""擅自设立金融机构罪",在《刑法》分则第三章"破坏社会主义市场经济秩序罪"之下,第四节和第五节分别规定了"破坏金融管理秩序罪"和"金融诈骗罪"。破坏金融管理秩序罪属于《刑法》中的法定犯的范畴,这不同于明显违反伦理道德的自然犯,其法律危害性根据常识即可判断。法定犯违反了国家对经济社会的管理秩序。对金融的管理方面,按照我国法律规定,合法的融资渠道仅限于商业银行、保险、信托、证券(股票、公司与企业债券)、各类基金、短期融资券、证券公司集合理财计划等几类。

对融资行为的严格限制抑制了合理的融资需求,特别是民间融资的合理性。与西方经济过度的金融化和虚拟经济的发展不同的是,中国的金融深化程度还远远不够。早在 20 世纪 70 年代,美国经济学家麦金农(Ronalde I. Mckinnnon)和肖(Edwarl S. Shaw)就指出,金融抑制,特别是政府对金融的干预将阻碍经济的发展。经济学的研究者指出,尽管我国存在金融抑制,但由于存在"漏损效应",市场通过多种方式弥补了这种不足。特别是金融资源从国有部门向私人部门的流动。在金融压抑体系下,中国存在两种主要的资金漏损渠道。第一种渠道是商业信用,它的形式往往是三角债。第二种漏损渠道是国有企业的资产和资金直接转移到私人部门。通过以上两种渠道进行资金转移的活动大多数是违法的,然而它们的确有助于私人部门获得稀缺的金融资源,进而可能有助于经济的增长。[①] 近年来上市公司频繁的放贷行为成为这一理论的最好注脚。

在计划经济时期,严格的金融管制建立起来的金融秩序为国家统一分配金融资源提供了便利。但过于简单而粗疏的管理模式无法适应市场经济多元化的融资需求,也抑制了蓬勃而活跃的民间融资发展。私人间的借贷是民事生活的组成部分,古今中外皆然,法律对此无法禁绝。《合同法》第十二章规定了借款合同,另外,《最高人民法院关于人民法院审理借贷案件的若干意见》规定,自然人之间、自然人与法人、自然人与其他组织之间的借款作为借贷案件受理。这都确保了民间

---

① 参见卢峰、姚洋:《金融压抑下的法治、金融发展和经济增长》,载《中国社会科学》2004 年第 1 期。

借贷的组织形式及其合法性。

40 多年的改革开放在民间积累了巨大的财富。民间资金也同样希望在安全的前提下寻求更高收益。理财产品、货币市场基金、信托的发展也都适应了这些需求。

(二)分业、多头监管的体制

与金融的分业经营相对应,分业监管也成为我国金融监管体制的基本架构。分业监管能够提高监管的专业化程度,对于金融市场不发达的国家来说,分业监管具有良好的适应性。但如同 2008 年金融危机中所暴露出来的,分业监管状态下,对影子银行系统性风险关注不足;多重监管下影子银行监管套利。影子银行发展的结果之一就是通过证券化这一核心业务,打通了原来两个分别独立的市场——传统的商业银行和证券市场,使得市场化导向的金融与金融中介之间的区分不那么界限分明。金融市场的内在统一性对金融监管提出了巨大的挑战。我国也有学者指出:“以直接融资和间接融资区分融资的形式是老概念而且是落后的。在全球最权威的金融学辞典中找不到直接融资和间接融资的概念。而且有很多金融产品难以界定。应对这些问题我们应当制定系统、综合的金融体系现代化方案,而不是简单的搞金融改革方案。”①新的金融产品和金融工具的出现对目前僵局的划分造成了巨大的冲击。“在本次繁荣期间,金融体系的结构发生了根本性变化,传统银行系统之外的资产所占的比重大大提高。这个非银行金融系统变得非常大,在货币和资金市场上尤其如此。”②

分业监管在我国金融监管中的问题也越来越多。多个监管机构以及中央与地方两个层面上存在的监管已经不适应金融市场的发展。双层多头监管的体制形成了部门利益和地方利益。在我国现有的体制下,监管者一定意义上与从业者存在共同的利益,被监管者对监管者的“俘获”在我国也同样存在。监管权的存在还容易导致寻租行为的存在。行政壁垒更固化了这种利益。更何况,在我国还存在监管者与经营者人事交流,二者之间的利益共同体损害了监管的独立性。

随着金融市场的发展,机构的综合经营、合作经营,金融产品和服务的跨部门的特征也愈加明显。这对监管者的信息交流与合作提出了更高的要求。众多的

---

① 李扬:《脱媒:中国金融改革发展面临的新挑战》,载《新金融》2007 年第 11 期。

② Timothy F. Geithner, *Reducing Systemic Risk in a Dynamic Financial System*, The Economic Club of New York(June 9,2008), https://www.bis.org/review/r080612b.pdf.

市场主体都作为信用中介投入融资贷款的影子银行业务中，但相应的监管体系却非常混乱。如担保公司、典当行、小额贷款公司、私募股权投资基金等。

1. 融资性担保公司的监管。根据国务院办公厅发布的《关于进一步明确融资性担保业务监管职责的通知》（国办发〔2009〕7 号），国务院建立融资性担保业务监管部际联席会议。联席会议负责研究制定促进融资性担保业务发展的政策措施，拟定融资性担保业务监督管理制度，协调相关部门共同解决融资性担保业务监管中的重大问题。联席会议由原银监会牵头，发改委、工业和信息化部、财政部、中国人民银行、原工商总局、原国务院法制办等部门参加。2010 年联席会议发布的《融资性担保公司管理暂行办法》规定，对融资性担保公司由省、自治区、直辖市人民政府实施属地管理。多头监管的最大的问题就是监管目标、监管尺度上的不一致。以地方为主的属地管理会导致不同地区监管上的巨大差异。这些都为监管套利创造了机会。

2. 典当行的监管。同样的问题也存在于典当行。在 2003 年之前，典当行归类于非银行金融机构，由中国人民银行、原国家经贸委、公安部等部门共同管理。但 2003 年之后，原银监会承担了银行监管职能，典当行则由商务部、公安部共同管理。2005 年商务部、公安部联合发布了《典当管理办法》，确定了当前典当行的管理模式。但商务部门对典当行的管理主要限于市场准入方面的核准设立，而在业务方面缺乏专业化的监管。典当行从事资金融通业务，与金融机构有着千丝万缕的联系，从业人员也大多来自银行系统，与金融界人士有着很深的人脉渊源。但是"由于典当行没有被完全纳入正规金融监管范围内，典当行的监管也没有具体的实施细则，导致典当行普遍存在隐瞒真实经营情况、提供虚假财务会计报告及财务报表、财务核算不健全不规范、风险管理松散不到位等问题的存在"。[①] 典当行在业务金额、资金来源、注册资本、抵押手续等多个环节存在普遍的违规经营。甚至从事变相吸收存款、违规放贷等典型的影子银行业务。典当行从事的信贷业务已然成为社会融资的一个重要来源。

典当行发展中的问题已经引起了国家相关部门的重视，2011 年 5 月 6 日，国务院法制办公布了《典当行管理条例（征求意见稿）》公开征求意见。但其中涉及的核心争议并未解决，如扩大典当行的资金来源、费率管理、抵押物管理以及对典

---

① 参见史和新、张帆：《规范典当行业　防范化解风险——浙江省绍兴中院关于典当行违规经营现状的调研报告》，载《人民法院报》2012 年 10 月 11 日版。

当行业的监管等。时至今日,条例仍未正式发布。2011 年 12 月 23 日商务部发布了《关于“十二五”期间促进典当业发展的指导意见》,提出推动典当行的立法工作。该意见还提出,建立风险防范体系。防范典当业务过于集中于单一类当物的风险。建立健全典当业市场监测、风险防范和预警机制,及时发布典当业防范风险相关指引。严格执行典当行从银行贷款的比例限制,严禁违规吸收公众资金甚至从事非法集资活动,严禁发放信用贷款。但从内容上看,该意见对典当行的管理并无太多新意,也并未超出《典当行管理条例(征求意见稿)》的范畴。

然而更为重要的是,对典当行的管理仍然强调了传统的部门管理,而这在金融市场的统一性不断加强和关注金融宏观审慎管理的背景下,无论是《典当行管理条例(征求意见稿)》还是《关于“十二五”期间促进典当业发展的指导意见》均未反应部门合作与维护整体金融稳定的理念与要求。特别是从 2010 年起,中国人民银行开始了对社会融资规模的统计和管理,作为社会融资的一部分,相关部门在对典当行未来的制度设计和管理中并未给予应有的重视和协作,导致了金融调控的缺陷。

3. 投资基金监管。各类投资基金的发展也是我国金融市场发展的一个重要组成部分。对基金管理的主要法规是 2003 年通过的《证券投资基金法》。但基金市场的发展已经远远超越了该法所规定的范畴。除了传统的证券投资基金之外,产业投资基金发展迅速;原有的投资基金法规范的是公开发行的基金,而私募基金的发展也成长为金融市场的重要力量。因此我国 2009 年启动了《证券投资基金法》的修改,并在 2012 年 12 月修改通过。修改后的《证券投资基金法》不再仅限于“进行证券投资活动”的基金,还将私募基金纳入该法的范畴。将私募基金纳入法律监管的范畴是 2012 年《证券投资基金法》修改最重要的成果之一。私募基金游离在监管之外,市场中出现了很多借私募基金进行非法集资行为。更重要的是,由于操作高度不透明,加大了金融体系风险。2018 年金融危机中各类基金特别是对冲基金在其中发挥了重要作用。国外金融监管法案的修改,如多德 - 弗兰克法案和《私募基金投资顾问注册法》中规定,对冲基金和在美国本土资产超过 1.5 亿美元的私募基金应当在证券交易委员会注册。将私募基金原有的法律体系视为合格投资者投资的领域,风险和收益自负,没有必要给予过多的监管。但在金融危机中,私募基金对金融稳定的影响引起了监管者的关注,适度监管已然成为最新的方向。在市场发展和金融稳定之间寻找一个平衡。《证券投资基金法》对私募基金也坚持了轻度、有限监管的原则,要求私募基金建立基金托管,基金管理人向基金业协会登记;非公开募集基金募集完毕,基金管理人应当向基金行业协会备案。对募集的资金总额或者基金份额持有人的人数达到规定标准的基金，基金行业协会应当向国务院证券监督管理机构报告。

虽然在调整范围上有所扩展，但市场中蓬勃发展的产业投资基金仍没有被纳入监管范畴。没有在《证券投资基金法》中予以明确并不意味着私募股权投资基金(PE)受到的监管约束较少，实际上，我国对PE的监管繁杂而混乱。2006年11月国家发改委批准设立了第一批产业投资基金，2007年8月国务院同意国家发改委扩大关于人民币产业投资基金试点请示，市场上公司制合伙制的股权投资基金多由发改委进行监管。2011年，发改委发布了《关于促进股权投资企业规范发展的通知》(现已失效)，要求全国从事非公开交易企业股权投资业务的股权投资企业在工商登记完成后的1个月内进行备案。这强化了发改委对PE的监管。

另外，自2007年起，中国证监会推动券商私募股权投资试点，很快中信证券和中金公司获准试点直投业务。2012年11月，证监会修订后的《证券投资基金管理公司子公司管理暂行规定》(现已失效)、《基金管理公司特定客户资产管理业务试点办法》(现已失效)开始实施。根据《证券投资基金管理公司子公司管理暂行规定》，基金公司可以设立子公司投资于未通过证券交易所转让的股权、债券及其他财产权利及中国证监会认可的其他资产，并允许基金管理公司通过设立专项资产管理计划开展资产管理业务。如此一来，基金和券商的股权投资部门也纳入了证监会的监管之下。

在所有金融机构中，由于信托公司管理的财产种类多、投资范围广，信托公司被称为“金融百货商店”。信托公司可以统一募集资金从事股权投资信托。信托机构的监管者是原银监会，此类股权投资基金由证监会监管。

2010年，原保监会为拓展保险资金投资渠道下发了《保险资金投资股权暂行办法》，因此保险公司下属的PE由原保监会监管。

分业监管和多头监管的体制下，我国影子银行的形成和发展获得了更多的套利空间。而且监管部门除了承担监管职责之外还肩负本部门改革、发展、规范的任务，部门和行业利益也是其不得不考虑的因素。金融分业监管体现了微观审慎监管的理念，把防范单一金融机构风险和防止金融风险蔓延作为监管重点和监管目标。[①] 国外影子银行危机的发展表明：关注金融系统的安全性，推动宏观审慎监管已经成为金融监管的一个重要趋势。当前分业监管体制已经成为我国金融监

① 参见孙国茂：《中国式庞氏融资的成因及治理》，载《证券时报》2011年8月15日版。

管走向完善的障碍。

(三)以银行为主导的金融体系

我国建立了以银行为主导、以间接融资为主的金融体系。从资产规模看,截至 2012 年 12 月,银行业金融机构总资产达 131.27 万亿元,其他类金融机构[①]总资产达到 37.5 万亿元,占银行业金融机构比例为 28.6%。[②] 其中,截至 2012 年年底,国内信托业全行业 65 家信托公司管理的信托资产规模达 7.47 万亿元,超越保险行业,成为国内仅次于银行业的第二大金融部门。[③] 2012 年年末,保险资产总额为 7.35 万亿元,同比增长 22.3%[④]。2012 年年末,证券行业股票市价总值(A、B 股)为 23 万亿元。[⑤] 证券业协会数据显示,截至 2012 年 12 月 31 日,114 家证券公司总资产为 1.72 万亿元。[⑥] 截至 2013 年 1 月底,我国境内共有基金管理公司 77 家,其中合资公司 43 家,内资公司 34 家;管理资产合计 36,021.32 亿元,其中管理的公募基金规模 27,854.74 亿元,非公开募集资产规模 8166.58 亿元。[⑦]

从社会融资规模情况看,以 2012 年为例,全社会融资规模 15.76 万亿元,直接融资方面,企业债券和非金融企业境内股票融资合计为 17%。其他贷款和未贴现的银行承兑汇票等间接融资规模占比为 83%。

有学者的研究指出,西方是一种金融交易型的影子银行,而中国的"影子银行"则呈现直接融资型。西方影子银行体系本质是以信贷资产证券化、开发复杂金融衍生工具等多种方式行使传统银行的功能,采用与传统银行不同的组织形式、资金来源和运作模式来解决社会资金供求之间的不平衡。它的核心是资产证券化以及证券化后的金融市场交易行为,其对应的主要是商业银行提供的金融组合产品和金融交易的职能。其主要服务于虚拟经济,解决的是虚拟经济金融供给

---

① 其他类金融机构包括政策性银行、农村商业银行、农村合作银行、外资金融机构、城市信用社、农村信用社、企业集团财务公司、信托投资公司、金融租赁公司、汽车金融公司、货币经纪公司和邮政储蓄银行。

② 参见银监会网,http://www.cbrc.gov.cn/chinese/home/docView/6ACF2187BE8B4214BD08E025D7C78D0B.html。

③ 参见信托业协会网,http://www.xtxh.net/sjtj/14484.html。

④ 参见保监会网,http://www.circ.gov.cn/web/site0/tab454/i234401.htm。

⑤ 参见中国证监会网,http://www.csrc.gov.cn/pub/newsite/sjtj/。

⑥ 参见证券业协会网,http://www.sac.net.cn/ljxh/xhgzdt/201301/t20130116_61293.html。

⑦ 参见证券投资基金业协会网,http://www.amac.org.cn/tjsj/xysj/jjgssj/382776.shtml。

效率。[1] 发达国家的影子银行体系呈现了“金融交易型”的特征。而与之相对应的,我国影子银行的生长则更多地采用与商业银行类似的组织形式、资金来源和运作模式来实现其融资功能,从而打破银行主导的融资市场,对应其债务融资和股权资本融资的职能,实现多元化的融资。服务范围上主要针对实体经济,扩大金融供给,提高实体经济金融供给效率。与西方的影子银行相比,我国影子银行通过开拓新的融资渠道,扩张信用规模。

由于在中国金融市场上,金融创新受到较多的限制,无论是机构、产品、服务等创新都受到金融监管部门的严格约束。因此中国影子银行的发展和信用中介职能的开展都要充分利用现有的渠道。从信用扩张的角度看,中外影子银行的本质是相同的,即“其实质都是通过不同的信贷关系进行无限的信用扩张,就是如何过度使用现有的金融体系”[2]。作为整个社会的信用中心,银行在整个金融行业处于独大的局面。中国影子银行体系的发展对商业银行具有较强的依赖性,这种依赖性主要体现在以下三个方面。

第一,影子银行体系的资金部分来自商业银行体系。如 2011 年以来,上市公司委托贷款规模迅速增加。其中一部分资金来自它们所获得的银行贷款。大型、优秀企业在获得银行贷款方面具有较高的议价能力,资金成本较低。由于银行贷款管理虚化和弱化,企业获得的贷款并未用于实体经营,而是通过高利转贷获取收益。在通货紧缩的背景下,市场利率走高,通过委托贷款能够获得更高的收益。其他如典当行、担保机构、小额贷款公司等违规从事贷款业务的部分资金也同样来自银行体系。这种依赖会导致在上述领域发生的信用风险有较多的风险传染通道。

第二,影子银行的表现形式之一是商业银行将表内信贷扩张转移至表外。商业银行本身也是影子银行体系的重要参与者。商业银行体系已经形成了一套严格的微观审慎监管规则,银行业务经营受到较强的约束。在金融危机后,《巴塞尔协议Ⅲ》对银行资本金的要求越发严格,而存款准备金和存款保险的负担、计提呆、坏账准备金也越来越重。另外,危机后对系统重要性金融机构的监管的加强,以上都使中国市场中的商业银行面临越来越大的经营压力。因此,发展扩张表外资产是商业银行经营的一个重要趋势。表外业务银行不需要承担信用风险,就能

---

① 参见曹彤:《影子银行对商业银行发展的影响》,载《当代金融家》2011 年第 11 期。

② 易宪容:《中国“影子银行”的特点及问题》,载《财经国家周刊》2011 年 9 月 5 日版。

够获得更多的中间收入,减少资本金的消耗。因此商业银行经营过程中表内资产表外化的趋势明显。如蓬勃发展的商业银行理财业务,银行通过信托理财产品的方式变相地为企业提供贷款,或者通过购买银行的信贷资产将资产转移至表外。类似的还有理财中的票据资产业务;银信合作中购买银行信贷资产等。另外,商业银行通过银信合作发放信托贷款或者委托贷款业务还可以绕开央行对商业银行放贷额度的控制。表外业务急速扩张,使得央行实施货币政策的效力也会大打折扣。

第三,非银行金融机构对银行融资的替代。商业银行作为金融中介联结了资金需求方和供给方,在金融体系中居于中心地位。银行外金融机构的崛起成为影子银行体系的重要组成部分。上述货币市场基金除了在获取市场资金方面与银行争夺之外,还充分利用银行协议存款,获取几乎无风险的收益(2014 年之前)。一方面,以高于银行存款利率的方式吸收资金,而这些资金多数是银行"存款搬家";另一方面,汇集起来的资金又以协议存款的方式回到银行,获得了较高的利率;扣除管理费和其他费用之后,投资者获得了远高于银行活期存款的收益。除此之外,其他金融机构或产品也发展迅速,如资产管理、信托、基金等。由于银行的主导地位,中国影子银行的发展一定程度上都是在银行体系之外的孳生,或者对银行体系的逃离(脱媒)。欧美影子银行体系建立在发达的市场基础上,以交易型为基本特征,在我国,受制于金融市场的阶段性的影子银行则以融资型为主。

第二节　中国影子银行的存在形式

一、中国影子银行的形式与表现

总体而言,国外对影子银行的界定以及影子银行的范围不存在太大的分歧。金融市场的高度发展和金融一体化早已将西方开放的金融体系融为一体,影子银行的表现样式也基本相同。对中国影子银行问题的分析应当秉承 FSB 提供的确定影子银行的框架原则,同时结合前文分析中所指出的中国金融市场的现状。影子银行体系可以从广义上界定为"游离在常规银行体系之外的承担信用中介职能的机构和行为的体系"。我国学者对这一广义的界定没有太大的分歧。但在其外延方面,FSB 指出,影子银行的存在还与一国银行部门的机构和监管状况有关。银行部门之外的金融交易非常复杂并随着金融创新和监管的变化而不断演进。

对于影子银行实体(entity),FSB(2012)认为可以基于经济功能框架对其他影子银行实体进行分类。各金融监管当局可以参考以下五项经济职能评估其非银行金融实体参与影子银行业务的情况,对非银行金融实体进行分类,而不是根据法律形式或名称:(1)管理易受挤兑影响的集体投资工具(collective investment vehicles);(2)依赖短期资金提供贷款;(3)依赖短期资金或客户资产的市场活动的中介;(4)促进信贷创造;(5)基于信贷中介和金融实体融资的证券化。① 但应当注意的是,由于经济功能或活动,某一机构可能会因承担了多种经济功能而被认为构成影子银行。当局将通过观察这些新的创新结构的潜在经济功能和风险,捕捉造成影子银行风险的新结构或金融创新。

影子银行体系庞大,作为一个新生事物,在中国的金融市场中对影子银行的具体表现形式存在不同的认识。FSB成员、英国金融服务管理局(FSA)前主席特纳指出,"国家不同,影子银行的形式也变化多样"。在如何判断影子银行标准上,特纳认为其中有三个最关键的特征:第一,是否涉及授信?第二,涉及的机构是否提供信贷杠杆?第三,是否涉及到期日转换?他指出,由于金融市场的本性,市场总是在不断创新和变革,但这三条标准则是影子银行判断的依据。②

中国社科院金融研究所易宪容研究员认为,"只要涉及借贷关系和银行表外交易的业务都属于'影子银行'。影子银行最重要和最大的一块是基于信托公司的融资业务"。而该所袁增霆认为:"认识中国的'影子银行',最好按银行产品线和业务线来梳理。中国的'影子银行'主要指银行理财部门中典型的业务和产品,特别是贷款池、委托贷款项目、银信合作的贷款类理财产品。"该研究所刘煜辉认为,中国的"影子银行"包含两部分,一部分主要包括银行业内不受监管的证券化活动,以银信合作为主要代表,还包括委托贷款、小额贷款公司、担保公司、信托公司、财务公司和金融租赁公司等进行的"储蓄转投资"业务;另一部分为不受监管的民间金融,主要包括地下钱庄、民间借贷、典当行等。③

中国人民银行调查统计司经过分析后认为,我国的影子银行是"从事金融中介活动,具有与传统银行类似的信用、期限或流动性转换功能,但未受《巴塞尔协

① See FSB, *Consultative Document: A Policy Framework for Oversight and Regulation of Shadow Banking*, http://www.financialstabilityboard.org/publications/r_121118a.pdf.

② See Adair Turner: Shadow Banking and Financial Instability, A Speech Delivered by Lord Turner at the Cass Business School, http://www.fsa.gov.uk/library/communication/speeches/2012/0314_at.shtml.

③ 参见方迎定、王丽娟:《"影子银行"谱系》,载《财经国家周刊》2011年第9期。

议Ⅲ》或等同监管程度的实体或准实体”。我国的影子银行体系具体包括商业银行表外理财、证券公司集合理财、基金公司专户理财、证券投资基金、投连险中的投资账户、产业投资基金、创业投资基金、私募股权基金、企业年金、住房公积金、小额货款公司、非银行系融资租赁公司、专业保理公司、金融控股公司、典当行、担保公司、票据公司、具有储值和预付机制的第三方支付公司、贫困村资金互助社、有组织的民间借贷等融资性机构。① 这种认识虽关注了所有的非银行中介,但包括的范围实在太过宽泛,没有关注影子银行的业务本质。钟伟教授认为,按机构分类,影子银行系统包括四部分:一是证券经纪公司和结构化投资机构;二是证券化机构;三是货币市场基金、债券保险公司等机构;四是对冲基金、私募股权投资基金等。从功能分类来说,影子银行系统既包括列入影子银行的机构,也包括采用影子银行方法或提供影子银行业务的传统银行。② 这种认识具有相当的合理性,但其归纳的基础仍是基于国外影子银行体系。中国人民银行原行长周小川提出:影子银行是指行使商业银行功能但却基本不受监管或仅受较少监管的非银行金融机构,如对冲基金、私募股权基金、SPV 等。他认为,在我国,影子银行的构成与发达市场国家存在较大区别,对冲基金和 SPV 尚未发展,主要是这些年发展起来的私募股权基金、私募投资基金,以及开展银信理财合作的投资公司、民间借贷机构等。③ 这种观点看到了中外影子银行的差异,对中国影子银行构成的看法非常集中、明确。原中国银行业监督管理委员会研究局副局长龚明华博士认为:我国影子银行的发展情况与潜在风险以及我国影子银行体系的表现形式与成熟市场经济国家有很大区别。首先,我国影子银行体系的规模小,运作形式也比较简单。其次,我国影子银行体系的杠杆率低。最后,我国影子银行体系的风险源与成熟市场经济国家不同。影子银行具体表现为:资产证券化、银行表外业务、场外金融衍生品、私募基金和民间借贷。④ 中国社会科学院金融研究所曾刚副研究员从监管的角度出发,将影子银行体系分为三部分:一是银行体系内部,主要指与资产证券化相关的产品;二是正规银行体系外,主要为民间借贷;三是银行体系内外

① 参见中国人民银行调查统计司与成都分行调查统计处联合课题组:《影子银行体系的内涵及外延》,载《金融发展评论》2012 年第 8 期。

② 参见钟伟:《不容小觑的“影子银行”》,载《中国外汇》2011 年第 16 期。

③ 参见周小川:《健全宏观审慎政策框架提高货币政策有效性》,载证券时报网 2010 年 12 月 15 日,http://www. stcn. com/content/2011 -01/04/content_1919265. htm。

④ 参见龚明华、张晓朴、文竹:《影子银行的风险与监管》,载《中国金融》2011 年第 3 期。

结合，包括委托贷款和银信合作。①

国际货币基金组织2011年发布的《中国金融稳定评估报告》（People's Republic of China: Financial System Stability Assessment）认为，中国的影子银行体系构成如表6-1所示②：

表6-1 中国的影子银行体系

类别	金融机构	登记注册	审查/监管部门
非正规金融部门（informal financial sector）	典当行、信用担保公司、小额贷款公司	地方政府	经中国人民银行、原银监会以及公安部门的调查。此外，原银监会牵头成立了融资性担保机构部际联席会议，制定其监管规则及政策，开展监管指导和协调。地方政府负责监管，包括拍照、现场和非现场检查
	地下金融中介	无	无监管者，人民银行对其偶尔（occasionally）实施观测（survey）或调查（investigation）
私募股权投资（Private equity）	据估计，至2010年中期，中国私募基金（private fund）约3500家，资产规模达9000亿元，其中70%资金来自海外	工商行政管理部门	私募股权投资受国家发改委和商务部发布的规章制度监管；证监会对PE私募基金进行调查并收集数据。此外，还有一些私募基金并未纳入监管视野
资产管理产品（wealth management product）	据估计，至2010年年底，未偿还的理财产品为7049款，共计1.7万亿元，124家银行业金融机构从事了该业务	原银监会、证监会及原保监会	中国人民银行、原银监会、证监会及原保监会

注：(1)根据FSB的定义，影子银行是指在传统银行体系之外从事信用创造、期限/流动性转换并运用杠杆经营的实体，包括货币市场共同基金、金融公司、资产支持商业票据工具、结构投资工具等。由于数据有限，本表并未包含这些实体。(2)本表只包括为监管当局确认的实体（非正规金融部门和私募）以及被金融部门评估规划小组认定为影子银行的实体（信托公司及理财产品）。

① 参见罗滢、何晓星：《"影子银行与宏观审慎政策"学术研讨会观点综述》，载《金融评论》2012年第1期。

② See IMF Country Report No. 11/321 (November 2011): People's Republic of China: Financial System Stability Assessment, http://www.imf.org/external/pubs/ft/scr/2011/cr11321.pdf.

2015 年 8 月 FSB 发布的报告中对中国影子银行的表现形式进行了分析。该报告提到,中国非银行体系的信用中介所构成的影子银行体系应该重点关注信托公司、委托贷款以及理财产品。其中,理财产品是非银行机构主要的融资来源,信托公司是主要的非银行融资的通道,委托贷款则是中国影子银行的独特表现方式。①

以上多为业界人士、学者、国际金融组织对我国影子银行的判断。随着影子银行问题在我国引起越来越多的关注,2013 年,国务院办公厅发布了《关于加强影子银行监管有关问题的通知》(国办发〔2013〕107 号)。通知以官方文件的形式首次对我国影子银行的状况及监管搭建政策框架。通知指出,随着我国金融市场的改革发展,一些传统银行体系之外的信用中介机构和业务(以下统称影子银行)日益活跃。在存在形式上,该通知指出,我国影子银行主要包括三类:一是不持有金融牌照、完全无监管的信用中介机构,包括新型网络金融公司、第三方理财机构等。二是不持有金融牌照、存在监管不足的信用中介机构,包括融资性担保公司、小额贷款公司等。三是机构持有金融牌照、但存在监管不足或规避监管的业务,包括货币市场基金、资产证券化、部分理财业务等。另外,该通知提出要“严格监管超范围经营和监管套利行为”。

尽管该文是我国针对影子银行最高规格的文件,但该文件自身仍存在诸多不完善之处,最终也会影响其实施效果。

首先,对影子银行的内涵缺乏界定。如同前文的分析,无论是国内还是国外,均对影子银行存在不同的认识,在外延上覆盖范围并不相同。“传统银行体系之外的信用中介机构和业务”这一界定显然过于宽泛了,其将所有银行之外的融资活动都纳入其中。因此,紧接着又从存在形式上对此内涵进一步收束,即无牌照无监督、有牌照但监督不足、有牌照但规避监管几种情形。牌照和监督构成了判断影子银行的两个关键特点。有金融牌照在我国往往只意味着有了一个主管机构,而监管则意味着从主体到业务建立了一整套的规则。从我们前文的分析可以看出,影子银行的本质不在于是否发放牌照,是否有监管。以美国为例,所有的机构(投行、货币市场基金、证券化活动)都长期存在,也都有监管规则。新的工具和产品将这些市场机构连接成为一个整体,完成了类似于银行的信用创造的功能,

① See FSB, *Peer Review of China Review Report*, https://www.fsb.org/wp-content/uploads/China-peer-review-report.pdf.

但却不必遵守银行的监管规则。因此,从一开始,《关于加强影子银行监管有关问题的通知》并未抓住影子银行本质,事实上只是对市场喊话,对点名的机构和业务建立监督。而原有的机构,如信托,在原银监会的监管之下,却可以通过信托融资将银行资产出表,逃避银行监管规则。

其次,对影子银行的监管延续了原有的分业监管的思路。如按照牌照,谁批设机构谁负责风险处置的原则,落实各类影子银行主体的监督管理责任。各类金融机构理财业务,由国务院金融监管部门依照法定职责和表内外业务并重的原则加强监督管理,银行业机构的理财业务由原银监会负责监督;证券期货机构的理财业务及各类私募投资基金由证监会负责监督;保险的理财业务由原保监会负责监督;金融机构跨市场理财业务和第三方支付业务由人民银行负责监管协调。但前文的分析已经指出,分散的金融监管体系正是影子银行得以逃避监管、监管套利的主要原因。

最后,影子银行的风险何在,文件对此没有明确。尽管要求深入排查风险隐患、着力加强监督检查、加大违法违规行为查处力度,但风险到底在什么地方?完成文件要求的措施,能否解决存在的风险?如果单个金融机构或区域或金融领域的稳健就能解决风险问题,那合成性谬误该如何解释?由此,希望通过《关于加强影子银行监管有关问题的通知》规制迅猛发展中的影子银行体系,考虑到其庞大的规模和对中国金融结构的影响,恐怕很难乐观。

如同域外影子银行一样,影子银行是由不同的金融机构参与的、多种金融业务构成的复杂体系。本书选择了以下影子银行类型作为研究的样本揭示其特点与风险:理财产品、信托机构、民间金融。需要指出的是,这并不表明笔者认为其他主体或信用中介行为不构成影子银行,或无须纳入监管体系。

本节将对影子银行的三种形式展开分析,下一节我们将对 P2P 贷款问题进行专门研究。

二、理财产品

(一)理财产品的兴起

从 2004 年光大银行推出第一款外币理财产品和人民币理财产品起,[①]截至 2021 年年底,全国存续的银行理财产品共 3.63 万只,存续余额 29 万亿元。加上

① 参见刘树军:《理财产品指南》,中国金融出版社 2008 年版,第 163 页。

信托、公募基金、保险资管,整个理财市场超过 72 万亿元。[1] 资产管理产品的迅速发展促进了法律和金融互动,Awrey(2015)的研究指出:“财富管理产品具有许多独特的法律和经济特征。首先,尽管银行和其他中介机构将其营销为传统存款账户的替代品,但这些产品产生的大部分负债并不存在于银行资产负债表中。其次,虽然理财产品通常会在较短的时间内锁定投资者的资金,但这些资金通常会投资于流动性较低的长期资产。由此产生的到期日和流动性错配重新塑造了银行脆弱的资本结构。最后,理财产品的出现在很大程度上是中国对银行监管和宏观经济政策干预态度的回应。”[2]

理财产品迅猛增长的背后有着多重因素的推动。

1. 存款人对更高收益的需求

随着居民财富的增长和对财富观念的转变,人们已经不满足于将资金存入银行这样一种最简单的方式。大量银行储户将资金从银行转入基金和理财产品市场,我国银行也出现了“脱媒”现象。2014 年四大行不得不通过降低单日及每月转入支付宝的额度以阻止过快的“存款搬家”。理财产品逐步成为我国增长最快的投资工具之一。截至 2021 年年底,银行理财市场中全市场持有理财产品的个人投资者数量为 8067. 23 万人,占 99. 23%;机构投资者数量为 62. 67 万个,占 0. 77%。[3] 这些产品之所以受到市场追捧,以下事实不可忽视:(1)存款利率(利率)的上限限制。我国利率市场化的进程逐步加快,但对存款基准利率依然实行管制。这降低了传统储蓄的市场回报。(2)通货膨胀率增长超过官方利率。例如,2013 年 2 月存款利率仅为 3%,而消费者价格指数上涨 3. 2%,存款人的存款回报为负。这实际上构成了一个“金融抑制”系统。(3)2008 年金融危机期间,股市奄奄一息,投资者几乎找不到有吸引力的投资机会,理财产品市场迎来了迅猛增长。特别是 2018 年 9 月 26 日银保监会发布《商业银行理财业务监督管理办法》后,银行理财产品投资门槛大幅降低,时至今日个人投资者仍是银行理财客户

---

① 参见银行业理财登记托管中心:《中国银行业理财市场年度报告(2021 年)》,载中国理财网,https://www. chinawealth. com. cn/resource/830/846/863/117976/5398315/16460458168271923934910. pdf。

② D. Awrey,2015,*Law and Finance in the Chinese Shadow Banking System*, Cornell International Law Journal, Vol. 48, Issue 1, p. 3 – 49, in particular p. 21 – 45 for the WMP analysis.

③ 参见银行业理财登记托管中心:《中国银行业理财市场年度报告(2021 年)》,载中国理财网,https://www. chinawealth. com. cn/resource/830/846/863/117976/5398315/16460458168271923934910. pdf。

的主力。

2. 银行出售的动机

理财产品被视为常规银行存款的替代品。监管机构最初容忍这些产品的供应和销售，对存款形成有效竞争并推动监管机构对利率的管制。然而，银行很快就利用了这种宽容，将理财产品作为存款或类似存款的产品。理财产品帮助银行绕过官方利率上限，其收益率通常比银行存款高 100 ~ 150 个基点，成为银行应对存贷比监管指标的重要手段。虽然自 1995 年起，75% 的存贷比上限就被写入了《商业银行法》，但直到 2004 年，整个行业的存货比才首次低于这一法定要求。整个银行业的存货比几年来一直呈下降趋势，并在 2008 年达到了 66.9% 的底部。此后，由于大规模刺激计划以应对全球金融危机，银行信贷的迅猛增长致使 LDR 出现反弹。从 2011 年中期开始，银监会要求银行每天报告其 LDR 情况。①

与域外影子银行的发展类似，中国的影子银行部门大多也因监管套利而起。以银行理财产品为例，在资产方面，例如使用理财资金为本行发起或由其他金融机构打包的贷款资产提供融资，却记录在银行的资产负债表之外。在不增加资产负债表贷款余额的情况下提供信贷，帮助银行规避资产负债表监管。在负债方面，理财产品在很多方面与没有“价格控制”的存款相似：存款受监管上限的限制，而理财产品的收益则由市场供求关系决定。因此，银行可以调整理财产品的收益率以吸引资金，而不受利率上限的限制。

3. 扭曲的供需模型

简单的供需模型很好地解释了理财产品的原理，在更广泛的意义上，也解释了整个影子银行系统的基本原理。存款的供求取决于利率。均衡利率是使供给量等于需求量的利率。在市场经济条件下供需决定均衡价格，并导致市场上金融资源的有效配置。如果利率被任意设定在均衡利率以下，存款人愿意提供的数量就会少于银行希望获得的数量。这不可避免地导致市场上的存款短缺，进而产生“脱媒”。这种短缺是影子银行系统的根源：一些银行愿意支付更高的利率来吸引更多的存款，而一些借款人则愿意支付更高的利率来获得资金。然而，这种短缺的根源是对利率的控制（或市场操纵）。只要均衡利率被操纵，需求和供给方面就会发生扭曲，并会助长这一细分市场。

---

① See Ma, Guonan, Xiandong Yan, and Xi Liu, 2011, “China's Evolving Reserve Requirements”, BIS working paper, No. 360.

（二）理财产品形态

实体经济的繁荣与金融市场的发展产生了越来越多的产品和投资机会。资产管理的需求催生了大量的投资工具，许多金融机构——银行、信托公司、证券和保险公司、公募基金——可以发行理财产品。然而，探究各种金融理财产品的法律结构，可以发现名目各异的产品有着高度的相似性，却在法律的层面缺乏统一的规范适用，发挥主要影响的大多是各自监管部门制定的规范性文件，“同质不同规”引发了理财市场上的乱象。[①]

1. 银行理财产品

20 世纪 70 年代以来，全球商业银行在金融创新浪潮的冲击之下，理财业务获得了快速发展。由于利率的管制和同行业的竞争，从 1983 年到 1993 年美国全部商业银行的利息收入只增加了 25%，而同期非利息收入的增幅却达到了 100%。花旗银行自 20 世纪 90 年代以来，业务总收入中的 40% 来自个人理财服务。实际上，个人理财服务在国外银行业的重要地位已经确立，甚至已经影响到商业银行的长期发展方向。[②] 个人理财服务已经成为国外商业银行稳定的收入来源。我国直到 20 世纪 90 年代才出现理财业务的萌芽。2004 年，光大银行推出了第一款外币理财产品和人民币理财产品。由于安全性高、收益稳定，迎合了投资者的需求，迅速获得了市场认同。其后多家商业银行迅速跟进，短短几个月的时间，人民币理财业务的规模就达到了 300 亿元，成为该年度商业银行中间业务的最大亮点。[③] 截至 2014 年年末，理财业务规模比 10 年前的 2000 亿元增长了 75 倍，银行理财产品余额 15.03 万亿元。[④] 截至 2021 年年底，全国共有 301 家银行机构和 21 家理财公司，存续的理财产品 3.63 万只，存续余额 29 万亿元。[⑤]

2005 年，原银监会发布《商业银行个人理财业务管理暂行办法》等文件，奠定了理财业务监管的制度基础。此后，针对不同时期理财产品出现的问题，相应的

---

① 参见季奎明：《论金融理财产品法律规范的统一适用》，载《环球法律评论》2016 年第 6 期。

② 参见胡左浩、蒋方明、余伟萍：《在个人理财服务中影响服务质量的因素以及作用分析》，载《清华大学学报（哲学社会科学版）》2004 年第 3 期。

③ 参见刘树军：《理财产品指南》，中国金融出版社 2008 年版。

④ 参见中国银行业理财业务发展报告编委会：《2014 年中国银行业理财业务发展报告》摘要，载《中国银行业》2015 年第 5 期。

⑤ 参见银行业理财托管中心：《中国银行业理财市场年度报告（2021 年）》，载中国理财网，https://www.chinawealth.com.cn/resource/830/846/863/117976/5398315/16460458168271923934910.pdf。

监管规则也不断完善:为规范银信合作业务,原银监会办公厅发布了《关于进一步加强信托公司银信合作理财业务风险管理的通知》(银监办发〔2008〕297号);为规范商业银行理财产品销售行为和理财业务的投资运作,原银监会分别于2011年和2013年发布实施《商业银行理财产品销售管理办法》和《关于规范商业银行理财业务投资运作有关问题的通知》;2014年原银监会要求银行设立专门的理财业务经营管理部门,集中统一管理全行理财业务,并发布了《关于完善银行理财业务组织管理体系有关事项的通知》;2018年是资管市场变革的重要一年,4月27日,央行、银保监会、证监会、外汇局联合发布资管新规;2018年9月26日银保监会在对上述政策全面梳理基础上发布《商业银行理财业务监督管理办法》,商业银行理财监管也迈入新时代。

2. 证券公司的资产管理业务

2003年12月18日,证监会发布《证券公司客户资产管理业务试行办法》,该办法第一次将证券公司的资管业务分为三类:(1)为单一客户办理定向资产管理业务;(2)为多个客户办理集合资产管理业务;(3)为客户办理特定目的的专项资产管理业务。集合计划资产独立于证券公司、资产托管机构和份额登记机构的自有资产,在上述机构破产时不属于破产财产或者清算财产。该办法对各种资管业务的操作规则做了详细的规定,为我们分析资产管理业务的性质和当事人之间的法律关系提供了基础。

证券资管业务也经历了不断完善的过程。2008年5月,中国证监会在前期对券商资管市场整顿的基础上发布了《证券公司定向资产管理业务实施细则(试行)》和《证券公司集合资产管理业务实施细则(试行)》,就券商资产管理业务规则、风险防范等进行了规定。通过严防挪用客户委托资产、加强信息披露、强化内外部监督等环节,加强业务管理维护投资者权益。特别是对资管过程中投资研究、决策和交易执行等环节进行了具体的规定,以防止利益输送。

2012年中国证监会先后发布了《证券公司客户资产管理业务管理办法》和《证券公司定向资产管理业务实施细则》,拓宽了证券公司资管业务范围。

资管新规之后,2018年10月22日,证监会公布实施《证券期货经营机构私募资产管理业务管理办法》和《证券期货经营机构私募资产管理计划运作管理规定》,其基本原则之一就是统一监管规则,即统一证券公司、基金管理公司、期货公司及其子公司等各类证券期货经营机构私募资管业务监管规则,消除监管套利。根据中国证券投资基金协会的数据,截至2021年年底,资产管理总规模为67.87

万亿元,证券公司资管计划金额为82,351.83亿元。[①]

3.信托理财

按照我国《信托法》第2条的规定,信托是指委托人基于对受托人的信任,将其财产权委托给受托人,由受托人按委托人的意愿以自己的名义,为受益人的利益或者特定目的,进行管理或者处分的行为。根据信托业协会公布的数据,截至2012年年底,国内信托业全行业65家信托公司管理的信托资产规模达7.47万亿元,超越保险行业,成为国内仅次于银行业的第二大金融部门。2021年年末信托资产达到205,487.91亿元。[②]

信托公司可以从事的业务范围非常广泛,在西方被称为"金融百货公司"。根据原银监会发布《信托公司管理办法》第16条的规定,信托公司可以从事的业务有11种之多,投资的范围也非常广泛。其中资金信托是最重要的信托业务之一,信托理财也是最典型的受人之托代人理财业务。根据法律的规定,信托公司的资金信托又分为单一资金信托和集合资金信托,其委托人分别为一个和多个。信托公司从事资金信托业务的主要监管法律包括《信托法》、《信托公司管理办法》、《信托公司集合资金信托计划管理办法》(2007年第3号)等。

4.基金理财

随着证券市场的发展,投资业证券市场的各类基金成为证券市场最重要的投资主体之一,它是由众多投资者出资(公募200人以上)、由专业基金管理机构和专业投资人员管理资金运作,投资者利益共享、风险共担的集合投资方式。

基金管理公司依据《证券投资基金法》可以通过公开或非公开方式募集资金,设立证券投资基金,为基金份额持有人的利益进行证券投资活动。在2008年金融危机中,以对冲基金为代表的私募基金在金融危机中扮演了重要角色。我国私募基金市场发展迅速,2003年制定的《证券投资基金法》已然不能适应基金市场发展及监管的需要,该法于2012年12月28日进行了修订。除此之外,基金的监管规则还包括2014年7月7日证监会发布的《公开募集证券投资基金运作管理办法》,2012年证监会发布的《证券投资基金管理公司管理办法》(于2020年3月修正)。中国证券投资基金协会网站的数据显示,基金公司资管计划、基金公司管理的养老金、基金子公司资管计划规模分别达到50,665.27万亿元、39,606.91万

① 参见中国证券投资基金协会网,https://www.amac.org.cn/index/。

② 参见信托业协会网,http://www.xtxh.net/xtxh/statistics/14484.htm。

亿元、23,217.33 万亿元。

5. 保险理财产品

随着资管市场的发展,原保监会也放宽了对保险公司从事资产管理业务的限制,一些兼具金融理财属性的保险产品投入市场。保险理财产品最大的特点是既有保障功能又有理财功能。其基本属性仍然在于为投保人提供保障,其次才是投资功能。另外保险理财产品多属于人身保险的范畴,投资期限较长,而银行理财产品呈现短期化的趋势,这是保险理财产品和银行等其他理财产品的一个重要区别。市场中现有的保险理财产品主要指寿险产品,其中最典型的是投资连结保险。保险公司将投保人缴纳的保费分为两个部分:一部分进入"保单责任准备金账户"承担保障职能;另一部分进入"投资账户",用于产生投资收益。早在 2000 年原保监会发布的《投资连结保险管理暂行办法》中,投资连结保险是指"包含保险保障功能并至少在一个投资账户拥有一定资产价值的人身保险产品"。投资连结保险投资账户是保险公司为投资连结保险产品设立的、资产单独管理的资金账户。与传统寿险产品不同,其主要特征在于具有保险和投资的双重功能,并由客户自行承担投资风险。2009 年原保监会发布《人身保险新型产品信息披露管理办法》,对人身保险新型产品(包括分红型保险、万能型保险、投资连结型保险等)的信息批露等事项进行了规范。2015 年 3 月,原保监会下发《中国保监会关于规范投资连结保险投资账户有关事项的通知》,废止了 2000 年的《投资连结保险管理暂行办法》,对投资连结保险投资账户的设立、变更、合并、分立、关闭、清算等事项进行了重新规定。

除了上述的保险理财产品之外,保险机构也同样可以从事与银行、基金等类似的资产管理业务。2013 年 2 月 4 日,原保监会发布《关于保险资产管理公司开展资产管理产品业务试点有关问题的通知》,之后保险资管市场有了长足的发展。截至 2019 年年末,保险资管产品余额 2.76 万亿元,其中债权投资计划 1.27 万亿元、股权投资计划 0.12 万亿元、组合类保险资管产品 1.37 万亿元。债权投资计划和股权投资计划主要投向交通、能源、水利等基础设施项目,成为保险资金等长期资金对接实体经济的重要工具;组合类保险资管产品主要投向股票、债券等公开市场品种,丰富了保险资金配置方式和策略,有力引导长期资金参与资本市场。[①]

① 参见《中国银保监会有关部门负责人就〈保险资产管理产品管理暂行办法〉答记者问》,载中国保险业协会网,https://www.iamac.org.cn/xhgg/jgdt/202003/t20200325_6420.html。

资管新规后，银保监会也逐步完善保险资管产品业务规则，2020年3月18日发布《保险资产管理产品管理暂行办法》，成为新时期保险资管产品最重要的管理文件。

2017年以来我国资产管理市场（不含私募）结构如图6－1所示[①]：

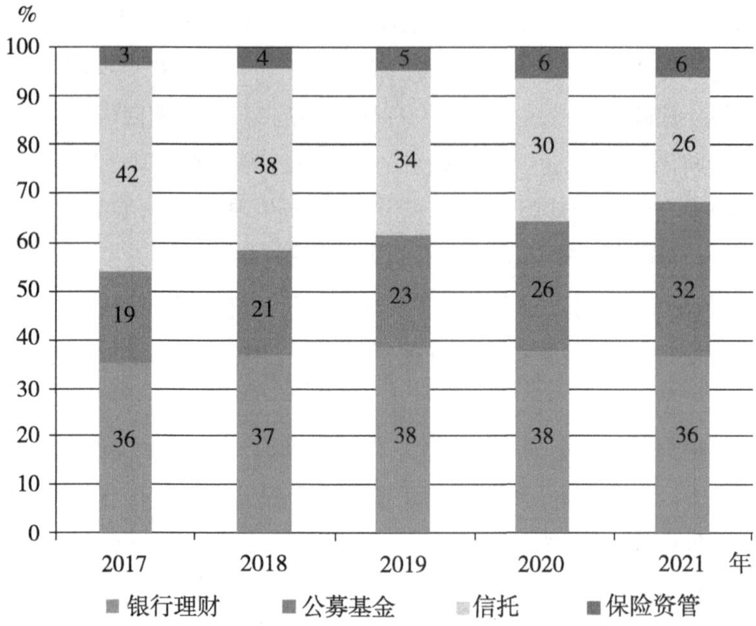

图6－1　2017年以来我国资产管理市场（不含私募）结构

（三）理财产品监管套利与规则完善

从以上对市场中主要理财产品的简单梳理中可以看出，各类金融机构都推出了自己的理财产品进入理财市场。2018年资管新规出台之前，行业发展和部门竞争导致的规则混乱为影子银行的发展创造了条件。相应的监管机构也分别出台了一系列的监管规则，对理财业务或鼓励或规范。从本质上来说，各类理财产品并无根本差异，特别是面向公众的“集合资金”理财业务，都具有分散投资，共享收益的特征。但在实践中，这些产品在监管机构、监管理念、投资方向等方面却存在极大的差异。

---

① 参见银行业理财登记托管中心：《中国银行业理财市场年度报告（2021年）》，载中国理财网，https://www.chinawealth.com.cn/resource/830/846/863/117976/5398315/16460458168271923934910.pdf。

1. 法律关系定位不同

明确投资者与理财机构之间的法律关系，对于优化各方的权利义务配置，保护投资者的利益具有重要意义。虽然都属于集合理财的范畴，但不同产品所包含的法律关系却存在不同。

在商业银行理财产品方面，《商业银行个人理财业务管理暂行办法》和《商业银行个人理财业务风险管理指引》两个文件并未界定投资者与理财机构之间的法律关系的性质。但在两个文件发布之时，原银监会负责人答记者问的时候却指出："为厘清相关业务的法律性质，降低相关法律风险，《办法》和《指引》明确界定了个人理财业务是建立在委托代理关系基础之上的银行服务，是商业银行向客户提供的一种个性化、综合化服务。"①对此，有学者持不同的意见，认为应当进行类型化分析：(1)在固定收益理财产品中，银行与投资者之间是债权、债务关系；(2)在非保本浮动收益理财产品中，银行与投资者之间是一种信托关系；(3)在保本浮动收益理财产品中，银行与投资者之间是一种有担保的信托关系；(4)在商业银行承销理财产品时，商业银行与理财产品的发行机构之间是委托代理关系。②

信托理财是基于委托人与受托人之间的信托关系而建立的，信托法对信托关系进行了充分的规定，对双方之间的权利义务关系界定清晰。

在证券投资基金方面，2012 年修订的《证券投资基金法》规定，对于证券投资基金活动，该法未规定的，适用《信托法》、《证券法》和其他有关法律、行政法规的规定。由此二者之间也可以认定为信托法律关系。

在证券公司资产管理方面，2012 年 10 月 18 日中国证监会发布了修订后的《证券公司客户资产管理业务管理办法》(证监会第 87 号令)、《证券公司集合资产管理业务实施细则》及《证券公司定向资产管理业务实施细则》。文件修订并征求意见的过程中，证监会发布了修订说明指出："部分单位建议将资产管理法律关系直接明确为信托关系，以进一步明确投资者与管理人的权利和义务，实现理财资产有效隔离，保护客户资产安全，促进资产管理业务健康发展。经研究，我们认为上述意见不无道理，但是考虑《证券公司监督管理条例》已对理财资产的隔离和保护进行了明确规定；同时，在信托模式下，客户委托资产所有权将从客户名下转

---

① 参见《银监会有关负责人就发布〈商业银行个人理财业务管理暂行办法〉和〈商业银行个人理财业务风险管理指引〉答记者问》，载中华人民共和国中央人民政府网，http://www.gov.cn/jrzg/2005-09/30/content_73285.htm。

② 参见潘修平、王卫国：《商业银行理财产品若干法律问题探讨》，载《现代法学》2009 年第 4 期。

移至信托资产,客户不再拥有委托资产的所有权,与《证券公司监督管理条例》第59条'资产管理的资产属于客户'规定不符。因此,本次修订未涉及资产管理法律关系是否为信托关系问题。"显然监管机构认可了信托关系的合理性,但认为证券公司资产管理的结构安排与信托仍然存有差异,并未给予明确的界定。

2013年证监会修改了《证券公司客户资产管理业务管理办法》(证监会第93号令,现已失效)第31条,规定证券公司办理定向资产管理业务,由客户自行行使其所持有证券的权利,履行相应的义务。与信托相比,信托的基本结构是受托人以自己的名义从事获得。① 第31条的规定显然与信托的架构不同。然而,该办法第32条又规定了,证券公司代表客户行使集合资产管理计划所拥有证券的权利,履行相应的义务。第32条的"代表"与第31条的"客户自行行使"显然并不相同。对此有学者认为,即便在由委托人指示如何投资的"消极信托"中,若信托公司有权独立行使表决权,也应由其自身承担举牌义务,而不披露委托人或受益人。②

关于保险资产管理机构,2004年6月1日起施行的《保险资产管理公司管理暂行规定》也同样没有明确委托人与资产管理公司之间的法律关系性质。该规定中,保险资产管理公司管理的是股东公司的自有保险资金以及股东公司委托的其他性质的保险资金,委托对象不能是股东公司以外的其他机构的保险资金。对这种具有强烈关联的内部委托,定位为委托代理或信托并无实质差异。但应当注意的是,2011年原保监会对《保险资产管理公司管理暂行规定》的内容进行了调整,其中重要的修改之一是将原暂行规定中的第29条调整为"保险资产管理公司经营范围包括以下全部或者部分业务:(一)受托管理委托人委托的人民币、外币资金;(二)管理运用自有人民币、外币资金;(三)开展保险资产管理产品业务;(四)中国保监会批准的其他业务;(五)国务院其他部门批准的业务",将保险资产管理公司的业务范围扩展到了股东之外的委托人。③ 范围的扩大使我们有机会观察保险资产管理公司从事非股东公司的资产管理时的法律关系。如前所述,按

---

① 《信托法》第2条规定:"本法所称信托,是指委托人基于对受托人的信任,将其财产权委托给受托人,由受托人按委托人的意愿以自己的名义,为受益人的利益或者特定目的,进行管理或者处分的行为。"

② 参见李宪普:《论上市公司股东持股变动信息披露法律管制的限度:以证券法公开原则与信托法上的保密义务的冲突为例》,载《河北法学》2005年第12期。

③ 2004年6月1日起施行的《保险资产管理公司管理暂行规定》第29条规定:"保险资产管理公司经营范围包括以下全部或者部分业务:(一)受托管理运用其股东的人民币、外币保险资金;(二)受托管理运用其股东控制的保险公司的资金;(三)管理运用自有人民币、外币资金;(四)中国保监会批准的其他业务;(五)国务院其他部门批准的业务。"

照2013年2月18日证监会发布的《资产管理机构开展公募证券投资基金管理业务暂行规定》(中国证券监督管理委员会公告〔2013〕10号,现已失效)的规定,保险资产管理公司可以申请从事公开募集证券投资基金管理业务,而证券投资基金的管理属于信托法律关系;与之类似的是,按照2011年1月11日修订的《企业年金基金管理办法》,保险资产管理公司可以作为企业年金的投资管理人。而企业年金的管理模式也采用了典型的信托管理模式。如此一来,保险资产管理机构管理的两类资产都属于信托关系。我们也有理由推定,保险资产管理公司在进行其他类别的资产管理过程中,与委托人都构成了信托法律关系。

综合以上分析,银行、证券公司、基金公司和保险公司开展的理财业务,部分或全部具有理财机构以自己名义管理运作、理财资金独立运作和投资者风险自担的信托性质。[①] 尽管我国的一些理财产品不乏刻意回避"信托"名称的情况,但究其实质并未跳出信托的范畴。因此,就法理而言,各类金融理财产品均应当适用《信托法》及相关的法律,且这些法律的适用顺序应当优先于各监管部门针对各自行业的理财产品而制定的规范性文件。可是,分业经营思维根深蒂固,使大部分金融机构不愿承认自身销售的理财产品即为信托,否则可能构成越界经营。[②] 实践中法院在处理委托理财合同纠纷时也多援引适用"委托合同"的相关规定处理。但由于委托的性质不同,委托合同的内容差别极大,简单使用委托合同的规则不能界定双方之间的法律关系,不利于双方权益的保障。

2. 监管标准差异

尽管同为理财产品,性质相近、结构相似,但不同的监管机构制定了不同的监管规则。这些规则对理财产品的发行审批、发售对象、购买起点、是否可以保本或保证收益等都有不同的规定。但差异并不仅限于上述这些方面,在发售方式、信息披露、投资方向、风险管理等方面也都有较大的差别。不同的监管规则造成的问题非常明显:不同的机构尽管功能相近,但处于不同的监管环境之下,造成了不同机构之间竞争的不公平,也容易造成监管套利。这一问题在西方影子银行体系的监管中也非常明显。

以是否允许保本或保证收益为例:投资理财作为一种市场化的投资,追求高于银行存款的市场收益,当然也应当承担投资风险。在我国,理财产品的设计中

---

① 参见陈学文:《理财产品的法律关系分析及监管建议》,载《长沙铁道学院学报(社会科学版)》2011年第3期。

② 参见季奎明:《论金融理财产品法律规范的统一适用》,载《环球法律评论》2016年第6期。

虽然屡次强调不得保本或保证收益,但在产品的发售过程中使投资者理解为保证本金安全或收益水平,由此产生了在产品到期时机构面临着“刚性兑付”的风险。不同机构发行的理财产品中,保本或保证收益水平的理财产品在竞争中具有较强的优势,特别是对于中小投资者而言。银行理财产品的迅速发展已经证明了这一点。有的法院在司法审理的过程中也认为:“关于保底条款的效力问题,因受托人主体资格的不同而有所不同。”①这并不利于引导投资者建立合理的投资预期,成为理性成熟的投资者。

在理财产品的发展中,由于银行理财产品在金融市场上的独大地位,其合法获得了保本与保证收益的政策优惠,本身就扩大了商业银行在理财市场中的垄断地位,使信托机构和证券公司一定意义上只能为其充当“通道或平台”,完全受制于银行的主导地位。另外,其他金融机构与银行的合作过程中也存在过度使用金融机构信用的问题,即强调金融产品背后的机构的安全和稳定,并利用这种金融信用扩大业务规模。这不但不利于投资者风险意识的提高,更重要的是,这些业务的开拓捆绑了金融信用甚至金融信用背后的国家信用。

3. 监管思路上的差异

随着理财市场的繁荣,监管规则进行了密集的修改,特别是关于证券投资基金、保险资产管理机构、证券公司集合资产管理等。这反映了金融市场的发展和金融监管规则之间的博弈关系。但是仔细分析这些规则可以发现,在不同的监管机构之下,理财产品监管的主要趋势是放松监管,并着力促进本部门所辖的金融机构的发展。

例如,2012 年 8 月 22 日证监会发布的《证券公司客户资产管理业务试行办法及细则修订说明》指出,此次修订的原则有三,其中二为“放宽业务限制,推动资产管理业务发展”,三为“体现‘放松管制、加强监管’政策取向”。也正是在此次修订之后,2012 年证券公司资管业务突飞猛进,特别是在银证合作方面。又如,原保监会制定的《中国保监会关于保险资产管理公司开展资产管理产品业务试点有关问题的通知》,扩大保险资产管理机构管理的资产范围,使保险公司旗下的机构也进入资产管理业务中。

2009 年 2 月 4 日,原银监会发布了关于修改《信托公司集合资金信托计划管理办法》的决定,对信托公司集合资金信托业务进行了重大调整。其一,将 2007

---

① 参见韩天岚:《委托理财合同中保底条款的法律效力分析》,载《人民司法》2009 年第 16 期。

年《信托公司集合资金信托计划管理办法》中"单个信托计划的自然人人数不得超过 50 人,合格的机构投资者数量不受限制",修改为"单个信托计划的自然人人数不得超过 50 人,但单笔委托金额在 300 万元以上的自然人投资者和合格的机构投资者数量不受限制"。由此单个信托计划 50 人上限得以松动。其二,将"信托公司向他人贷款不得超过其管理的所有信托计划实收余额的 30%",修改为"向他人提供贷款不得超过其管理的所有信托计划实收金额的 30%,但中国银行业监督管理委员会另有规定的除外"。2009 年 3 月 25 日,原银监会发布了《关于支持信托公司创新发展有关问题的通知》(银监发〔2009〕25 号),将这一比例放宽至 50%。

这种通过放松监管约束促进市场发展的方式,对于我国高度管制的金融市场而言,的确顺应了开放进程。一方面,我国金融市场规模较小,金融业务的迅速发展构成了我国金融深化的一部分。另一方面,也与我国当前特殊的金融体制密切相关:监管部门负责行业监管的同时还承担部门发展的重任。这使监管者与被监管者存在了共同的目标和合作的可能,也使监管转变为某种协商的过程。但不可忽视的是,类似的业务由不同监管部门负责,会产生类似于美国影子银行发展中出现的监管竞争问题,即监管到底线(run to the bottom)的竞争。

4. 缺乏宏观审慎视野

更重要的是,不同监管机构仅关注本部门的监管,维护相关机构的健康和本行业的金融安全,却没有一个机构对整体金融安全和金融稳定负责。在某种意义上,金融体系的安全成为公共物品。随着理财市场的发展,不同机构都争相发展资产管理业务,这本是正常选择。但正如危机中所体现出来的那样,个体的理性会导致集体的非理性。整个金融体系的风险不断积聚,最终可能会导致灾难性的后果。An(2017)等认为,宏观审慎政策引发影子银行活动,是中国影子银行发展的独特驱动力,而不是存款准备金率、贷存比等传统的监管约束。①

理财业务是金融机构的主要业务之一,也是居民最重要的投资需求。银行理财产品不体现在资产负债表上,银行可以将其出表,而其他机构(如信托)可以将资金用于发放贷款,包括投入政府想控制的房地产、钢铁等领域中。"理财产品—通道业务—非标资产"是影子银行活动的主要方式之一。早期,信托公司是银行

① An, Ping, Neglected Part of Shadow Banking in China (August 11, 2017), International Review of Economics & Finance, Forthcoming, https://ssrn.com/abstract=2884187.

资产出表的主要合作方,信托通道业务也极大促进了信托业的发展。2012年后对银信合作的监管趋严,证券公司成为通道业务的主要合作者。之后基金、保险等都可以成为通道业务的载体。2013年3月,原银监会发布了《关于规范商业银行理财业务投资运作有关问题的通知》(银监发〔2013〕8号),对理财资金通过通道业务投向非标资产进行了全面限制,套利空间开始收窄。随着我国理财产品市场的发展,只有建立起统一监管规则才能为这个市场的成熟奠定基础,粗放的发展模式和当前监管机构积极推进的态度只会导致矛盾的产生和风险的集聚。对此原人大财经委副主任吴晓灵也指出"在监管上除了对理财市场统一监管,对相同法律关系的产品也应实行统一监管",并建议按照功能监管与机构监管相结合的方式规范财富管理市场。①

银行通过理财变相设置"资金池",变相放贷,规避信贷额度控制及国家宏观调控政策,规避原银监会的限制性投资(如房地产项目),减少资本占用,将表内资产特别是某些不良资产转移出表等。上述行为本质上都是典型的影子银行行为。2013年对非标准化债权资产作出了明确定义和投资规模比例限制。由此开始了银行理财规范化的第一步。

(四)资管新规后理财产品去"影子"化

资管产品交易结构复杂,多层嵌套的行业常态将资管行业异化为发挥信用中介功能的影子银行。刚性兑付的经营策略和"资金池"业务是行业风险积聚之源,监管割据是监管套利机会主义行为的体制之源,金融抑制环境则是市场主体联合突破监管的主要诱因。② 2017年7月15日,习近平总书记在全国金融工作会议中表示,"金融要回归本源,服从服务于经济社会发展。金融要把为实体经济服务作为出发点和落脚点"。2018年4月27日,中国人民银行、银保监会、证监会、外汇局联合发布资管新规,对资管行业中的突出问题进行了规定。

第一,认定合格投资者:(1)具有2年以上投资经历,且满足以下条件之一:家庭金融净资产不低于300万元,家庭金融资产不低于500万元,或近3年本人年均收入不低于40万元。(2)上年末净资产不低于1000万元的法人单位。(3)金融

---

① 参见刘飞、龚萱:《监管层要求理清影子银行概念 理财市场急需正名》,载《华夏时报》2013年1月19日版。

② 参见靳羽:《资管行业金融风险溯源与监管革新——资管新规核心政策解读与审视》,载《新金融》2019年第2期。

管理部门视为合格投资者的其他情形。

第二，打破刚性兑付方面，资产管理业务是金融机构的表外业务，金融机构开展资产管理业务时不得承诺保本保收益。出现兑付困难时，金融机构不得以任何形式垫资兑付。金融机构不得在表内开展资产管理业务。

第三，解决期限错配。为降低期限错配风险，金融机构应当强化资产管理产品久期管理，封闭式资产管理产品期限不得低于 90 天。资产管理产品直接或间接投资非标准化债权类资产的，非标准化债权类资产的终止日不得晚于封闭式资产管理产品的到期日或开放式资产管理产品的最近一次开放日。

第四，去除资金池运作。金融机构应当做到每只资产管理产品的资金单独管理、单独建账、单独核算，不得开展或参与具有滚动发行、集合运作、分离定价特征的资金池业务。

第五，解决多层嵌套实行穿透式监管。对多层嵌套资产管理产品，向上识别产品的最终投资者，向下识别产品的底层资产（公募证券投资基金除外）。

第六，抑制通道业务。首先，金融机构不得为其他金融机构的资产管理产品提供规避投资范围、杠杆约束等监管要求的通道服务。其次，资产管理产品可再投资一层资产管理产品，但所投资的资产管理产品不得再投资公募证券投资基金以外的资产管理产品。

资管新规制定的背景是限制影子银行活动，防范金融风险，引导资金支持实体经济。资管新规通过联合发文的形式，在实现规则统一方面迈出了一大步，为消除监管套利、实现市场的公平竞争起到了重要作用。学者的研究表明，资管新规实施以来，影子银行活动的规模也显著降低。但实体经济的投资行为反而恶化，违背了政策初衷。①

三、信托——商业银行理财中的影子实体

FSB 监管文件对影子银行界定的一个关键要素是承担信用中介职能，即“影子银行体系监测对象范围应限定在信用中介的框架之内，仅包含从事信用发放（直接的或作为信用中介链一部分）的机构和业务活动，或通过表内外交易发挥信用中介功能的机构和业务活动。”②非银行的信用中介渠道有其特殊的优势和专业

① 参见彭俞超、何山：《资管新规、影子银行与经济高质量发展》，载《世界经济》2020 年第 1 期。

② 参见中国人民银行合肥中心支行金融稳定处课题组：《金融稳定理事会关于加强影子银行监管的政策建议及对我国的启示》，载《金融发展评论》2011 年第 8 期。

技能,市场参与者和企业提供资金和流动性。2009年之后,为规避宏观调控和监管,银行将资产大量移到表外。各类跨市场、跨行业的影子银行因而迅速增长。尤其是银行理财与信托公司的“银信合作”业务急剧膨胀。仅2010年上半年,银信合作业务就由年初的1.4万亿元猛增至2.08万亿元。信托机构也成为影子银行体系中的一部分。[①] 信托业的发展不仅引起了监管者和国内学者的关注,国际金融协会(Institute of International Finance)也在其研究报告中指出,应关注发展中国家市场中存在的影子银行,其中之一就是中国的信托公司。[②]

截至2012年第四季度末,信托业拥有信托资产74,705.55亿元。资金信托高达69,849.48亿元,占信托资产的93.5%。其中42.94%用于信托贷款,余额达到29,993.0582亿元。在央行公布的2012年全社会融资规模(15.76万亿元)中,信托贷款的比例为8.2%,是非银行类信用中介的一个重要组成部分。按照FSB发布的影子银行的监管文件,信托无疑应当成为中国金融体系中值得关注的部分。另外,在其特色业务中,银信合作余额为20,303.8716亿元,占比为27.18%。[③] 本书拟从银信合作业务中探究信托所呈现的影子银行特质。

改革开放以来信托业历经五次大的整顿,其发展与规范并行。同时,受限于渠道和客户的劣势,信托产品的发售面临困境。但信托公司也有自己的优势,《信托公司集合资金信托计划管理办法》第26条第1款规定,“信托公司可以运用债权、股权、物权及其他可行方式运用信托资金”。而《信托公司管理办法》第16条规定的信托公司的业务范围则包括资金、动产、不动产、有价证券信托,基金,企业重组与财务顾问,证券承销等多达11项,范围涉及货币市场、资本市场、产业市场等不同的领域。这为信托公司的经营开拓了广阔的空间。对银行而言,虽然有客户、资金和渠道优势,但受限于分业经营的状况,银行也需要扩大投资范围,以提供多元化的金融产品和服务。而信托公司以其独特的业务手段和范围为银信合作提供了优良的平台。虽然21世纪前10年被称为信托业的“黄金十年”,但事实

① 参见中国银保监会政策研究局课题组、中国银保监会统计信息与风险监测部课题组:《中国影子银行报告》,载《金融监管研究》2020年第11期。

② See International Institute of Finance, *Shadow Banking: A Forward - Looking Framework for Effective Policy*, Washington, DC: Institute of International Finance, 2012.

③ 参见信托业协会2012年4季度末信托公司主要业务数据。载中国信托业协会网,http://www.trustee.org.cn/sjtj/14484.html。

上,从2001年到2006年,信托行业都处于规范期。① 而2004年理财商业银行理财产品开始在我国出现,此时"商业银行大规模开展个人理财业务给信托业带来巨大的冲击和影响,特别是募集方式、投资起点以及产品规模等诸多方面政策规定的巨大差异,更使当时的信托公司出现集体恐慌,认为信托公司待遇不公,竞争不利,难以生存。然而,2006年民生银行一款'双层信托——银信连接理财产品'的出现,却让信托公司和商业银行同时看到巨大的战略合作空间"。② 2007年,原银监会发布了修订后的《信托公司管理办法》《信托公司集合资金信托计划管理办法》,也正是在此之后,信托寻找到新的业务增长点——银信合作,并进入高速发展时期。2004年到2012年的8年间,信托业资产规模从1635亿元迅速扩展到74705亿元。有学者指出,"银信合作是中国信托业的战略选择"。③

(一)监管博弈

信托业第一次爆发性增长是在2006年到2007年,增长2.7倍左右,这主要归因于市场中银信合作的"打新股"产品。股权分置改革完成后,股市行情上涨,由于我国证券市场一级市场发行价格改革尚未到位,通过新股发行申购有了几乎无风险获利的机会。但受制于经营范围,银行不能开户申购,而信托公司却具有这方面的优势。

2006年9月证监会发布《证券发行与承销管理办法》(现已失效),为了提高市场活跃度,形成多元化的参与机制,该办法规定,集合信托计划可作为IPO的配售对象,信托公司需要获得新股询价资格,其开展的集合信托计划可参与网下配售。信托公司获得这一通道以后随即发行信托计划。而银行也加入这一行列,发行理财产品,并通过银信合作,购买该信托计划。

在这种情况下,2009年6月10日证监会发布了《关于进一步改革和完善新股发行体制的指导意见》,其中第二部分第3条规定,发行人及其主承销商应当根据发行规模和市场情况,合理设定单一网上申购账户的申购上限,原则上不超过本次网上发行的1‰。这极大限制了机构投资者申购时的资金优势。之后证监会以口头通知的方式叫停了信托计划证券投资账户的开立。2009年8月18日,原银

① 参见金立新、蒲坚:《规范与发展并举:信托业黄金十年的要义》,载《金融时报》2012年10月8日版。

② 参见邢成:《规范与创新:银信合作的现状与趋势》,载《中国金融》2010年第22期。

③ 参见陈琼:《银信合作:中国信托业的战略选择》,载《中国金融》2007年第22期。

监会也下发了《关于信托公司信托产品专用证券账户有关事项风险提示的通知》,该通知要求信托公司对信托产品证券投资账户进行筛查,对已经清算结束的信托产品证券投资账户要按照有关规定及时销户,存在应销未销账户的信托公司不得再申请新开信托产品证券投资账户,并且规定信托产品进行证券投资不得有如下行为:将一个信托产品拆分后申请开立多个证券账户;利用其他信托产品开立的证券投资账户进行证券投资;将已清算但未销户的信托产品证券账户重新启用。

在银行与信托的此次合作中,信托的"通道"和"平台"作用初显,通过合作达到了充分利用监管规则漏洞来获取市场利益的目的。银信合作"打新股"成为信托资产管理规模膨胀的开始。例如,中信信托,2006 年年底其资产规模为 385.51 亿元,仅 1 年之后就达到了 1961.93 亿元。这种合作一定程度上突破了分业经营的限制,而银信合作与监管的博弈也才刚刚开始。

(二)规避利率管制

如前所述,商业银行最本质的业务是吸收存款,是银行开展其他业务的基础。在我国仍存在利率管制的情况下,商业银行不能通过提高存款利率来获取竞争优势。为应对通胀状况下银行"脱媒",理财产品成为留住银行存款的一个重要方式。除了通过发行理财产品吸收存款之外,在理财产品到期后,也能够获得部分存款沉淀。这对于那些机构网点较少的中小商业银行具有重要意义。因此,高收益的理财产品成为其变相吸储的重要方式。

《商业银行个人理财业务管理暂行办法》(2005 年第 2 号,现已失效)第 24 条第 1 款规定,保证收益理财计划或相关产品中高于同期储蓄存款利率的保证收益,应是对客户有附加条件的保证收益。商业银行不得无条件向客户承诺高于同期储蓄存款利率的保证收益率。① 对于"有条件"的保证,在实践中银行可以通过附加任何条件加以规避。另外,为了应对监管部门在季末、月末进行的存贷比考核,商业银行发行超短期、高收益的理财产品变现揽储,以达到存贷比等监管指标的要求。对此,2011 年 9 月 30 日原银监会发布《关于进一步加强商业银行理财业务风险管理有关问题的通知》(现已失效),规定商业银行不得通过发行短期和超短期、高收益的理财产品变相高息揽储,在月末、季末变相调节存贷比等监管指

① 该暂行办法被中国银行保险监督管理委员会令 2018 年第 6 号《商业银行理财业务监督管理办法》废止。2021 年商业银行保本理财市场清零。

标,进行监管套利;应重点加强对期限在 1 个月以内的理财产品的信息披露和合规管理,杜绝不符合监管规定的产品。在此之后,1 个月以下的超短期理财产品基本上被禁发。但这在实践中仍难以得到有效落实,如银行可以发行长期理财产品,但规定客户可以附条件的短期提前赎回。对于 1 个月的时间要求,银行可以发行 31 天的理财产品来规避。此后原银监会不得不重新发布新规,要求中长期产品也不得提前赎回。

(三)规避信贷规模控制

2009 年到 2010 年,银信合作可以用"狂飙突进"来形容。据统计,2009 年 9 月末银信合作业务不足 6000 亿元。中国信托业协会的数据显示,2010 年第一季度,资金信托规模为 22,101.5 亿元,贷款占 61.82%。[①] 到 2010 年 7 月,这一数字已经突破了 2 万亿元,[②]而银行业者 2010 年第二季度的信贷投放总额也不过 2 万亿元左右。[③] 当时的经济情况是自 2007 年中央银行加息后,时隔 34 个月之后的 2010 年 10 月再次提高利率,国家的宏观调控已经释放出政策收缩的信号。信贷额度的失控引起了监管部门的注意。2010 年 8 月 5 日原银监会下发《关于规范银信合作理财合作业务有关事项的通知》,规定自发布之日起,对之前约定和发生的银信理财合作业务,商业银行应严格按照要求将表外资产在今明两年转入表内,并按照 150% 的拨备覆盖率计提拨备,并且大型银行应按照 11.5%、中小银行按照 10% 的资本充足率计提资本。

银行盈利的主要来源是存贷款的利差,发放贷款、扩大资产规模是银行盈利的基础。但银行业务也受到审慎规则的严格约束,如存款准备金率、拨备覆盖率、资本充足率等。过量发放贷款会消耗银行的资本金,贷款形成的大量资产会降低流动性。因而通过将贷款转移出资产负债表对银行经营具有重要意义:减少资本金消耗、增强流动性、提高中间业务收入等。而银信合作理财业务为银行提供了有效的渠道。

银信理财产品中很大一部分是融资类理财产品。其基本运作模式是:银行通过发售理财产品募集资金,然后作为单一委托人将理财资金委托给信托公司或购买信托公司的信托计划,信托公司使用理财资金购买银行资产或向特定用户发放

---

① 以上数据源于中国信托业协会网。

② 参见蔡亮:《叫停银信合作产品只是权益之计》,载《金融经济》2010 年第 15 期。

③ 参见王大贤:《银信合作理财何去何从》,载《中国信用卡》2010 年第 17 期。

信托贷款(该用户多为银行确定的)。实践中,融资类信托产品的设计结构多样,多通过“信托贷款”“购买票据”“转让贷款”等方式实现。“信托贷款”是银行将理财募集资金交由信托公司发放贷款给指定客户。“购买票据”则是信托公司发行信托计划,银行将理财资金购买该信托计划,信托公司将理财资金购买银行或企业持有的银行承兑票据,以此变相地向企业提供信贷。由于信托公司不能从事票据资产管理业务,实践中会将票据的验票、承兑等事项委托给银行。“转让贷款”是银行将信贷资产转让给信托公司,信托公司收购资产的资金来自理财资金,但信托公司并不真正负责资产管理,该资产的贷后管理仍然由银行负责。实践操作中,该资产会由其他机构为信托计划提供担保,保证客户到期后能够偿还债务。这种操作下,银行从会计上实现了资产出表,转让资产的资金可以用于重新发放贷款。从另一角度看,客户的理财资金也有较高的安全性。银行牺牲了部分贷款收益,与客户分享。尽管操作中银信合作模式设计多样,结构复杂,但在这些合作中商业银行都是利用了信托的通道或平台作用。

2008 年 12 月 4 日,原银监会发布了《银行与信托公司业务合作指引》(银监发〔2008〕83 号),开始专门对银信合作业务进行规范,从该指引的第 1 条看,其对银信合作仍持鼓励和促进的态度。但银信多样的合作模式显然超出了监管部门的预计,由此 2009 年、2010 年、2011 年监管部门连续三年发布专门的监管通知对其进行约束。

2008 年的《银行与信托公司业务合作指引》规定,银行不得为银信理财合作涉及的信托产品及该信托产品项下财产运用对象等提供任何形式担保;信托公司投资于银行所持的信贷资产、票据资产等资产的,应当采取买断方式,且银行不得以任何形式回购(真实出表)。2009 年原银监会又制定了《进一步规范银信合作有关事项的通知》,其中禁止银信合作理财产品投资于理财产品发行银行自身的信贷资产或票据资产。2010 年 8 月,原银监会发布《关于规范银信理财合作业务有关事项的通知》,其中第 7 条规定,对于该通知发布以前约定和发生的银信理财合作业务,商业银行应严格按照要求将表外资金在 2010 年、2011 年两年转入表内,并按照 150% 的拨备覆盖率要求计提拨备,同时大型银行应按照 11.5%、中小银行按照 10% 的资本充足率要求计提资本。在信托公司方面,2010 年 8 月 24 日原银监会发布《信托公司净资本管理办法》,要求信托公司计算净资本和风险资本,应当持续符合以下条件:(1)净资本不得低于各项风险资本之和的 100%;(2)净资本不得低于净资产的 40%。资本约束控制了信托公司资本的扩张规模,每一条监管规则的出台都指向了银信合作理财产品的发展中的问题。但也应当看到，面对市场的变化和操作方式的创新，监管规则显得“疲于奔命”，处在不断“补漏”过程中。

（四）期限错配下的资产池模式

2010年以来国内通货膨胀加剧，投资者更加关注资产的保值，在理财产品的投资上也趋于短期化。随着国家宏观方面紧缩政策的加剧，银行流动性趋紧。为了应对监管部门月末、季末的考核，争夺存款和客户，短期和超短期的理财产品在市场中盛行。2008年这类产品发行量占理财市场的比例为10.64%，2009年为17.56%，2010年继续上升，为23.74%，而2011年这个比例更是高达30.28%。①

商业银行通过短期理财产品争相揽储，规避监管指标。这已经脱离了理财产品设计本来的意义。2011年7月，原银监会建议慎发7天以内的超短期理财产品；同年9月30日，原银监会发布了《关于进一步加强商业银行理财业务风险管理有关问题的通知》（银监发〔2011〕91号，现已失效），要求银行“不得通过发行短期和超短期、高收益的理财产品变相高息揽储，在月末、季末变相调节存贷比等监管指标，进行监管套利”。

与理财产品（资金）短期化相对应的是商业银行理财产品中的“资产池”模式。这种“理财产品主要是指有别于传统的‘一对一’理财产品，以债券、资产回购、信托融资计划、同业存放等多元化投资的集合性资产包作为资产标的进行统一资金运用，通过滚动发售不同期限的理财产品持续性募集资金，运用动态管理保持理财资金来源和理财资金运用间的平衡，并从中获取收益的理财产品运作模式”。② 它原本的运作模式是将同系列或者同类型不同时期发行的各款理财产品所募集资金统一到一个资产池中进行投资管理，该资产池投资于符合该系列或者该类型理财产品所规定的各种投资标的。其整体投资收益作为确定各款理财产品收益的依据，即将该资产池内所有资产整体预期的到期收益率为各款理财产品收益定价基础。简单来说，就是一个资金池对应一个资产池模式。通过滚动发行短期的理财产品以流入资产池中，同时也有理财产品到期短期的资金流出，但资金池能够维持一定的规模水平与资产池相匹配。这一经营模式有其特定的优势，

---

① 参见普益财富《2011—2012年银行理财市场年度报告》。

② 王凯宁、崔建国：《商业银行理财资产池模式研究》，载《金融纵横》2012年第2期。

通过资金池形成较大规模的资金连续运作;其对应的资产组合也类似于将一个理财产品投资于不同的资产上,从而降低风险,提高效率。

但也应当看到,“资金池—资产池”的模式所存在的严重问题也与监管机构所确立的监管原则相悖。

第一,早在2005年,原银监会发布了《商业银行个人理财业务管理暂行办法》(2005年第2号,已失效)。其中第39条指出:“商业银行应对理财计划的资金成本与收益进行独立测算,采用科学合理的测算方式预测理财投资组合的收益率。商业银行不得销售不能独立测算或收益率为零或负值的理财计划。”而在资产池模式中,由于每一个理财产品并非对应一个特定的资产,因而理财产品的成本和收益都不能精确核算。因此在实践中,理财产品事实上处于不透明状态。银行所支付的理财产品收益是如何确定的?银行的收益如何?对此银行都讳莫如深。此外,理财业务也往往按照预期收益支付给投资者,但实质上客户并不能根据理财产品的性质获得理财产品的全部收益,这本质上损害了投资者的利益。

资产池模式未能实现专户管理。资产池模式下无法实现资金与资产的一一对应,违背了监管部门确定的监管原则。原银监会办公厅《关于商业银行开展个人理财业务风险提示的通知》(银监办发〔2006〕157号,已失效)要求加强对理财业务市场风险的管理。商业银行应对理财产品(计划)进行相应的资金成本和收益测算,严格按照“成本可算、风险可控”的原则设计开发产品。从理财资金的管理方式上应当实行专户管理,原银监会《银行与信托公司业务合作指引》(银监发〔2008〕83号)要求信托公司开展银信理财合作,应当为信托财产开立信托财产专户,并将信托财产与固有财产分别管理、分别记账。2011年8月28日发布的《商业银行理财产品销售管理办法》(银监会令2011年第5号,已失效)要求商业银行增加理财产品信息披露,对产品和客户分级,并按“风险匹配”的原则销售等。

第二,从客户的角度出发,不同的客户对理财产品的认知存在差异,承受风险的能力不同,理财产品应当有不同的设计和不同的针对性。《商业银行个人理财业务管理暂行办法》(已失效)第37条第1款要求银行在推介投资产品时“应了解客户的风险偏好、风险认知能力和承受能力,评估客户的财务状况,提供合适的投资产品由客户自主选择,并应向客户解释相关投资工具的运作市场及方式,揭示相关风险”。原银监会办公厅《关于商业银行开展个人理财业务风险提示的通知》(银监办发〔2006〕157号,已失效)要求商业银行在开展理财业务时,应按照“了解你的客户”原则对客户的财务状况、风险认知和承受能力等进行充分了解和评估。

但在资金池—资产池模式下，不同理财产品被置于同一个资金池中，对应的资产池也相同，这抹杀了不同款理财产品的差异。事实上与客户选择的理财产品的风险有了很大的不同。

“资金池—资产池”模式在理财资金方面是理财产品发行的短期化和滚动发行，理财资产方面体现为资产池，这同样体现了期限错配的特点，越是短期化，期限转换也越明显，“融短投长”所造成的挤兑风险也越高，极易造成流动性不足。这种借新还旧、滚动操作的模式也与“庞氏融资”有着诸多相近之处。一旦资产无法产生足够的收益，理财产品的销售也将无法持续，进而引发流动性危机。这也与影子银行的特征相匹配。如果将资金投入基础设施建设或地方融资平台等领域，建设周期更长，一旦所投资项目受到调控或政策变化影响，或者流动性抽紧，就会产生较大的风险。2011 年 9 月原银监会下发的《关于进一步加强商业银行理财业务风险管理有关问题的通知》(已失效)重申商业银行开展理财业务，应严格遵守“成本可算、风险可控、信息充分披露”的原则，并要求银行应重点加强对期限在 1 个月以内的理财产品的信息披露和合规管理，杜绝不符合监管规定的产品。

(五)银信合作业务的影子银行性质分析

1. 监管空白

银行理财产品乃至银信合作作为一种全新业务并未出现在《商业银行法》中。监管规则对银行经营模式上的变化缺乏有效的应对。自 2005 年发布《商业银行个人理财业务管理暂行办法》《商业银行个人理财业务风险管理指引》以来，相关规定几经完善，几乎每年都会发布关于银信合作新的监管要求，从银行和信托两方面、从机构到行为等多角度进行约束。同时，市场的发展和金融创新的存在也使监管部门应接不暇，不断出台新规以应对不同时期的监管重点。政策设计短期化的特征明显。围绕银信合作所形成的信用中介已经构成了社会融资的重要组成部分，针对理财业务进行整体设计，防范可能发生的金融风险已经非常迫切。

2. 监管套利

由于监管设计的问题，监管套利在理财产品中也非常严重。银行通过理财产品拉动存款；通过理财产品设计将部分资产业务移出资产负债表，规避资本充足率、拨备、存贷比等监管要求。

银行资产表外化是银行发展理财业务的根本动机。如果不存在信贷规模限制，银行没必要将资产转移出负债表，也不需要进行复杂的结构设计和冗长的委托链条来提高运作成本和运作风险。公开发售理财产品并购买银行资产,以资产收益支付理财收益,这一模式也恰恰具有了资产证券化的雏形。在法律体系与信用管理资质不甚健全的条件下,虽然相对规范的资产证券化业务的试点浅尝辄止,但银行理财业务中类证券化产品的发售却大行其道。银行机构在原银监会宽松而粗疏的理财业务指引框架下,采用简单、实用但充满隐患的理财产品形式,在内部实现了“脱媒”、证券化和私募基金的设立等影子银行体系的运作实质。①

信托公司也随着银信合作的发展而成长为金融业的第二大部门。但在银信合作中,信托更多的只是承担了通道业务,成为银行市场操作的工具,使银行能够使用信托平台进入更广泛的领域。正如前文所述,中国影子银行的特征之一在于:由于金融体系中银行的绝对主导作用,影子银行机构从事的信用中介业务都是从银行体系中衍生,进而某种程度上实现对银行的替代。信托机构非常明显地体现了这一点。虽然信托业管理着庞大的资产,但信托业所拥有的资产管理水平和能力却并未有太大提升,满足于通过作为银行通道这种技术含量较低的方式赚取快钱。虽然通道获取的费用极低,但庞大的资产规模仍然保证了信托可观的收益。信托业这种简单的生长方式注定无法长期存续:一方面,随着证券、保险、基金等领域资产管理业务的发展,对信托的替代效应将越发明显。可以看到的是,2012 年,以券商理财为基础的银证合作业务急剧增长。2011 年全年,券商资产管理的规模仅为 2819 亿元。但截至 2012 年 12 月初,券商资管规模已突破万亿元大关,达到 1.2 万亿元。其中,以银证合作的票据转让类定向资产管理业务为代表的定向资管规模更是大举超过 1 万亿元。② 另一方面,随着金融业综合经营的发展,跨部门的经营将成为重要的趋势。信托业应当在高速发展之后重新思考本行业可持续的、更有竞争力的发展模式。

3. 高度关联性

商业银行虽然通过银信合作将贷款转移出了资产负债表,但事实上风险并未完全转移。在理财产品的设计上,信托公司仅作为银行的通道,相应的资产管理如信贷类资产的贷后管理、票据资产的管理等实质上都是由银行负责。资产并未实质上脱离银行控制,风险也并没有真正转移。信托的核心能力——资产管理水平并没有多大的提高。在一些理财产品的设计上,为提升资产质量,银行会通过

① 参见袁增霆:《中外影子银行体系的本质与监管》,载《中国金融》2011 年第 1 期。

② 参见晓晴:《万亿券商资管成银行信贷“影子”通道》,载《21 世纪经济报道》2013 年 1 月 22 日版。

担保或回购的方式进行信用增级，尽管这种操作模式已经被监管部门禁止，但操作中仍变相地存在此类情形。一旦资产出现问题，信托风险将传递到银行领域，形成所谓的“输入性风险”。国外影子银行体系的高度关联性不仅体现在漫长的融资链条中各种金融机构的高度相关，还包括地域上的跨境传染。中国影子银行虽然没有那么高的关联性，但在银行高度控制的金融系统中，影子银行的风险也重归于银行系统。

金融创新已经远远将监管规则甩在身后。类似于银信合作这些业务，由于同处于原银监会的监管之下，监管机构还能够通过对其不断地调整和约束，保持监管的有效性。但金融产品的推出已经超出了部门界限，如飞速发展的银证合作问题。虽然机构间的沟通协调能够缓解监管边界的划分问题，但沟通的效率和成本仍然是值得顾虑的问题。

2018 年资管新规的发布对信托也产生了深远影响。首先，为引导资金流入实体经济，简化产品结构，资管新规要求消除多层嵌套和通道，这对于长期依靠通道业务的信托公司产生巨大影响。另外资管新规之后，银保监会陆续发布了《商业银行理财业务监督管理办法》《商业银行理财子公司管理办法》。商业银行理财子公司除原有银行理财业务外，经营范围拓展至私募理财、咨询和顾问等业务，成为唯一能够横跨公募和私募两大资产管理产品的金融机构。信托公司的“牌照优势”被进一步削弱。其次，资管新规严禁建立资产池，要求资管产品单独管理、单独建账、单独核算，以往信托公司依靠资金池调配资金的能力受到限制。最后，资管新规严禁刚性兑付，对资管产品实行净值化管理，不得承诺保本保收益，出现兑付困难时，金融机构不得以任何形式垫资兑付。信托公司在资金募集方面也越来越大的压力。

信托业需要改变甘做通道，“躺着”赚钱的思路，重新回归信托本源，重构业务体系，改善资产质量、优化产品设计、升级产品模式才是真正的生存之道。

四、民间金融

民间金融在我国长期存在，但其只是在个人借贷基础上发展起来的，随着规模和范围的扩大，民间金融面临巨大的政策和法律风险。虽然国家并未将民间金融纳入正规金融的监测范围，但其融资规模和产生的风险却不容小觑。长期游离在正规金融之外的特质也使其符合影子银行的特点。民间金融在我国长期存在，在经济紧缩的时期表现更为明显。它构成了我国影子银行体系的重要组成部分。

(一)民间金融的基本分析

民间金融也称为非正式金融,世界银行的报告认为,非正式金融是指那些尚未纳入银行监管部门监管的金融活动。① 考虑到我国改革开放之前对金融体系的严格控制,金融都以国有的方式存在,民间金融具有某种与官办金融"对立"的范畴,这主要是从所有制意义上提出的。② 我国有学者认为,应该以是否符合《公司法》和《商业银行法》的规定来判断是否属于民间金融。凡没有经过国家工商行政部门注册登记的各种金融组织形式、金融行为、金融市场和金融主体都属于民间金融范畴。③ 这种认识得到了学术界的共鸣,并进而提出应当摒弃"民间金融合法化"的命题,转而寻求"民间金融的法制化"。④ 具体而言,民间金融可以从以下几方面予以界定:(1)从交易活动的主体来看,交易的对手基本上是从正式金融部门得不到融资安排的经济行为人,比如发生相互借贷行为的农民;(2)交易对象不是被正式金融所认可的非标准化合同性的金融工具;(3)正式的金融中介具有规范的机构和固定的经营场所,而民间金融一般不具备这些特征;(4)民间金融一般处于在金融监管当局的监管范围之外。⑤

民间金融正是在正规金融之外,借助私人借款合同的合理性、合法性而顽强生长,游走在金融政策的边缘。不断生长的民间金融构成了我国金融体系中的重要组成部分。它满足了部分的融资需求,特别是正规金融无法顾及的领域。也有学者指出,非正式金融可以说是一种过渡金融体制。发展中国家和落后地区在完成经济体制转型过程中,由于正式金融的"金融深化"不足,而导致原有的部分金融空间出现"真空"或者"缺位",从而产生了非正式金融,而这种非正式金融一旦产生,又往往难以获得合法的经济地位,其形式规范就往往容易与地下经济相联

---

① See World Bank, *Informal Financial Markets and Financial Intermediation in Four African Countries*, Africa Region, N0. 79, January 1997.

② 参见王相敏、张慧一:《民间金融、非正规金融、地下金融:概念比较与分析》,载《东北师大学报(哲学社会科学版)》2009 年第 6 期。

③ 参见姜旭朝、丁昌锋:《民间金融理论分析:范畴、比较与制度变迁》,载《金融研究》2004 年第 8 期。

④ 参见高晋康:《民间金融法制化的界限与路径选择》,载《中国法学》2008 年第 4 期。

⑤ 参见陈柳钦:《我国农村民间金融的运行形式、存在的问题及其规范发展》,载《经济研究参考》2006 年第 72 期。

系。[①] 从这个意义来说,民间金融更多体现了某种“草根”性质,即它源于群体之间的互助合作,这种信用形式体现为某种横向的网状的结构。而国家金融多体现为纵向性质,跨越了特定群体和特定群体建立起来的金融体系。民间金融扩展了金融服务的边界,一定程度上提高了社会的总体效率。

有学者认为,非正式金融的一个主要特征就是在借贷双方和储蓄者之间存在从简单信用安排到复杂的金融中介机制的联系[②],我国民间金融也体现了这一特征,即从简单的私人之间的借贷活动结构不断升级,规模扩大,呈现专业化的特征,逐步接近正规金融的组织形式和运作方式。

不断生长的民间金融构成了我国金融体系中的重要组成部分,满足了部分的融资需求,特别是正规金融无法顾及的领域。但同时,由于民间金融缺乏有效的金融监管,其存在的问题与酝酿的风险同样不容小视。这种监管之外的“信用中介”无疑构成了我国影子银行的一个组成部分。这在国外影子银行的发展中并不明显,但却是当下中国金融管制下的必然结果。随着借贷交易规模扩大,个人借贷除了具有债的基本特性之外,还由于规模和交易范围的扩展而具有了公共性质和体系性的影响,基于维护金融投资者利益、保障金融安全的需要,为保证正当经营、防范可能的“挤兑”危机,我们熟悉的金融监管要求也应当施加于民间融资行为。此时由于缺乏必要的法律规范,民间金融的问题不断暴露,限制了其进一步发展的空间。

中金公司 2011 年 9 月末发布了《中国民间借贷分析》研究报告,报告显示 2011 年年末民间借贷余额在 3.3 万亿元左右。受民间资金链断裂等风险暴露影响,民间金融规模已呈下降趋势。2011 年 6 月,央行曾启动民间融资现状调研,针对 6300 多家民间融资的资金融入方(企业)和资金融出方(民间融资中介机构)进行了专项调查,调查显示,截至 2011 年 5 月末,全国的民间融资总量约 3.38 万亿元,仅占当时贷款余额 6.7%,占企业贷款余额比重为 10.2%。[③] 民间金融有其合理的成分,但其产生的负面效应也必须给予足够的重视。当前的乱象主要就在于民间金融缺乏有效的法律规制。

---

① 参见姜旭朝、丁昌锋:《民间金融理论分析:范畴、比较与制度变迁》,载《金融研究》2004 年第 8 期。

② See Germidis Dimitri, *Interlinking the Formal and Informal Financial Sectors in Developing Countries*, Savings and Development, Vol. 14, No. 1(1990), p. 5 – 22.

③ 参见史进峰:《央行调研民间融资 3.38 万亿无以撼动正规金融》,载《21 世纪经济报道》2011 年 10 月 20 日版。

(二)民间金融的风险

2010年起,国家宏观调控趋紧,通货紧缩的情况下,正规金融收缩,加上受金融危机的影响,企业特别是中小企业发展面临严重的资金匮乏。企业的融资需求无法满足的时候,民间金融恰恰获得了扩张的机会,疯狂生长。由于民间金融缺乏有效的金融监管,民间借贷的快速发展引起了广泛关注,特别是其发展中暴露的问题远远超过了其提供的金融服务。民间金融的表现形式主要有以下三个方面:

其一,民间融资的利率极高。在我国官方利率受到严格管制的情况下,民间金融出现"高利贷"现象。由于历史原因,高利贷带有某种政治色彩,往往与旧社会和剥削压迫联系在一起。从经济角度看,高利贷严重侵蚀了企业利益。正如一些企业所描述的"借债是找死,不借是等死"。无论从事何种实业都无法支持如此高的利息。高利贷将导致企业破产和产业的空心化,很多地方对高利贷都有严格的约束,如我国香港特别行政区《放债人条例》第24条第1款规定:任何人(不论是否是放债人)以超过年息60%的实际利率贷出款项或要约贷出款项,即属犯罪。[①] 而我国南方一些地区民间融资的利率远超这一数字,对中小企业和民营经济造成巨大的损害。民间融资在自然经济条件下,更多体现为互助合作,其存在的合理性毋庸置疑。但在现代经济中必须对其营利性和残酷性加以遏制。当然这也与我国正规金融的发展不充分、金融深化不足、金融的可得性较差有密切的关系。

与高利贷相对应的是资金链断裂。部分地区债务人无法偿还债务而导致企业破产和"跑路"现象。一个债务人违约意味着众多的投资者血本无归,这对经济发展和社会稳定都构成了严重挑战。2015年8月,最高人民法院发布修正后的《关于审理民间借贷案件适用法律若干问题的规定》,以全国银行间同业拆借中心发布的一年期贷款市场报价利率的4倍为标准确定民间借贷利率的司法保护上限,取代原"以24%和36%为基准的两线三区"的规定,大幅度降低民间借贷利率的司法保护上限,使民间借贷利率逐步与我国经济社会发展的实际水平相适应。

其二,资金掮客事实上从事了金融业务。在民间借贷发展过程中,一些人专

---

① 参见香港特别行政区《放债人条例》第163章第24条过高利率的禁止,载香港法律资讯中心网,http://www.hklii.hk/chi/hk/legis/ord/163/。

门充当资金掮客，从事资金中介活动。这些人一方面聚集资金，另一方面又从事放贷业务。在资金出现问题的时候，往往成为非法经营或非法集资打击的对象。2012 年沸沸扬扬的吴英案是典型代表。与正规金融相比，民间金融虽然信用基础较好，但正式的制度构建和完善的风险防范机制却相对匮乏，这成为民间金融风险的重要原因。

其三，正规金融的参与。一些国家依法设立的金融机构或组织，如小额贷款机构、融资担保机构、典当行等也将部分资金参与到民间金融市场。甚至一些融资担保机构违规吸收存款，并从事高利贷业务。① 正规金融机构的违规经营更加剧了民间金融市场的混乱局面。

民间金融是我国金融体系中长期存在的一个问题，民间金融的存在具有自然的合理性，存在某种"内生"的性质。从其历史发展看，民间金融广泛存在。现代经济形式的多样性和地区经济发展的不平衡性，以及金融形式和金融结构发展的不平衡性，造成多种经济形式和结构并存的局面，这是现代民间金融发展的主要原因，而不能仅仅归结为自然经济和地下经济发展的结果。② 我国民间金融发展中之所以出现如此多的问题不在于民间金融本身，原因有二：一方面，法律制度供给的不足造成不确定性的风险，国家对民间金融的态度随着经济形势的变化而调整，经济平稳时放松限制，出现问题时给予整顿，甚至动用刑事手段，希望通过几个典型案例威慑市场。法律政策的波动使民间金融时刻处于法律风险当中。另一方面，为了维持国家对金融资源的配置权，国家无意将其纳入正规金融的范畴。

第三节　P2P 网络贷款——一个影子银行样本的法律监管分析

影子银行的过度发展是 2008 年危机爆发的主要原因。加强对影子银行的监管成为危机后国际金融监管改革的一个重要组成部分：2009 年 3 月英国金融服务局发布《特纳报告》，指出应当改革现有金融监管体系，加强对对冲基金等影子银

① 参见方迎定、王丽娟：《"影子银行"谱系》，载《财经国家周刊》2011 年 9 月 15 日版。

② 参见姜旭朝、丁昌锋：《民间金融理论分析：范畴、比较与制度变迁》，载《金融研究》2004 年第 8 期。

行的监管。我国影子银行更多体现为“非正规金融”的发展。国内对影子银行的研究从经济、金融等领域展开,对影子银行的产生、发展、作用机制、监管等问题都进行了探讨。但这种讨论存在的问题也是明显的:一是对影子银行的研究多基于国外金融危机展开,而对中国的适用性问题有待探讨。二是影子银行体系庞大,研究的深度不够。近年来,网络技术的发展又为影子银行体系增添了一种新的形式——P2P 贷款。[①] 网贷行业无论是在机构数量方面还是在业务规模方面均呈现迅猛增长的势头,据不完全统计,截至 2016 年 6 月底,全国正常运营的网贷机构共 2349 家,借贷余额 6212.61 亿元,两项数据比 2014 年年末统计数据分别增长了 49.1%、499.7%。对于这种全新融资模式,银监会向银行发出了风险提示,但包括人民银行在内,都否认自己的监管职责。学界目前尚无人关注这一问题。也许是危机后美国监管机构对金融创新的高度敏感,SEC 率先对 P2P 贷款提出规范意见。本节首先对 P2P 贷款的发展情况进行梳理,并分析美国对它的法律规制。其次力图通过对这一特殊类型的融资方式的分析,观察影子银行体系与我国现阶段金融理论和金融监管体制的内在紧张,并提出金融监管调整的建议。

一、问题

(一)P2P 网络借贷及其运作模式

个人借贷是私人之间资金融通的一种方式,由于信息不对称和缺乏对借款人的有效约束,民间借贷更多在熟人网络中展开并且空间范围有限。随着互联网技术的发展和普及,个人借贷的范围与可能性都大大增加。2005 年 3 月,全球首个 P2P 贷款网站 Zopa 在伦敦成立。Zopa 广泛发展会员,采取个人对个人借贷的方式,出借人在网络上列出金额、利率和想要出借的时间。同时,资金需求者可以对这些借款进行选择,自行配对交易。出借人可以实现超过银行存款的收益,而借款人可以满足自己多方面的资金需求。

这种方式迅速被我国借鉴,本来就已蓬勃发展的民间借贷又增加了网络的形式。2007 年我国首家 P2P 网络借贷平台上线,目前类似的网站已有上千家。其中规模较大的如宜信公司,月贷款规模已过亿元。数量迅速增长的同时,在运作模

---

① 原银监会办公厅《关于人人贷有关风险提示的通知》(银监办发〔2011〕254 号)将 P2P 称为人人贷,即信贷服务中介公司。人人贷信贷服务中介公司收集借款人、出借人信息,评估借款人的抵押物,如房产、汽车、设备等,然后进行配对,并收取中介服务费。P2P 原指互联网的一种传输协议,数据的下载方和提供方均是个人,以区别于以服务器为中心的下载方式。个人对个人的贷款借用了这种用法。

式上，国内 P2P 也迅速分化。一般来说，其运营模式包括两类，即所谓的线上模式和线下模式。

所谓线上模式，即坚守 P2P 产生时的基本做法，网站仅作为借贷双方的信息发布平台，会员自主成交。网站或公司不存在平台之外的审贷环节，也不对单笔贷款提供担保。国内典型的如“拍拍贷”，其月成交额约 1000 万元，拍拍贷的收入主要包括向客户收取的账户管理费、充值手续费以及成交服务费（佣金，对 6 个月或以下收取 2%，6～12 个月的收取 4%）。而线下模式，超越了网站“点对点”的贷款方式。在网络平台之外，既有专门的信贷员审核借款人，控制贷款质量；同时又有销售人员向出资人做理财，购买其贷款资产，典型的如宜信公司。另外，还有部分 P2P 公司提供贷款保本，如红岭创投。这也是目前中国 P2P 模式和国际惯常做法的重要分歧。

对中国 P2P 发展情况的分析可以看出，我国网络贷款的特点非常明显：（1）利用网络提供的技术和成本优势，民间借贷在原有的基础之上，发展更为迅速。（2）各家机构在自身业务定位、经营执照、客户定位、操作流程、业务规模、推广渠道、本息保障等方面，差异巨大。甚至对什么是 P2P 模式，行业内也分歧渐深。业内也希望在受到严厉的监管之前建立行业自律机制，但其中的共识越来越小。[①]

（二）P2P 网络借贷的风险与问题

与 P2P 网络贷款的迅速发展相伴的是围绕它所产生的种种争议。

从 P2P 贷款本身来看，线上模式相对保守，交易平台仅在于促进个人借贷的达成，并提供相关的服务。个人借款合同在《合同法》和《民法典》中都有明确的规定，法律允许其存在。但当借款的范围和规模扩大之后，如何保障资金安全？如何维护贷款投资人的利益？而线下模式则有更大的突破，其可探讨之处就更多。包括多个出借人对一个借款人的情况下，是否构成了吸收存款的行为？个人大量发放贷款是否需要业务许可？与小额贷款公司的区别何在？另外，转让贷款资产的行为是否构成某种形式的资产证券化？如何防范其发展过程中产生的巨

① 参见沈乎：《贷款脱媒试验》，载《新世纪周刊》2011 年第 33 期；沈乎：《Zopa：“摈弃银行，每个人都可以有更好的交易”》，载《新世纪周刊》2011 年第 33 期。

大风险?①

更深层次的问题是:为什么这种新形式在向国内移植的过程中产生了如此多的变异?P2P 贷款的疯狂生长与我国法律对金融的严格管制和业务边界的划分存在怎样的关联?国外对影子银行监管的法律调整对我国的启示何在?这些都是本书试图探究的问题。

二、美国对 P2P 贷款的法律监管

事实上,不仅在中国,即使在金融市场发达的英美国家,对此类新兴业务是否应当以及在多大程度上接受监管都存在争议。例如,英国 Zopa 方面称其拥有公平贸易局的信贷许可证,是英国反欺诈协会的成员,曾向信息专员办公室注册。《英国 1974 年消费者信贷法案》要求大部分向消费者提供信贷、租赁、债务催收等方面商品或服务的企业,都必须拥有信贷许可证,否则可能构成犯罪。但 Zopa 不受英国金融服务监管局的监管,因为 Zopa 从事借贷交易市场的业务很新,不符合现有任何监管类目。

相比之下,美国监管当局对 P2P 网络贷款给予了较明确的结论。美国著名的 P2P 网络借贷平台主要有 Prosper、Lending Club 等,其中 Prosper 是行业领先者。Prosper 是特拉华州的一家公司,位于加州圣弗朗西斯科,拥有并运营一家在线借贷平台网站。美国证券交易委员会于 2008 年 11 月向 Prosper 发布禁令(No. 8984/November 24, 2008, No. 3 - 13296),认为 Prosper 运营在线的借贷平台,沟通贷款人和出借人。Prosper 基于平台发行的借款票据构成证券法所规定的证券。根据《美国 1933 年证券法》Sections 5(a) 和(c)的规定,禁止任何人在没有有效注册或获得豁免的情况下要约(提供)或出售证券。下文的分析主要围绕该禁令展开。

(一)对 Prosper 贷款平台的界定

Prosper 的借贷平台类似于双盲的拍卖,借款人和贷款人双方都在网站上注

① 原银监会办公厅发布的《关于人人贷有关风险提示的通知》(银监办发〔2011〕254 号)将其中的风险概括为七个方面。一是影响宏观调控效果。即资金流向调控的限制性行业。二是容易演变为非法金融机构。即政策性风险。三是业务风险难以控制。四是不实宣传影响银行体系整体声誉。五是监管职责不清,法律性质不明。六是信用风险偏高,贷款质量控制问题。七是人人贷公司开展房地产二次抵押业务存在风险隐患。

册，获得 Prosper 上的身份。在该平台上，双方均不能披露各自的真实身份。贷款人可以申请获得 1000 美元到 2.5 万美元、3 年期、固定利率、无担保的贷款。贷款人将该信息在网站上“挂牌”，标明数额和愿意支付的最高利息。Prosper 基于从信用机构处获取的商业信贷评分为贷款人评定信用级别。但 Prosper 并不核实个人信息，如就业和收入状况等。借出人可以以一个特定的利率，以全部或部分贷款金额投标（通常这个利率都高于金融机构存款利率），通常每个贷款都有多数人投标。当拍卖结束且贷款被全额满足时，贷款人获得他所要求的贷款，而利率则由 Prosper 根据满足投标的所有中标利率中最低的一个来确定。但借出人并不是真正直接借钱给贷款人，贷款人收到的是与 Prosper 签约银行的贷款。每个出借人会收到一份个人无追索权的借款票据，贷款收益将由 Prosper 分派给出借人。自 2006 年 1 月该平台建立以来，Prosper 促成了约 1.74 亿美元的贷款。Prosper 从每个贷款人处获得 1 到 3 个百分点借款收益，并且每年根据未偿还贷款本金余额的 1% 向贷款人收取服务费。Prosper 负责管理贷款人的还款并把它分派到每个借出人。Prosper 还负责初步收集到期贷款，向相关机构转让违约贷款。借出人和贷款人禁止直接交易，并不能获得对方的真实身份。

（二）关于 Prosper 发放的借款票据的分析

首先，Prosper 发放的票据构成一项投资。借出人期望以利息的形式获得收益，并且通常该收益率都高于金融机构存款利率。Prosper 在其网站上也声明：Prosper 票据提供的收益优于其他投资工具，如普通股票、CDS 和货币市场工具。能够为借出人“分散风险并保证可依赖的收益”，并描述了贷款人怎样利用未还款的贷款去购买一个新的贷款“以获得最大化的收益”。除此之外，在 Prosper 网站交易的机构把这个平台描述为股票和债券收益的替代性工具。Prosper 还为客户提供组合计划，使借出人能够根据 Prosper 预测的风险和收益自动向贷款投标。

其次，Prosper 的借出人都相对被动，主要依靠 Prosper 的工作实现投资收益。(1) Prosper 建立并维护网络平台，没有它，任何的贷款交易都无法达成。(2) Prosper 提供了聚集借出人和贷款人的机制，便利二者之间的信息交流、双向竞标和贷款合同生效。(3) 向潜在的出借人提供贷款人信息，包括信用级别。(4) Prosper 提供了一个衡量贷款执行情况和潜在收益的模型。(5) Prosper 还为每一个贷款管理投标和认购程序，并拥有排他的合同权利为贷款服务，包括管理贷款人和借出人的账户，按月提供报表反映还款情况、票据收益，以及可用于新的投标的资金量。(6)根据这些票据,Prosper公司拥有排他性的票据贷款服务人的权利主要包括:汇集还款和利息,联系违约贷款人要求还款,报告贷款的支付情况并向信用机构报告违约情况。Prosper还在管理违约贷款的程序方面拥有排他权利,收集违约贷款并出售给债权购买人。(7)如果借出人选择Prosper推出的组合计划,平台将根据Prosper确定的风险和回报情况,为借出人选择正在竞标的贷款,并自动将借出人的资金分配在不同的贷款项目中。(8)Prosper平台的存在和运营对贷款交易的发生是极其重要的。Prosper上的借出人处于极度分散和混沌状态,没有Prosper不可能聚集在一起。他们缺乏必要的经验来运作一个贷款拍卖并为贷款服务。借出人依赖Prosper持续运作平台来交易并获取投资收益。

(三)Prosper案件中涉及的法律事项分析

SEC认定Prosper提供的票据构成了证券。主要的法律依据是《美国1933年证券法》Section 2(a)(1),以及美国联邦最高法院作出的SEC v. W. J. Howey Co.,328 U. S. 293(1946)和Reves v. Ernst & Young, Inc.,494 U. S. 56 (1990)两个案件的判决。众所周知,《美国1933年证券法》Section 2(a)(1)对证券的定义采取了列举的方法,并且范围相当宽泛。"任何票据"都构成证券,为了对此进行明确的界定,美国联邦最高法院的两则判例具有重要意义。

1. SEC v. W. J. Howey Co.[①]中,基于"投资合同"(investment contract)理论的分析

在该案中,Howey的附属企业向公众促销小块果园,并同时提供一份"管理性合同",由该附属企业根据合同为投资者采摘和销售水果。美国联邦最高法院认定,具有证券属性的投资合同是指一个合同、交易或计划,投资者据此将资金投资于共同单位,并且受引导有获得利益的愿望,而该项利益全部来自发起人或第三人的努力。因此,Howey促销计划构成了证券法上的"证券"。美国联邦最高法院认为,认定是否构成证券不需要依赖正式发行股票的事实。[②] 法院认为,一个投资合同如果含有"一项金钱投资在一个普通企业,其收益只是源于他人的努力",那么这个投资合同就构成了《美国1933年证券法》Section 2(a)(1)项下的"证券"。提供或销售这种证券就必须根据《美国1933年证券法》Section 5的规定进行

---

① See 328 U. S. 293 (1946).

② 叶林、郭丹:《中国证券法的未来走向——关于金融消费者的法律保护问题》,载《河北学刊》2008年第6期。

注册。

该案中法官从四个方面对一个票据是否构成证券进行判断:(1)该票据构成一种投资(an investment);(2)投资于共同的企业(in a common enterprise);(3)合理的利润预期(with a reasonable expectation of profits);(4)依赖他人的经营或管理活动来获得利润(to be derived from the entrepreneurial or managerial efforts of others)。Prosper 案符合上述几个方面:(1)Prosper 所提供的金融工具符合了 Howey 案中所确定的投资合同的定义。当借出人投入一笔资金购买一份贷款的时候,构成了一个投资。借出人在投资一个 Prosper 贷款的时候承担了百分之百的风险,因为 Prosper 贷款是无追索权的。(2)有三个理由可以证明存在一家共同的企业。①借出人和贷款人都依靠 Prosper 来进行贷款或按期归还已经贷出的项目。②大量的、大多数的 Prosper 贷款项目都是由一个以上的贷款人投入的;同时多数的借出人投入了一个以上的贷款项目。如果 Prosper 不能运营这个平台的话,所有的借出人都将受到负面的影响。③对于每笔贷款,贷款人都向 Prosper 支付 1 到 3 个百分点的组织费用,每个借出人每年都按照未偿付票据余额的 1% 向 Prosper 支付服务费。(3)借出人基于 Prosper 的努力来实现他们的投资收益,如上所述。

2. Reves 案中关于票据的分析

根据美国联邦最高法院在 Reves v. Ernst & Young① 中的观点,任何票据都被视为证券,除非它属于明确规定的非证券类型中的一类。在该案中,法院明确规定了几类票据不构成证券。某一类票据必须属于其中之一或与之具有极强的“家族相似性”(strong family resemblance),否则都将被视为证券。Reves 案认为可以从以下四个方面考量一个票据是否构成“家族相似性”:(1)买卖双方交易动机;(2)普遍发售的计划;(3)投资公众合理预期;(4)其他监管方式考量。证券交易委员会分别从四个方面对 Prosper 发行的贷款票据进行审查,认为它不属于非证券的票据种类,也不能通过家族相似性测试,从而因此根据 Reves 案,该票据属于“证券”范畴。

①从买卖双方的动机角度考虑,Prosper 出借人在于获得相较于其他投资更好的收益。②从发行计划方面,Prosper 票据都通过网络标价并随机发售。Prosper 的出借人不需要有什么深厚的金融知识或技能。这种面向公众的大范围的宣传

---

① See 494 U. S. 56 (1990).

和劝诱,不限制投资人范围正表明了它构成证券。如果票据面向广大的某一部分公众发售,该金融工具满足了必须有“广泛的交易”这一条件。③从公众投资预期的角度分析,与之相关联的一个问题是,一个理性的投资者如何看待这种交易的性质。交易广告是否包含“可观的投资回报(毫无疑问包括利息在内)。”正如上文所讨论的,Prosper 的借出人合理地预期到该贷款资金将有可观的回报,并理性地认为,Prosper 的贷款是一种投资。④是否存在一个替代性的监管机制能够降低潜在投资者的风险。目前,没有合适的监管保障 Prosper 的借出人,如对贷款人借款目的的误导性的陈述、贷款人的就业和收入状况,甚至贷款人的身份,Prosper 误导性的陈述等,都缺乏必要的规范。

(四)美国对 P2P 贷款监管的基本结论

从 Prosper 案中可以看到:(1)相对于我国网络贷款来说,Prosper 的经营是相对保守而简单的。美国监管机关对于网络贷款的法律性质进行了充分的论证,并给予了明确界定:借出人和借款人自由交易,是一种直接融资方式。Prosper 搭建并运作这一平台,向借出人发行票据构成了证券法规定的证券发行行为,应当纳入证券监管的范畴,按照证券法规定注册。另外一家网络带宽机构 Lending Club 也受到了同样的处罚,而 Zopa 则关闭了它在美国分支的业务。禁令发出的 9 个月后,Prosper 完成了注册并获准重新开业。由此,在美国 P2P 网络贷款有了清晰的定位,且获得了合法经营的基础,并将其纳入监管轨道,防范金融风险,保护投资者。(2)与美国发达的金融市场相匹配的是相对完善的金融法律。在这个体系当中,几乎所有的融资行为都受到法律规范。以发行证券为例,从 Prosper 案中我们可以看到,证券法对证券的含义作了详尽的列举,并通过司法判例排除了一些非证券金融工具。因此在处理边缘和新兴的金融业务时,法律体系有强大的包容性,不存在法律的空白或模糊之处。(3)配套体系的完备。包括相对完善的个人信用体系、投资者保护机制、规范的不良资产处理机构和债权市场等,正是在这一整套制度的协调和运作之下,P2P 网络贷款这一新的形式才能够融入富有弹性的监管框架中去。相比之下,我们还存在许多欠缺。

三、对我国 P2P 贷款的理论分析

(一)网络时代的金融脱媒对落后体制的冲击

所谓脱媒,就是指资金的盈余者和资金短缺者不通过银行等金融中介机构而

直接进行资金交易的现象（"媒"就是金融媒介机构）。银行作为传统的金融中介在整个金融体系中发挥重要的作用。现代制度经济学的发展对银行的本质提供了解释：由于信息的不完全和不对称以及契约的不完备产生了巨大的交易费用，这阻碍了交易的达成。这些费用主要包括交易前的信息搜寻费用、交易时的签约费用和交易后的监督成本。银行作为专业化金融机构建立了完善的信息收集和处理机制，降低了成本并完成了资金融通。金融中介的优势之一就体现在对成本的降低。Theodore（2000）把金融脱媒分为四个阶段，其中第四阶段就是指在过去的十年里随着 ATM、电话银行、个人电脑系统和因特网的普及所产生的银行产品分销的脱媒。① 当互联网技术的发展将这种交易的成本进一步降低的时候，金融脱媒也变得不可避免。

P2P 贷款模式的诞生就是通过网络平台，将分散借出人和有贷款需求的人联络在一起，达成一份多人参加的协议。一方是贷款人，而另一方是多数的借出人。由于高昂的交易成本的存在，这在前网络时代是根本不可能的。Zopa 取自"Zone of Possible Agreement"，即协议空间，可以看到互联网所发挥的作用。在这个交易当中，银行作为存款人和贷款人之间的媒介不复存在。从功能上分析，一般来说，商业银行的职能主要体现为信用中介、支付中介、信用创造、金融服务职能。其中信用中介是其最基本也最重要的职能。这种职能体现在四个方面：（1）将社会闲置资本转变为职能资本；（2）将不能当作资本使用的小额货币转变为巨额资本；（3）将短期货币资本转变为长期货币资本；（4）引导货币资本由低效益的部门流向高效益的部门。显然，P2P 网络贷款在信用中介这个职能方面至少部分实现了对银行的替代。这种情况下，国内对 P2P 的批评之一就是其部分经营了银行业务。

网络技术的发展与贷款平台的开发催生了新的融资方式，同所有的影子银行体系一样，P2P 贷款也带有强烈的金融创新性质。对此原银监会迅速做出反应：在其风险提示的通知中认为人人贷"容易演变为吸收存款、发放贷款的非法金融机构，甚至变成非法集资"。其背后的逻辑是：监管当局还没有足够的理由认为这项新经营属于它的监管范畴；这种非"体制内"的金融挥舞的是"非法金融机构、非法集资"的大棒。我国建立起来的分业经营和分业监管的体制，在金融业内部有严格的壁垒，这些金融创新自然也难以纳入原有的框架。李扬研究员认为：这些

---

① S. Theodore, *The Net Spreads Wider*, The Banker, 2000, 150(889), p. 9 - 12.

由市场创新而来的“影子银行”业务活动,充分体现了现代金融发展“交易”的要素,具有重大的借鉴意义,或将成为未来金融创新的发展之路。① 从美国的金融发展的经验看,美国在20世纪也经历了30年的脱媒过程。回顾一下这段时间其金融监管法律的变化,从1980年到1999年,一开始所有的法规都是为了免除脱媒,也就是说都是为了把资金重新从市场中拉回银行。但脱媒现象越演越烈,于是从20世纪90年代开始通过新的银行法规承认这个事实,并且走向另外一条路:打通两个市场,一直到1999年出现混业经营。[4]包括P2P贷款在内的影子银行的发展有助于实现金融领域的多样化,对此我们应当采取更加包容的态度。

(二)从个人借贷到P2P网络贷款:金融市场的统一性不可分割

合同法规定的个人借贷行为本身就是最简单的信用关系。从这种信用关系的演化发展中可以观察整个信用体系,以加深对整个金融体系统一性的理解。

个人借款合同中,出借人享有的是一种有追索权的债权。这种债有很多特点,简单来说:第一,表现方式多样。如普通借条、票据、债权凭证、债券等。第二,债权可以转让。第三,债可以分割,并可以为全部或部分的让与。这恰恰是资产交易或某种证券化的雏形。第四,我们再将交易范围扩大:债务人可以向多个人借贷,即以债务人为中心,形成一系列或者一束合同,如果从负债业务的角度看,这构成了某种形式的集资(或吸收存款)。如果从证券的角度看,这也可能是债券的发行。从借贷资金的使用方面看,其可以用于普通的经营活动;如果借来的资金用于发放贷款,这就形成了银行存贷业务的雏形。如果将这里的个人替换为一个公司或机构,在我国金融业务经营权与机构挂钩的情况下,如果未经批准,“非法金融机构,非法集资”的罪名将难以避免。从最基本的信用行为到金融市场的形成,这是一个逐渐演化的过程。当我们把个人借贷扩大之后就构成了以资金融通为核心的金融业务。

对同一个行为从不同的角度观察可能会有不同的认识。如果从资金融通的角度分析,上述金融业务之间是否有严格的界限?能否做实质性的区分?这恐怕很难,因为这些业务只有规模和技术上的差别而不存在本质上的差异。撇去P2P贷款平台小额及分散这两种创新技术安排,显然网络贷款也正是通过互联网将民间借贷扩大到了范围更大、更不确定的公众。对这种经营如何进行界定和监管?

---

① 李扬:《影子银行体系发展与金融创新》,载《中国金融》2011年第12期。

美国已将其纳入证券的调整范畴,而由于我国 P2P 贷款多样化,对其界定和监管还需要更慎重的分析。

从上述的分析可以看出,P2P 贷款是在个人借贷的基础上发展起来的,从机构的角度看,它严守个人借贷的边界,各种业务活动都以个人的名义出现。从业务上来说,它触及发放贷款的行为。我国《银行业监督管理法》第 19 条规定:未经国务院银行业监督管理机构批准,任何单位或者个人不得设立银行业金融机构或者从事银行业金融机构的业务活动。但个人借贷在我国历来得到允许,并非银行的专营业务。[①] 其运营的合法性在我国现有的法律体系中并不存在障碍。

(三)对贷款平台的分析:从借贷合同的角度

根据《民法典》及最高人民法院《关于审理民间借贷案件适用法律若干问题的规定》的规定,自然人之间、自然人与法人、自然人与非法人组织之间的借款作为借贷案件受理,确保了民间借贷的组织形式及其合法性。在我国法律法规禁止企业间借贷的背景下,P2P 网络贷款正是走了个人借款的路径。至于借贷合同的达成通过什么方式、什么平台,并没有法律约束。我们将网络贷款还原到单个的个人借款合同。在一些情形下,个人之间如果不存在信息不对称,不存在欺诈,就可以达成协议。另外一些情形中,可能还需要有居间人的存在,即向委托人报告订立合同的机会或者提供订立合同的媒介服务。居间人在个人借款过程中发挥了特殊的作用,他解决双方之间的搜寻成本和信息不对称问题(尤其是借款人的信用状况,更是借出人关注的焦点)。纯粹的 P2P 平台更类似于一个居间人的地位,这种介绍贷款、撮合交易的行为是不是贷款业务的一部分?提供交易平台算不算金融业务?是否涉及金融牌照?从 Prosper 案以及我国 P2P 线上贷款的经营来看,平台只是发挥了媒介作用,其收入的来源主要依靠服务费用,而非存贷款利差,因此不涉及金融牌照的问题。

四、P2P 贷款对我国金融监管体制的挑战

延续上文的思路,个人借贷没有法律上的障碍并不意味着其不需要监管,也并不意味着其不需要进行风险控制,任由其发展。随着借贷交易规模扩大,个人

---

① 对银行的定义和本质的分析,可参见彭冰:《商业银行的定义》,载《北京大学学报(哲学社会科学版)》2007 年第 1 期。他认为银行的核心因素应当是吸收活期存款。

借贷除了具有债的基本特性之外,由于规模和交易范围的扩展还具有公共性质和体系性的影响。基于维护金融投资者利益的需要,应当对资金融通行为采取一定的监管措施,这是监管的正当化基础。加强对影子银行体系监管也是金融危机后各国法律调整的重要组成部分。

但当前我国金融监管体制在面对P2P贷款的时候,缺陷是非常明显的。

(一)以直接融资和间接融资的理论划分作为基本的金融分类,并建立分业监管体制,造成金融市场的割裂

"以直接融资和间接融资区分融资的形式是老概念而且是落后的。在全球最权威的金融学辞典中找不到直接融资和间接融资的概念。而且有很多金融产品难以界定。应对这些问题我们应当制定系统、综合的金融体系现代化方案,而不是简单的搞金融改革方案。"①新的金融产品和金融工具的出现对目前僵化的划分造成了巨大的冲击。"在本次繁荣期间,金融体系的结构发生了根本性变化,传统银行系统之外的资产所占的比重大大提高。这个非银行金融系统变得非常大,在货币和资金市场上尤其如此。"②

例如,随着金融脱媒的发展,更多的资金从银行中介中脱离进入直接融资的领域。而在我国的直接融资的法律中,《证券法》第2条对证券的范围规定得极其狭窄。P2P贷款是由于网络技术的发展而出现的在资金拥有者和使用者之间存在的新的融通方式。P2P贷款经营当中,线上模式只是最基本、最简单的模式,仅可能涉及贷款业务。当我们把更加复杂多样的线下业务运营拿来分析的时候,直接融资和间接融资的界限就模糊起来:贷款、发行证券融资、贷款份额的转让、理财产品的销售等,这种融合触及诸多监管部门,对监管体制构成了严重的挑战。

(二)法律对金融业务缺乏概括性,金融抑制严重

对于什么是金融业务(financial activity)或者说什么是金融,这涉及金融法律的根本性问题。这是一个不断发展的概念,随着市场的发展和金融创新的推出,金融的范畴不断扩大。即使在已经颁布统一的金融服务法的国家也无法对金融下一个定义。这个问题在我国尤为严重:证券领域,证券法中规定的证券种类和

---

① 李扬:《脱媒:中国金融改革发展面临的新挑战》,载《新金融》2007年第11期。

② Timothy F. Geithner, *Reducing Systemic Risk in a Dynamic Financial System*, The Economic Club of New York(June 9,2008),https://www.bis.org/review/r080612b.pdf.

范围极小,证券发行的条件和程序严格;而在银行领域,我国商业银行法建立的管理模式是机构加业务,即通过牌照发放和业务许可来规范。“放贷人条例”迟迟无法出台的背景下,银行业属于高度垄断的领域。然而现实生活中募集资金的方式非常多,于是在我国金融法的语境下又有了“集资行为”的概念。监管者对金融市场的监管“简单而粗暴”:凡是颁发牌照或经过有关部门批准的业务,都是合法的,而在正规的金融体系之外的都是“非法集资”。围绕银行、证券、保险等基本金融业务建立起来的各自独立的监管体系,虽然在专业化方面有其优势,但这显然无视社会生活中广泛存在的融资(集资)行为。法律的包容性不够,以影子银行为代表的金融创新空间不足。

看似简单的思路却根本无法在所有的集资行为中划出合法与非法的界限。原因是显而易见的:广泛存在的个人之间的借贷是合法的,且永远无法禁绝,而在个人借贷规模和范围扩张的过程中,金融工具层出不穷,现有的立法和司法难以回答合法的边界在什么地方。从不断加大且从未停止的对“非法集资”的打击中可以很明显地看到这一点。相比之下,金融市场发达的美国对金融业务的规定相当全面。在同样无法对金融业务作出概括的情况下,其法律不厌其烦,将市场中的金融业务进行一一列举。① 加上灵活而富有弹性的司法判例体系,法律对金融行为具有极大的包容性,能够将金融创新纳入既有的监管体系。

五、结论:面对影子银行的中国金融法律困境

本书的研究虽然从 P2P 贷款展开,但落脚并不限于对 P2P 本身的监管。网络贷款的出现挑战了我国现有的金融秩序,但这绝不是第一次,从长期以来我国司法实践对非法吸收公众存款和非法集资的判决产生的争议中可以窥得一斑。应当反思的是我国的金融法律以及由此带来的我国金融体系的缺陷,否则金融监管永远跟不上金融创新的步伐。

回应第一部分提出的问题。中国的影子银行是在与金融管制的博弈中不断生长的。前文提到的争议和分歧源于我国金融法制的落后:法律对融资、金融活动、集资、证券等基本概念缺乏明确的界定,同时分业监管加深了金融市场的割裂

① 《1956 年银行控股公司法》(Bank Holding Company Act) Section 4. (k) 规定了金融属性(financial in nature)的业务。美联储根据该条的授权,在 Section 225.86 What activities are permissible for financial holding companies? 对金融属性的业务和附带的(financial in nature or incidental)金融业务进行了列举。

与僵化。当金融市场不断发展和金融创新纷纷出现(在这里表现为P2P贷款模式的多样和对监管底线的挑战),法律界定的不足就越发严重。所以游走在灰色地带的P2P网络贷款,以及其他影子银行体系中的金融机构和金融工具,要走出影子,实现阳光化,还有赖于法律跟上市场发展的脚步。央行正在研究制定"放贷人条例",希望指导民间借贷走向正规,培养贷款零售商,促进多层次信贷市场的形成,也许这可以看作影子银行合法化的步骤之一。更进一步的是,我国应当考虑制定统一的"金融服务法",对金融活动进行全面和统一的规范。

2015年e租宝事件爆发,随着2015年12月公安部门立案侦查,以及多家平台跑路,对互联网金融的监管已经迫在眉睫。2015年7月,人民银行等联合下发了《关于促进互联网金融健康发展的指导意见》;同年12月28日,原银监会发布了《网络借贷信息中介机构业务活动管理暂行办法(征求意见稿)》开始征求意见。2016年8月,原银监会联合工信部、公安部和互联网信息办发布了《网络借贷信息中介机构业务活动管理暂行办法》加强了对网贷的监管。该办法对互联网平台定位和经营进行了全新规定,力图将其纳入规范的轨道。

第一,对互联网金融的基本定位。网络借贷是指个体和个体之间通过互联网平台实现的直接借贷,也即本节讨论的"人人贷"。个体包含自然人、法人及其他组织。这与最高人民法院所指称的民间借贷"是指自然人、法人、其他组织之间及其相互之间进行资金融通的行为"是一致的。这也能够给民间借贷更大的空间。

网络借贷信息中介机构是指依法设立、专门从事网络借贷信息中介业务活动的金融信息中介公司。该类机构以互联网为主要渠道,为借款人与出借人(贷款人)实现直接借贷提供信息收集、信息公布、资信评估、信息交互、借贷撮合等服务。这种对网贷机构信息中介的定位,意味着将其职能回归到了本节讨论的国外网贷平台产生之初的定位:通过互联网降低交易成本,但不介入本身。而这也正是我国互联网金融发展乱象的最重要方面。很多平台实际上背离了信息中介,成为信用中介。

第二,对互联网平台的业务进行了规定。《网络借贷信息中介机构业务活动管理暂行办法》第9条规定了平台履行的义务和责任,围绕信息中介的定位,平台对信息发布的及时、真实、准确、安全等方面承担义务。第10条则规定了网贷平台业务负面清单。不得吸收公众存款、不得设立资金池、不得提供担保或承诺保本保息、不得发售金融理财产品、不得开展类资产证券化等形式的债权转让等13项禁止性行为。这些限制使平台不能从事信用中介获得,进行信用转化,而只为促进交易达成，获取佣金。这有效剥离了其影子银行的性质，回归到了类似于投行的功能。

第三，对客户资金实行第三方存管。《网络借贷信息中介机构业务活动管理暂行办法》第 28 条规定，网络借贷信息中介机构应当实行自身资金与出借人和借款人资金的隔离管理，并选择符合条件的银行业金融机构作为出借人与借款人的资金存管机构。这是对上述平台业务范围的保证措施。通过资金第三方存管，实现自有资金和客户资金的隔离，能够防范网贷机构设立资金池和欺诈、侵占、挪用客户资金等情形的出现。同时第三方也有监督管理的作用。

通过《网络借贷信息中介机构业务活动管理暂行办法》意在实现 P2P 网贷平台的功能回归，将业务阳光化，一定程度上降低影子银行风险。这种运动式的治理或许能够取得成效，但影子银行体系的问题不仅仅在于 P2P：相比之下，P2P 只是金融体系中占比很小的一部分，该办法应对监管套利、监管空白、金融创新等领域累计的风险则要困难得多。金融系统本身的不稳定性或脆弱性要求必须对其进行系统性的改革。

第四节　影子银行的作用与挑战

虽然中国金融市场并不发达，但在金融危机后，国家宏观经济政策调整，随着中国金融市场化程度的不断加深，中国影子银行体系也快速发展，并逐步影响原有的金融体系。影子银行的发展为中国金融体系注入了新的元素，并逐步改变了中国金融市场结构，推动了我国金融市场化的进程。同时我们也应当关注它所带来的风险和挑战。这是制定合理的发展和应对政策的基础。

一、影子银行的积极作用

（一）引领了金融创新

无论在国外还是在我国，影子银行体系中的很多工具、产品都以金融创新的方式出现，在创新和监管的博弈中不断生长。长期以来，我国金融业的创新受到政府的严格约束，其在保证政府可控的原则下“循序”进行，市场机制在其中发挥的作用有限。因此，我们的创新主要致力于金融业改革发展中的创新，而不是着眼于客户的需要；创新领域主要限于有效发挥融资功能，对客户需求如资产与风险管理、融资与清算、理财与价值提升等诉求,无法提供全方位的金融服务。但从影子银行的发展可以看出,无论是国外还是我国,都体现了对市场的反应和向"金融服务"本质的回归。

最令人印象深刻的是理财产品的发展。其复杂的机构设计和交易安排满足了市场对金融产品和服务的需求,也在一次次与监管的互动中推动了监管水平的提升。从国外发展来看,早期的金融创新逐渐成为金融业务中的主流模式,从这一意义来说,影子银行的发展构成了金融制度变迁的开始。我国著名的金融学者李扬指出,金融危机以后,在国内以理财产品、私募基金、金融租赁、第三方支付、银信合作等为主要特色的正规银行和资本市场体系之外的信用供应得到长足的发展。他认为,这些由市场创新而来的"影子银行"业务活动,充分体现现代金融发展"交易"的要素,具有重大的借鉴意义,或将成为未来金融创新的发展之路。[①] 影子银行的创新是一种破坏性的创新,它打破了原有监管规则的束缚,一定意义上说其是金融自由化与市场化的先导。

(二)推动了金融市场的开放,特别是利率市场化的进程

我国的金融市场存在较多的管制,特别是对资金价格——利率的管制。影子银行以市场化的方式,在监管的夹缝中通过新的金融工具和风险分散安排,创造出新的融资方式,扩大了金融服务的边界。"影子银行"在现有制度框架下实际上可能部分实现了中国金融体系一直没能有效突破的改革目标:利率市场化和融资渠道多元化。[②] 管制利率与市场利率的共存显然不利于银行竞争,金融"脱媒"将无可避免。市场化利率的形成还使央行最重要的货币政策工具——利率影响力降低。货币市场基金是其中的典型。由于利率人为管制,特别是存款利率方面无法形成有效竞争,人为扩大商业银行存贷款利差,维持了高额利润。货币市场基金的推出一定意义上打破了商业银行存款利率上的较低水平,使投资者获得更接近市场的收益。

(三)优化了金融结构

影子银行形成了一条不同于传统商业银行的融资链条,并将杠杆率和期限转

---

① 参见李扬:《影子银行业务是未来金融创新发展之路》,载证券时报网,http://kuaixun.stcn.com/content/2011-08/27/content_3337203.htm。

② 参见巴曙松:《"影子银行"部分实现金融改革目标》,载《经济》2012 年 Z1 期。

换等功能引入非银行的信用中介当中，形成了一套“平行”的银行系统。金融体系中，资金可以通过直接融资和间接融资从提供者流向最终的使用者。在美国，影子银行体系的发展改变双方之间的规模对比，并通过证券化、回购等业务将整个金融体系联结在一起。三大类机构在自1970年至2008年信贷投放比例与信贷市场资产份额的变化如图6－2所示①。

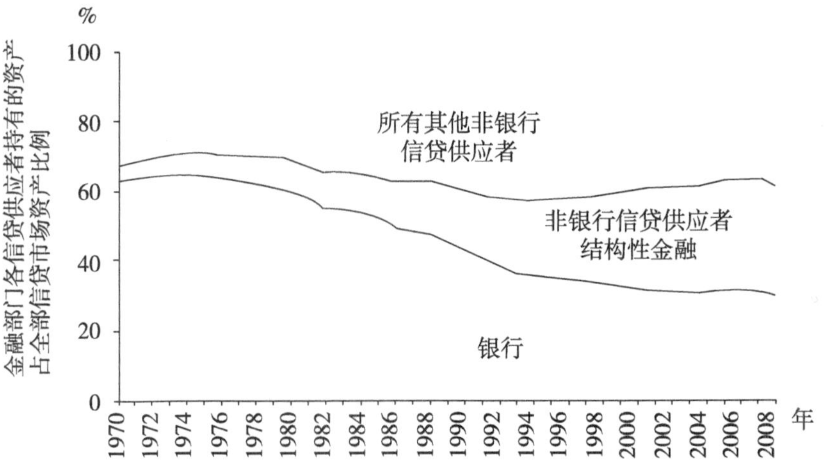

美国信贷供应，银行变得相对次要，而非银行变得更加重要（不包括美联储持有的信贷市场资产）

图6－2　1970年至2008年三大类机构信贷投放比例与信贷市场资产份额的变化

我国金融学者殷剑峰指出，金融结构演化的次序是一个从以“间接金融”为主体的简单金融体系，到平行的“直接金融”与“间接金融”，再到复杂的金融体系的这样一个生长过程。② 影子银行的发展也丰富了市场融资方式，并改变了原有的金融体系和金融机构，也符合了金融市场发展演化的趋势。因此，对影子银行的积极意义决不能忽视。

---

① 参见丹尼尔·E.诺利、齐播：《本次衰退何以与众不同》，载《银行家》2009年第10期。金融部门的信贷供应者可以分为三大类：(1)银行。由大体相似的存款机构组成(在相似的监管体制下运营)，包括商业银行、银行控股公司、储蓄机构、信用合作社。(2)通过“结构性金融产品”(住房抵押贷款支持证券和其他资产支持证券)提供信贷的非银行实体。(3)其他所有非银行信贷供应者。对于“影子银行体系”并没有一个统一的定义，但是可以把它看作后两类机构的总和。

② 参见殷剑峰：《金融结构的演化与货币政策的改进——以美国为例》，“影子银行与宏观审慎政策”学术研讨会会议论文，2011年12月16日。

二、影子银行问题的挑战

影子银行的出现和繁荣可以说是过去几十年中金融市场最重大的变化。它形成了不同于银行体系的信用中介链条,向社会提供信用。一方面,这种信用扩张的过程缺乏必要的约束,如资本金、杠杆率、透明度等传统审慎规则的要求,风险不断酝酿集聚;另一方面,影子银行的信用提供脱离了中央银行的控制,使传统的货币政策工具失效,政策目标难以达成,终至出现大的金融危机。总体来说,影子银行的挑战主要体现为对监管和金融调控的影响。

(一)对监管的挑战

影子银行体系一般都游离在监管体系之外,监管套利是金融创新的最直接动机。这一点在中国体现得尤其明显。影子银行的发展充分暴露了监管体系中存在的诸多问题:虽然建立了严格的管制,但金融体系的“漏损”依然严重;对金融创新的不适应、跨部门的监管合作严重滞后;对系统性风险关注的不足;对民间金融的打压等。无视金融市场的发展和变化,试图用简单行政管制来加强对金融机构的约束已经无法解决问题。在理财产品市场的管理中,特别是商业银行理财,监管部门疲于应付,甚至不得不采取禁止的方式来获取缓冲时机。对民间金融的高压已经激起了市场的强烈反弹,要求对吴英“免死”的呼声已直抵最高决策层。监管体系的完善已经不再是简单的金融监管机构的调整和协助所能够完成,必须在监管原则与理念上进行深刻变革。

由于位于监管体系之外,影子银行的信用创造难以受到有效的约束。影子银行体系所创造的金融工具,已经超越了人为划定的金融系统结构与金融市场之间的边界,使习惯了机构监管的监管当局无所适从。已有的对传统商业银行所形成的审慎监管规则无法适用于非银行的融资中介。影子银行扩张过程中高度的杠杆化、无序的交易规则等放大了金融体系的脆弱性。

随着金融服务和金融产品的扩张,金融消费者的保护比任何时期都显得更重要。以理财产品为例,有学者指出:银行理财产品市场规模迅速扩张大大缩短了我国从“精英理财”到“全民理财”的普及进程,进而也使“保护理财产品消费者权益”为各方关注。① 不同的金融产品所蕴含的风险不同,消费者的金融知识水平、

① 参见魏海滨:《银行理财产品的功能演化及其监管》,载《新金融》2010年第9期。

投资理性程度、风险承受能力等方面都存在较大差异，再加上由于信息不对称，金融产品发行或销售过程中不规范的说明、劝诱或承诺，都会对金融产品形成争议。而我国扩张中的影子银行显然也存在诸多的隐患。

在分业监管体制下，各个部门严守自己边界，防范本部门金融风险。但随着金融一体化进程的加深，金融市场的统一性、风险的传染性都要求建立宏观审慎机制。影子银行的发展使得金融产品、金融市场融合在一起。突破监管的壁垒，建立更有效的合作机制是当前监管中非常迫切的问题。

（二）对金融调控的影响

以影子银行为代表的金融创新降低了货币需求的稳定性，并削弱了货币政策的可控性。金融业最基本功能是提供信用，商业银行依靠传统的吸收存款和发放贷款，并依据货币的乘数效应创造货币；但与之不同的是，影子银行体系主要通过发展交易活动和提升金融市场的流动性，来向经济社会提供源源不断的信用供给，而对于货币当局紧紧盯住的货币存量，它们基本上不产生显著影响。正因如此，影子银行体系的发展不仅逐步侵蚀了商业银行的传统领地，而且从根本上削弱了货币当局的调控基础。[①] 英格兰银行前首席顾问查尔斯·古德哈特（Charles Goodhart）经过研究后曾指出央行政策存在的一个窘境：当央行选定某一可观察的统计指标作为政策工具时，那么，这一指标将很快失去其意义。我们认为影子银行体系对宏观调控的影响主要表现在以下三个方面。

1. 货币规模控制失效。通过金融市场调控经济发展是经济管理中的重要方式。特别是依靠融资规模等数量管理是金融调控的主要手段之一。按照金融学中的货币外生理论，中央银行作为基础货币的发行人和信用货币的约束者，能够对正规经济体系中的货币供应量进行有效控制。这在国家高度垄断金融机构、管制金融市场、控制金融资源配置的时代，通过传统商业银行这一间接融资体系来实现，的确有一定的效果。但对于影子银行所从事的信用创造活动，其所使用的金融工具，所开拓的金融市场都已经脱离了这个体系。金融学研究的学者指出：影子银行体系具备与商业银行平行的信用创造或货币供给机制，它否定了狭义的货币乘数论，腐蚀了中央银行在货币市场进行调控的基础。[②] 在社会融资规模方

---

① 参见李扬：《影子银行体系发展与金融创新》，载《中国金融》2011 年第 12 期。

② 参见周莉萍：《影子银行体系的信用创造：机制、效应和应对思路》，载《金融评论》2011 年第 4 期。

面,人民币贷款所占的比重已经从21世纪初的90%以上降低至现在的50%左右。银行表外融资,如委托贷款、票据业务、理财产品等,信托贷款、私募股权基金的发展等,以及融资渠道的多元化、利率趋于市场化都对中央银行的货币政策形成了冲击。信用规模的扩张已经极大地对冲了调控的效果。“央行逐渐发现货币供应量指标与实体经济变量的关系越来越弱,依据货币供应量进行的宏观调控效果越来越不明显,造成这种情况的最主要的原因就是央行没有能够将那些创造信用和流动性的非银行机构纳入传统的货币控制范围。这些央行无法控制其信用扩张和流动性的机构被称为准(类)银行、平行银行或者影子银行。”①原央行行长周小川也指出:部分“影子银行”可能会像商业银行一样具有货币创造的功能,并参与货币乘数的放大过程,为此还要引起中央银行货币政策的关注,并考虑新情况下货币政策传导机制的变化。②

2. 金融稳定的挑战。2003年修正的《中国人民银行法》赋予了央行金融稳定的职责。但受制于我国金融体系的安排,在贯彻宏观审慎原则、保持金融稳定方面央行缺乏足够的制度安排和工具手段。由于分业监管体制,监管部门主要关注本部门的机构安全稳定或投资者权益的保障,对宏观金融体系的安全并不关心,对风险的控制也仅限于建立防火墙。而致力于宏观金融稳定的监管部门在稳定检测、评估、协调等方面存在诸多掣肘。影子银行体系使传统的金融部门通过机构、产品等连为一体,金融系统更关联、复杂。同时,随着金融创新的发展加上互联网技术的广泛使用,新的金融产品和模式层出不穷,监管部门在容忍创新和控制风险之间摇摆,如e租宝、泛亚交易所等事件,严重影响社会稳定。

主要金融市场发达国家都对金融体系和金融监管进行了调整,其中一个重要的趋势是加强中央银行在宏观审慎监管和保持金融稳定方面的职责。典型的如美联储,其负责金融稳定工作,将所有系统重要性的金融机构都纳入监管范围。英国也规定英格兰银行和金融服务局分别负责宏观审慎监管与行为监管的职责。2020年10月,中国人民银行发布了《中国人民银行法(修订草案征求意见稿)》。该意见稿说明中明确“建立货币政策和宏观审慎政策双支柱调控框架”。为填补宏观审慎政策的制度空白,该意见稿建立宏观审慎政策框架,明确宏观审慎政策目标,以加强逆周期调节和穿透式监管为重点,健全金融机构逆周期资本缓冲、风

---

① 苗晓宇、陈晞:《影子银行体系及其对商业银行的影响探析》,载《华北金融》2012年第2期。

② 参见周小川:《金融政策对金融危机的响应——宏观审慎政策框架的形成背景、内在逻辑和主要内容》,载《金融研究》2011年第1期。

险准备金、压力测试等宏观审慎政策工具箱。[1]

3. 投资方向管理。中国经济严重依赖投资是一个不争的事实。投资规模和方向管理是国家进行宏观调控的一个重要方面。经济发展中时常出现局部过热的现象，如房地产、基础设施建设等领域。国家严格控制对这些领域的贷款。在银行作为主要融资来源的情况下，这种控制能够达到控制金融资源配置方向的效果。但影子银行体系所形成的融资链条成为社会融资的重要渠道，其投资方向不受到这些限制，如私募股权基金，委托贷款等。从实践来看，银行理财产品中，很大的一部分通过信托贷款流入了房地产、地方融资平台等国家控制的领域，调控的效果也被打了折扣。为应对多样化金融的发展，2010 年 12 月中央经济工作会议引入了一个新的调控指标——社会融资规模。自 2011 年起正式统计并发布。

事实上，国内的“影子银行”体系显然不在传统的货币银行体系之列，也不在央行的调控范围之内，但其同样行使着货币银行的职能，参与了货币信用创造过程，却没有受到必要的约束。

第五节　中国影子银行监管改革

2012 年 9 月，我国发布了《金融业发展和改革“十二五”规划》，[2]影子银行问题三次出现在了文件当中，足见当局对这一问题的关注。该规划已然关注到了国外影子银行发展对金融体系变革的影响，指出“危机促使全球金融监管规则不断改进，加强金融宏观审慎管理、防范系统性金融风险已成为国际社会共识，对资本、流动性、系统重要性金融机构和‘影子银行’的监管将得到加强，这为我国借鉴国际标准、推进金融改革提供了新动力。”该规划也注意到了我国影子银行规模的迅速增长而带来的潜在风险，要求“加强对‘影子银行’体系的统计监测、风险评估和宏观审慎管理”，提出建立金融宏观审慎政策框架，其中就包括对影子银行的监管。截至 2016 年年底，银行业金融机构表外业务余额 253.52 万亿元，其规模相当

---

① 参见中国人民银行：《关于〈中华人民共和国中国人民银行法（修订草案征求意见稿）〉的说明》，载中央人民政府网，http://www.gov.cn/zhengce/zhengceku/2020-10/24/content_5553847.htm。

② 参见《金融业发展和改革“十二五”规划》，载中国政府网，http://www.pbc.gov.cn/publish/goutongjiaoliu/524/2012/20120917155836347504341/20120917155836347504341_.html。

于表内总资产规模的109.16%,比上年年末提高12.04个百分点。[①] 表外业务的迅猛发展是监管套利的重要方式。

通过前文的分析可以看出,中国的影子银行发展还是处在对传统的间接融资替代的阶段。由于我国金融市场中商业银行主导的特征,影子银行的发展也对商业银行体系有较高的依赖,影子银行的表现形式上也与商业银行存在较多的关联。但也正是这种依赖性,我国当前对影子银行的管理也体现了某种向传统的回归:通过对银行体系的严格管理,以及约束银行资金的外溢,达到对影子银行体系进行限制的目的。这种思路也与建立一个更加开放、更具包容性、更有弹性的金融体系的总体方向并不完全一致,这是我们在确定对影子银行的监管原则和政策的时候首先需要反思的地方。

对影子银行这一成长中的事物应当采取什么样的态度、坚持什么样的原则?其具体的政策含义是什么?本节将讨论这两个方面的问题。

一、影子银行体系的监管原则

(一)尊重金融创新

虽然西方金融危机以后,新自由主义及其政策受到猛烈的批判,以此为基础对金融监管政策也正在反思和重构,但这并不意味着我国也应当采取同样的策略。恰恰相反,中国市场化进程远未结束,特别是政府对市场的干预仍然很深。从上文中我们可以发现,作为美国金融改革集大成者的多德-弗兰克法案并没有对引发危机的影子银行体系彻底摧毁,而只是重新审视了原有监管体系中面对影子银行风险时存在的漏洞,更多地关注风险防范。

中国影子银行的生长环境和表现形式虽然与美国有较大差异,但它们的共通之处在于都体现了市场导向的金融这一基本趋势。虽然中国影子银行的创新是局部的(尚未形成一个类似于美国的信用中介相互合作的链条),甚至在疯狂扩张过程中这种创新显得过于冒进,但我们也应当看到这种创新所具有的拓荒精神。更进一步来说,我们的改革不也正是在摆脱了种种束缚、规则尚不健全的状态下开始的吗?

尊重市场创新也要求对影子银行体系的积极作用和潜在风险做出区分,不应

---

① 参见中国人民银行金融稳定分析小组编:《中国金融稳定报告(2017)》,中国金融出版社2017年版,第39页。

当为了防范风险而遏制金融创新。FSB 的监管文件中也指出,在监管原则的设计上应当坚持对称性原则,即对影子银行的监管措施和监管力度应当与其产生的风险相匹配。这也意味着,在不同的国家,在对影子银行体系的监管方面存在差异。

对创新的尊重并不意味着我们对“审慎”这一金融根本原则的背离,而是要关注、评估这些创新,并以独立的监管者的姿态,从维护金融安全和金融消费者保护的角度去约束其不规范之处。

(二)坚持市场化方向

影子银行的发展体现了市场交易的原则,是我国金融深化的表现。我国金融体系中存在过多的管制,如对利率的控制。特别是在通胀的背景下,利率管制必然导致人们寻求更高收益的投资机会,防止货币贬值。各种理财产品特别是银行理财产品很好地满足了这一需求,这几乎成为我国利率市场化的预演。由于金融市场化的不断发展,我国也逐渐出现了西方金融市场发展过程中的“脱媒”现象。我国金融市场中银行处于绝对主导地位,可以预见,影子银行的发展将会持续这一进程,成为银行业长期面临的挑战。这在一定程度上能够改善中国金融市场发展不均衡的局面。

金融市场的开放首先应当建立开放的金融市场准入制度。这也将意味着金融竞争的加剧,与之相对应的是建立有效的金融机构退出制度。对金融业而言,这比准入要难得多。由于金融市场的关联性不断加强,一个金融机构的退出可能具有高度传染性,并影响公众的信心,出现“挤兑”等导致流动性危机。这些都是我们未曾面对过的风险,也是我们必须面对的挑战。

更进一步,与之关联的是建立我国的金融安全网。由于我国金融体制高度的国家垄断,金融信用与国家信用不分,大而不能倒的问题在我国同样存在,并越演越烈。随着一国金融化①的推进,国家被金融绑架的问题将越发突出。建立有效的退出机制,避免用国家公共财政对金融业的救助,防范金融开放和金融业经营中的过度冒险行为所带来的道德风险。

---

① 爱泼斯坦认为,金融化是指金融动机、金融市场、金融业精英和金融机构等因素在国内、国际的经济运行中的重要性不断提升的过程。See Epstein, *Gerald A. Financialization and the World Economy*, Edward Elgar Press, 2005, p. 7 - 9.

(三)坚持市场开放性

我国对金融市场的高度管制仍然是为了保持对金融资源的配置权。这种配置权的背后一方面是对权力经济的依恋,另一方面是对市场配置的不信任,或者说对自发秩序可能带来的混乱的恐慌。随着我国市场经济的快速发展,高度垄断的金融体系已经远远落后于市场发展,无法建立与实体经济相匹配的金融体系。这导致各种非正规金融的野蛮生长。监管机关专注于维护既有的监管体系,仅保证本部门的安全是过于狭隘的。一定意义上说,这恰恰是金融系统最大的风险所在。

例如,在对待民间金融问题上,正规金融无法满足中小企业或民营经济的融资需求,民间金融的发展带有某种天然的合理性。尽管国家曾多次打击整顿,但依然生生不息,这足以值得我们深入思考。将民间金融纳入法制化的轨道几乎已经成为多方共同的诉求。

(四)保持监管的适当性

无论是 FSB 还是欧盟发布的影子银行绿皮书,都强调了影子银行监管的适当性或对称性(proportionate)。对金融市场中出现的新生事物应当进行充分的评估,发现其风险所在不是急于监管,监管措施应当与其创造的风险相匹配。金融市场发达国家如此,我国这样一个金融发展中国家更应当坚守这一原则。欧盟发布的影子银行绿皮书指出,潜在的法律措施应当考虑现有的法律,应当具有适当性。将来任何可能的监管都应当具有对称性,关注那些产生的系统性风险的机构和行为。其优先的选择是改善(enhancement)现有的法律框架,而不是颁布(issuing)一个独立的影子银行监管体制(regime)。现有的和将来的政策建议应当保持一致。① 其所贯穿的统一、协调、一致的方式也应当为我们所借鉴。

二、影子银行监管的政策建议

影子银行的机构和行为多样,同时影子银行的风险也直指金融体系的缺陷,因此相关监管问题也涉及监管体系诸多方面的改进。

---

① See ECB, *Green Paper on Shadow Banking*, http://ec.europa.eu/internal_market/bank/docs/shadow/green-paper_en.pdf.

(一)全面监管

由于影子银行生长于传统的监管体系之外,将其纳入监管视野是影子银行监管的首要选择。例如,在国外影子银行监管中,传统上以对冲基金为代表的私募基金几乎不存在监管。由于它面向的都是风险承受能力较高、投资经验丰富的合格投资者,监管机构认为无须过多的干预。但在 2008 年危机中发现,对冲基金的行为具有相当的外部性,会对金融稳定造成较大的冲击。危机后的监管设计上,无论欧盟还是美国都将其纳入监管视野。类似的场外金融衍生品的交易也是如此。这一点对于中国的影子银行监管也具有重要意义。所有的融资或信用创造行为,无论是银行还是非银行的金融机构,都应当纳入金融监管的范畴。

全面监管也是所有市场主体公平竞争的需要。当市场中的不同机构所受到的监管约束不同的时候,监管套利将不可避免。而这恰恰是影子银行重要的生长点。银行也可能会利用这些影子银行实体规避自己的监管要求。FSB 提出的影子银行监管的七项原则,其中首要的一点就是范围(scope)。监管当局应当建立适当的、系统的监管框架,从而能够掌握影子银行体系的全景,持续评估其对整个金融体系构成的风险。

对于典当、融资性担保机构,在现有的体制安排下,这些机构虽然都不乏主管部门,但这种管理主要局限于市场准入和业务审批,无法从信用中介和信用创造的角度给予关注,其对地区金融安全和区域性金融稳定的影响并没有被纳入金融安全评估的范畴。

另外,虽然 2012 年年底,我国修订了实施了 9 年的《证券投资基金法》,并将私募证券投资基金纳入法律的范畴,但对于股权投资基金等其他非证券类的私募基金,由于相关部门之间对其监管权配置、监管强度等多方面未能达成有效的共识而未能入法,使得市场对其监管仍处于分散和不透明的状态并未有效改变。2017 年开始实施的宏观审慎评估体系(MPA)更是将表外理财、同业负债等都纳入了监管范围。这一系列监管新规的出台,意味着我国对影子银行体系进行全面监管的时代已经到来。

(二)数据和信息

这也是全面监管原则的必然要求。建立影子银行监管框架中,监管当局应当获得充分的授权从而能够收集所有必需的数据和信息,并划定信息报告的范围。

不同来源的市场信息和统计数据可以相互配合，合理使用。从宏观（系统层面）到微观（机构和业务活动层面）方面的信息应当统一起来观测。信息收集还应当充分而及时，以支持以风险为导向的监管。信息是对市场观察并作出监管决策的基础，对我国而言这一点更具有迫切性。由于影子银行机构游离于监管之外，很多信息无法获取。人民银行也承认在信息获取方面存在障碍，“近年来金融机构代客理财、信托投资计划、衍生产品、资产证券化等业务发展迅速，它们多为跨行业、跨市场、跨机构的交叉性金融产品和影子银行业务”，“货币当局无法全面评估金融体系的整体风险和货币政策调控效果”①。

除此之外，信息的交流与共享也非常重要。特别是在我国这样一个分业监管的体制之下，金融监管部门和货币当局之间信息共享具有重要意义。中央银行尽管承担了金融稳定和货币稳定的任务，但在宏观金融稳定方面其相应的制度和工具都非常有限。可以借鉴的是，危机后英国重构了金融机构体系，根据英国 2011 年 6 月发布的《金融监管新方法：改革蓝图》的白皮书，英国加强了中央银行在金融监管体系中的作用，并将原来的金融服务局的职能分拆后并入英国央行之下。②

影子银行相关信息也需要从宏观和微观方面收集。监管机构和负责金融稳定的机构应当承担这样的职责。作为分业监管者，其获取信息相对比较容易。但对央行来说，获得宏观层面的信息存在较大的困难。对此《中国人民银行法》缺少全面的规定，而跨越部门取得信息则存在较大的难度。应当通过修改《中国人民银行法》的方式，建立统一、有效的金融统计制度，将银行、证券、保险以及影子银行机构纳入统计范畴，逐步实现央行统计系统与各金融机构业务系统联网，以此保证央行信息取得方面的及时、准确。

（三）加强监管部门之间的协作

我国实行分业监管的体制，但随着金融市场的发展，特别是影子银行体系的出现，对现有的监管体制造成了极大的挑战。2015 年 11 月，习近平总书记在《关于〈中共中央关于制定国民经济和社会发展第十三个五年规划的建议〉的说明》中

---

① 潘功胜：《加快推进金融业综合统计　夯实金融宏观调控和审慎监管基础》，载中国人民银行网，http://www.pbc.gov.cn/publish/hanglingdao/3867/2012/20120918201153269991976/20120918201153269991976_.html。

② 参见廖凡、张怡：《英国金融监管体制改革的最新发展及其启示》，载《金融监管研究》2012 年第 2 期。

指出,“近年来,我国金融业发展明显加快,形成了多样化的金融机构体系、复杂的产品结构体系、信息化的交易体系、更加开放的金融市场,特别是综合经营趋势明显。这对现行的分业监管体制带来重大挑战”。例如,在国外的影子银行体系中,通过证券化,将商业银行与影子银行紧密联系在一起,直接金融与间接金融的分割逐渐失去意义,金融市场已经逐步融为一个整体。在中国,这样的问题也同样存在,商业银行同样也是影子银行的参与者,甚至可以说是影子银行体系的母体。不同的金融产品早已跨越了部门界限。如银信合作,之所以能够得到监管部门的容忍,一个很重要的原因在于,银行和信托的机构监管都在原银监会之下,管理相对容易。但银证合作、银基合作恐怕要面临监管者最不愿看到的部门协调问题了。分业监管所暴露出来的监管空白已经成为影子银行生长的乐土,更不用说事实上存在的机构之间的综合经营了(如果不叫作混业经营的话)。

分业监管的另外一个问题是难以构建宏观审慎监管体系。现有的监管建立在微观审慎的基础上,主要体现了在机构监管的体制下,关注本金融部门的金融稳定,保证机构安全。甚至将本部门之外的金融风险称为“输入型”风险。[①] 但微观的稳定并不必然导致宏观金融的稳定,由于存在所谓的“合成谬误”或者“集体非理性”的问题,微观金融机构的稳健并不能保证整体金融体系的安全。宏观审慎监管框架还需要货币当局和财政部门的配合。当前各自为政的局面使得这一进程难以取得实质性进展。此外,金融监管部门之间的协作机制也多为学界所诟病。

(四)推动资产证券化的进程

商业银行从事了期限转换,资产负债表上存有大量的资产。如何增强银行资产的流动性成为各国所面临的共同问题。同时银行面临资本充足率、存贷款比的压力,大量吸收存款成为银行经营的基础,揽储压力巨大,从资本市场补充资本金也面临越来越多的约束。由此银行资金来源匮乏,经营面临极大挑战。从国外影子银行来看,证券化是影子银行业务的核心。从住房抵押贷款、学生贷款到信用卡应收账款,资产几乎都被证券化了。但证券化并不是问题所在,恰恰相反,证券

---

① 2013 年 2 月 16 日原银监会下发了《关于 2013 年非现场监管工作的意见》,首次提出输入型风险。所谓的输入型风险重点不是风险的跨境传染,而是民间融资、融资担保、小贷公司、财富管理等外部风险向银行体系的传染渗透。参见《防影子银行拖银行下水　银监会首提输入型风险》,载《第一财经日报》2013 年 2 月 22 日版。

化从根本上解决了银行短融投长的期限错配状况,缓解了商业银行资本需求的压力,分散了银行风险。长期以来我国银行业固守传统的盈利模式:在利差构成银行主要收益来源的情况下,扩大市场规模将成为银行经营的不二法门。银行经历着扩张—融资—再扩张的循环。庞大的资产体量导致银行在金融体系中绝对的控制地位。通过资产证券化能够改善银行资产的流动性、调整银行资产结构、分散资产风险。

证券化作为几十年来最重要的金融创新,其积极意义必须予以肯定。至于过度证券化以及证券化基础资产的恶化、二次甚至多次衍生产品则主要是操作中存在的问题。在我国,银行理财产品特别是那些融资类理财产品,通过发行理财产品,购买银行的相关资产,尤其是存量资产,如信贷、票据等资产等,一定意义上已经构成了资产证券化。居民通过理财产品分享部分资产收益。银行也将资产移出资产负债表,资产风险也得到了分散。

2005 年,我国曾经推动过证券化的试点,截至 2008 年共发行了 19 单累计 668 亿元的资产支持证券,无任何违约情形。金融危机爆发后,我国资产证券化的进程被中断。《金融业发展和改革"十二五"规划》提出,要"稳步推进资产证券化,便利市场主体融资和实施资产管理"。2012 年 5 月 17 日,人民银行、原银监会和财政部三家共同发布了《关于进一步扩大信贷资产证券化试点有关事项的通知》,试点规模 500 亿元。该通知对资产证券化的基础资产、机构准入、风险自律、信用评级、资本计提、会计处理、信息披露、投资者要求与中介机构等内容进行了规定。试点阶段依然对资产证券化保持了审慎态度,如要求信贷资产证券化产品结构简单明晰,扩大试点阶段禁止进行再证券化、合成证券化产品试点;发起机构应持有由其发起的每一单资产证券化中的最低档次资产支持证券的一定比例,该比例原则上不得低于每一单全部资产支持证券发行规模的 5%,持有期限不得低于最低档次证券的存续期限;由两家信用评级机构给予的评级;严格的信息披露;等等。

资产证券化业务虽然重新启动,但在一些方面仍然缺乏法律保障和法律支持。资产证券化业务链条较长,涉及的法律部门也非常多。证券化业务的中心是建立特殊目的实体。这一实体的构建需要有公司法的支持,如公司法对财团法人缺乏规定;另外,作为一个特殊目的的公司,事实上只是一个空壳公司,公司法中的相关规定只会增加公司的成本,如公司机构设置、公积金的提取等。另外,证券化业务要求资产真实销售,以达到破产隔离的效果。但合同法对债的转让的规定(通知债务人)也对资产转让构成了影响。在资产转让之后,通常发起人还要充当资产服务机构,继续承担对贷款资产的管理,这也与《企业破产法》中的实质合并规则存在抵牾。此外,还需要建立市场化的证券评级制度;修改证券法中关于证券发行的有关规定等。这些方面都构成了证券化业务潜在的法律风险。

(五)加强信息披露

影子银行的信用中介业务不同于商业银行,其融资链条和机构非常复杂。从国外来看,影子银行的发展高度依赖于计算机技术和数学。华尔街早在20世纪70年代就开始运用定量分析师,运用数学理论和计算机技术开发新的模型来预测市场和证券的变化。证券化使得这些专业的分析在金融中更加重要。斯科特·帕特森(Scott Patterson)在其《定量分析师》(*Quants*)一书中曾经指出:从根本上来说,华尔街就是漂浮在数学和计算机技术之上。① 对于复杂的金融产品,不要说普通人,即使非常专业的人士也未必能够对其有一个清晰完整的描述。我国也有学者指出,以信息监管的视角观之,2008年金融危机实为信用危机和信息监管失灵。②

高度的复杂性是导致信息失败的主要原因。而应对这种复杂性,除了来自监管部门的监管之外,最重要的方式就是信息披露。美国修改后的金融监管法案对信息披露的要求也着墨甚多。③ 信息失败不仅会导致投资者的损害,还会使金融监管者无法跟上金融部门创新的步伐。除了信息披露,另一个可能的方法是对金融产品标准化。多德-弗兰克法案对此方面也做了一些努力,特别是对场外金融衍生品交易。大力推动通过清算所进行统一的清算,而清算的前提之一就是将产品高度标准化。

我国影子银行的发展虽然尚未达到像西方一样高度结构化、高度复杂的局面,但相关金融产品的复杂性和信息披露问题也非常严重。例如,理财产品中的“资金池—资产池”模式等。

---

① 23. Scott Patterson, interview by FCIC, August 12, 2010.

② 参见许多奇:《信息监管:我国信贷资产证券化监管之最优选择》,载《法学家》2011年第1期。

③ See e.g., Dodd-Frank Wall Street Reform and Consumer Protection Act, Pub. L. No. 111-203, § 1103, 124 Stat. 1376, 2118-20 (2010) (requiring additional disclosure); § 942(b) (requiring issuers of asset-backed securities to disclose information on the assets backing each tranche of security); § 945 (requiring the SEC to issue rules requiring issuers of asset-backed securities to disclose the nature of the underlying assets); § 951 (requiring persons who make solicitations for the sale of all or substantially all of a corporation's assets to disclose their compensation arrangements to shareholders).

(六)制定放贷人条例

什么样的人具备什么条件可以经营发放贷款的业务?对此我国法律从未予以明确。监管机构只是通过发放许可证的方式授权一些机构从事贷款业务。再加上刑法中对非法经营行为和集资诈骗的打击使得民间借贷始终游走在政策边缘。我国自然人之间以及自然人与企业之间的借贷都构成了民间借贷的范畴。但随着民间借贷的范围扩大,一些人专门从事筹集资金发放贷款的业务。法律规则的不明确使此类经营面临巨大的风险。

民间金融发展之初,其就建立在信任的基础之上。而对于信任,一般可以分为人际信任和制度信任。人际信任主要产生于熟人社会中,基于人与人之间的长期交往而建立起来的信任关系;制度信任是共同体中的人由于处于相同的产权、货币和专家系统,遵守共同的规范、法律而建立起来的信任。一般来说人际信任范围较小,具有某种特殊性,而制度信任则具有普遍性质。通过法律规范,事实上就是为了在人际信任的基础上,构建起基于制度和规则的制度信任。这对于培育整个社会的信用环境也具有重要意义。

民间金融的存在有其合理性,但其中的问题也值得关注。通过将民间金融纳入法制化轨道,兴利除弊是正确的选择。很多国家都制定了放贷人条例,允许民间金融的发展,同时对其存在的问题也进行规范。如对注册登记制度、保密规则、许可证的发放、业务限制、放债人的交易、提前还款、非法协议、过高利率、广告限制以及放债人的犯罪行为等进行了全面的规定。我国中国人民银行和原银监会也曾制定了"放贷人条例"草案,但由于种种原因一直久拖未决。①

(七)制定统一的金融服务法案

从金融市场发达国家的经验看,随着金融市场的不断发展,金融产品、金融服务、金融机构的种类也越来越多。什么是金融商品或金融服务?金融机构在金融商品的销售或服务中应当遵守什么规则?对此很多国家都建立了统一的金融市场规则加以规范。

以英国为例,早在2000年英国就制定了《金融服务与市场法》以规范市场中

---

① 参见劳佳迪、邬思蓓:《放贷人条例胎动四年仍难产,温州学者重提民间借贷立法》,载《新闻晚报》2012年3月6日版。

的所有金融行为，并建立了统一的金融监管机构。该法 Part Ⅱ第 22 条规定了该法所适用的范围行为种类和投资类别。① 该法规定的行为包括：以财产为目的的与投资有关的行为或财政部指定的投资行为。另外，该法还在附表 2（Schedule 2）规定了 9 类具体的投资行为。日本的立法也追随英国，试图建立统一的金融市场法案。在无法一步到位建立统一的金融服务法的情况下，于 2006 年制定了《金融商品交易法》。欧盟 2004 年通过了《金融工具市场指令》，用金融工具的概念来包容市场中的金融商品和服务。

从我国当前的立法来看，《商业银行法》对什么是商业银行缺乏本质性的规定。法律对商业银行的业务进行了列举。《证券法》中对证券的范围规定极其狭窄，这限制了市场中广泛存在的直接融资或其他投资形式的发展。在《保险法》中也仅规定了人身保险合同和财产保险合同，对具体的保险产品也没有规定。2012 年年底修订的《证券投资基金法》也仅包含了证券投资基金，但对非证券类的投资基金仍没有规定。可以看出，由于没有统一的金融服务法，对什么是金融服务缺乏概括性。这也导致了本书讨论过一些问题无法解决：（1）对市场中的“集资行为”“非法经营”无法包容其中，导致脱法的局面。（2）多种金融机构经营相同或相近的产品，如理财，监管规则上却差异极大，缺乏统一的规范。（3）从金融消费者保护的角度来看，也有必要对金融产品或服务提供的过程中，金融机构应当承担的义务及行为规范（特别是销售规范）进行全面的规定，以推动金融消费者的保护。当然，该法的制定显然是一个长期的理想的目标，需要各方面条件的完备。

综上所述，对中国影子银行的特性和监管的探讨存在诸多挑战。同金融市场发达国家相比，我国金融市场的发育程度和金融监管安排都存在较大的差别。但二者之间仍然具有一些根本性的共通之处，以使之能够适用相同的监管原则和监管框架。影子银行的发展都是基于对现有金融管制或监管的逃避，运用金融创新达到监管套利的目的。不同的是，由于我国金融业事实上处于垄断状态，利率市

---

① See Financial Services and Markets Act 2000, http://www.legislation.gov.uk/ukpga/2000/8/contents. 22The classes of activity and categories of investment. (1) An activity is a regulated activity for the purposes of this Act if it is an activity of a specified kind which is carried on by way of business and—(a) relates to an investment of a specified kind; or(b) in the case of an activity of a kind which is also specified for the purposes of this paragraph, is carried on in relation to property of any kind. (2) Schedule 2 makes provision supplementing this section. (3) Nothing in Schedule 2 limits the powers conferred by subsection (1). (4) "Investment" includes any asset, right or interest. (5) "Specified" means specified in an order made by the Treasury.

场化进程尚未完成,我国影子银行也在这种夹缝中发展起来。

在影子银行的表现形式上,本书并没有涉及全部的影子银行实体和行为,而是选择当前我国金融市场中几类重要、典型的影子银行进行分析。第一类是理财产品。我国提供理财产品的机构众多,尽管它们在功能上相似,但由于受到不同的金融机构监管,受到的监管程度却有较大的差别。表现在法律关系的定位不同;监管标准的差异,如在发行审批、发售对象、购买起点、发售方式、信息披露、投资范围、风险管理等方面都差异巨大;在监管思路上,各金融部门都致力于推动本部门发展而缺乏宏观视野等。建立统一的监管规则才能够为这个市场的成熟奠定基础。第二类是银信合作中的信托机构。信托业已经成长为金融业的第二大部门,其发展壮大中最重要的业务是银信合作业务。在此类业务中,信托成为银行业拓展投资领域、资产表外化的重要渠道。通过复杂的结构设计,银信合作不断地处在与监管部门的博弈过程中,并形成监管套利。这不利于信托提高资产管理水平。另外,由于信托与银行的高度关联,合作业务中形成的风险并没有完全转移,甚至又重回银行体系。第三类是民间金融。民间金融的发展具有市场的合理性。但由于我国金融管制的存在,民间金融始终存在于政策的摇摆当中。民间金融满足了一部分金融需求,但其酝酿的风险却不容小视。

总体上来说,我国影子银行体系的发展优化了金融机构,推动了金融市场开放,引领了金融创新。但其中存在的问题也应当引起我们的关注,特别是对监管和宏观经济调控的挑战。影子银行游离在监管之外或监管套利的特性损害了监管效率;另外,影子银行从事的信用创造活动扭曲了央行和商业银行之间的货币政策链条,对货币规模控制、投资方向管理和金融稳定都构成了较大的影响。

我国《金融业发展和改革“十二五”规划》已经关注到影子银行问题。在对我国影子银行监管的设计上首先应当确立基本的原则框架:尊重金融创新、坚持市场化的方向、坚持市场的开放性、保持监管的适当性。针对我国当前金融监管体系,本书尝试提出了一些监管建议:加强全覆盖的监管;关注数据和信息问题;加强监管部门之间的协作;推动资产证券化进程;加强信息披露;制定放贷人条例;制定统一的金融服务法案;等等。

结　论

影子银行体系是游离在常规银行体系之外承担信用中介职能的机构和行为，其体系的具体构成与各国金融市场和金融监管情况有关。影子银行体系的发展改变了金融市场结构，挑战了金融监管体系。影子银行体系的生长和发展是过去几十年来市场化发展最重要的变革，尽管影子银行是危机爆发的根源，但各国金融监管秩序的重构中并未否定其发展的合理性，而是着眼于影子银行风险的防范。

必须从整体的角度观察影子银行，在多个金融机构和金融工具的组合中部分实现了对商业银行部分功能的替代。影子银行体系中的主要的主体和工具包括：货币市场基金、拍卖利率证券、商业票据、证券回购与证券借贷、证券化、金融衍生品等。在经营类银行业务的同时，也形成了与银行相近的风险：由期限、流动性转换所导致的挤兑风险。由于缺乏金融安全网的保护，影子银行危机严重影响了金融稳定，造成了系统性风险。

影子银行的产生和发展与西方近几十年来“新自由主义”理论及其指导下的政策安排有关。在经济领域，新自由主义倡导私有化和个人自由，认为国家对经济的介入扭曲了市场，损害了市场效率。其政策主张在金融领域主要表现为“去监管化”。这为影子银行的发展创造了优良的环境。影子银行的过度发展，如货币管理基金的盛行、证券化的繁荣等恰恰反映了资本主义经济“内在”的不稳定，最终导致了危机的爆发。对此经济学家明斯基给予了深度的解释。从金融中介理论来看，影子银行体系与传统银行体系是既竞争亦合作的关系，分工实现了金融的特定功能。从这个意义上看，影子银行的发展是金融市场发展的结果，应当注重其在金融体系中的作用和功能。

当然，影子银行体系的风险问题是危机后金融监管体系构建的重点。除了期限错配导致的流动性危机之外，还包括由于产品复杂和杠杆使用带来的金融系统的脆弱性，由资本监管带来的监管套利以及内在的道德风险。从监管的视角来看，监管失败是影子银行危机爆发的重要原因，包括其中存在的监管空白、监管套利以及在产品和机构监管方面的不足。

在危机趋于稳定之后，一些国际金融组织和金融市场发达国家迅速投入金融监管的重构当中。FSB 引领了国际社会影子银行监管的构建。从 2011 年即发布了关于影子银行的内涵和外延的咨询报告，并广泛征求意见。在此基础上形成了对影子银行监管的基本框架：包括监测影子银行的原则与步骤；监管的原则和建议等。之后确定了影子银行监管的五个重点领域，即银行与影子银行实体的关联；货币市场基金的监管改革；其他影子银行实体；证券化活动；证券的借贷和回购业务等。FSB 与其他国际金融组织如巴塞尔委员会、IOSCO 合作，对上述五个领域进行更具体、更有针对性的研究，并分别发布研究报告，提出了监管建议。美国影子银行体系最发达，规模也最庞大。美国对影子银行的监管体现在了多德－弗兰克法案当中，主要内容包括加强系统性风险的管理、建立针对大型金融机构的有序清算制度、对未受监管的金融市场的监管、加强金融消费者保护监管等。相对来说欧盟金融监管方面相对较晚，在监管框架确定上趋于认同 FSB 的意见。总体来说，国际社会在影子银行的监管方面正在逐步探索和形成当中。

对中国的影子银行问题的特性与监管研究是本书的一个重点内容。首先应当明确的是，与国外一样，中国影子银行的发展与金融管制情况下通过金融创新寻求监管套利有关。这一共同的基础决定了它们之间能够适用共同的监管原则和框架。但考虑到中国金融市场和金融监管安排，我们认为中国影子银行与国外影子银行的发展差异也是巨大的，这主要与我国相对落后的金融市场和严格的金融管制相关。

在讨论中国影子银行的构成方面，我们选取了三类典型的影子银行机构或业务，当然范围并不仅限于此。包括理财产品、信托机构和民间金融。理财产品问题体现了机构监管之下，相近的业务在监管规则安排方面差异巨大，不同的受监管程度导致竞争的不公平，在监管方面导致了套利的产生。信托机构则是在银信合作的框架下考察的。笔者认为，尽管信托业在现有的金融监管体系当中，但这并不能否认信托从事的影子银行业务的本质。在银信合作业务中，信托机构成为银行资产表外化、规避信贷规模管理和资本约束的“通道”或“平台”。借助这种套利，信托业近年来狂飙突进，发展成为仅次于银行业的第二大金融领域。民间金融的发展建立在人际信任的基础上，它的存在和发展具有天然的合理性。但这种信用创造过程存在诸多风险。民间金融的发展暴露的是我国金融监管体制存在的根本性的缺陷——国家试图通过正规金融垄断金融资源的配置。但这在我国市场化改革逐步深入、市场需求多元化的背景下已经不可能实现。

影子银行体系的存在为市场提供了另类的融资选择,这一趋势将持续发展下去。影子银行的监管套利性质已经破坏了监管的有效性,多种金融工具的使用也将金融市场融为一个整体,分业监管的体制已经远远落后于市场的发展,并导致宏观审慎框架实质上难以建立。从宏观调控特别是货币调控方面而言,影子银行所形成的信用创造过程不在"中央银行—商业银行"的框架之下,对货币政策的目标和手段形成了较大的冲击,也影响了国家对产业方向的管理。

因此,回到中国影子银行的监管问题的时候,结论显然不是扭曲市场、重回原有的监管体系。本书认为,在监管的设计上应当尊重金融创新的发展,坚持市场化的方向,保持金融市场的开放性和监管的适当性。在此基础上,影子银行监管问题的政策含义包括:全面的监管,即将所有的金融中介活动都纳入监管视野。数据和信息方面,监管当局能够获得相关的所有信息,以了解其规模和风险状况。应当加强部门之间的合作,如果短期之内不能建立统一的监管的话。这种合作必须是实质性的,否则将被市场抛在身后。推动资产证券化的进程。加强影子银行的信息披露,保持必要的透明度。制定放贷人条例,包容民间金融的发展。长期来看,还需要制定统一的金融服务与金融市场法,规范所有的金融和投资行为。

参 考 文 献

一、中文文献

（一）著作类

[1][美]弗兰克·J.法博齐、弗兰克·莫迪利亚尼、弗兰克·J.琼斯:《金融市场与金融结构基础》,孔爱国、胡畏、张湄等译,机械工业出版社2011年版。

[2][美]弗雷德里克·S.米什金:《货币金融学》,郑艳文、荆国勇译,中国人民大学出版社2011年版。

[3][美]保罗·克鲁格曼:《萧条经济学的回归和2008年经济危机》,刘波译,中信出版社2009年版。

[4]李曙光:《法思想录》,中国政法大学出版社2007年版。

[5]李曙光:《转型法律学:市场经济的法律解释》,中国政法大学出版社2004年版。

[6]宋旺:《中国金融脱媒研究》,中国人民大学出版社2011年版。

[7]辛乔利:《影子银行——揭秘一个鲜为人知的金融黑洞》,中国经济出版社2010年版。

[8]唐红娟:《影子银行体系:功能、脆弱性与监管改革》,知识产权出版社2012年版。

[9]刘少军:《法边际均衡论——经济法哲学》,中国政法大学出版社2007年版。

[10]刘少军:《金融法学》,中国政法大学出版社2008年版。

[11]徐晓松等:《国有独资公司治理法律制度研究》,中国政法大学出版社2010年版。

[12]时建中:《可转换公司债法论》,法律出版社2000年版。

[13]刘小玄等:《金融市场化的演进——来自新兴金融机构和金融市场发展的实践》,社会科学文献出版社2012年版。

[14]陈野华、迟福林主编:《中国金融改革——市场化进程与金融稳定(第五届)》,西南财经大学出版社 2009 年版。

[15]殷剑峰主编:《中国理财产品市场发展与评价》,中国财政经济出版社 2010 年版。

[16]刘树军:《理财产品指南》,中国金融出版社 2008 年版。

[17]高晋康等:《我国民间金融规范化的法律规制》,法律出版社 2012 年版。

[18]陈敦:《我国集合投资信托的法律性质分析》,法律出版社 2012 年版。

[19]陈斌彬、原凯:《后危机时代我国影子银行监管法的反思和重构》,法律出版社 2019 年版。

[20]国际货币基金组织:《全球金融稳定报告:追求持久的稳定(2012 年 4 月)》,王蓓婕等译,中国金融出版社 2012 年版。

[21]国际货币基金组织:《全球金融稳定报告:迎接稳定面临的新挑战打造一个更安全的体系(2010 年 4 月)》,王蓓婕等译,中国金融出版社 2010 年版。

[22]国际货币基金组织:《全球金融稳定报告:在未来的金融挑战中破浪前行(2009 年 10 月)》,中国金融出版社 2010 年版。

[23]国际货币基金组织:《全球金融稳定报告:金融压力和去杠杆化(2008 年 10 月)》,聂平俊等译,中国金融出版社 2009 年版。

[24][美]保罗·克鲁格曼:《美国怎么了:一个自由主义者的良知》,刘波译,中信出版社 2008 年版。

[25][美]海曼·P. 明斯基:《稳定不稳定的经济——一种金融不稳定视角》,石宝峰、张慧卉译,清华大学出版社 2010 年版。

(二)论文类

[1]卢峰、姚洋:《金融压抑下的法治、金融发展和经济增长》,载《中国社会科学》2004 年第 1 期。

[2]袁达松:《对影子银行加强监管的国际金融法制改革》,载《法学研究》2012 年第 2 期。

[3][美]丹尼尔·E. 诺利:《本次衰退何以与众不同》,齐璠译,载《银行家》2009 年第 10 期。

[4]李扬:《脱媒:中国金融改革发展面临的新挑战》,载《新金融》2007 年第 11 期。

[5][美]大卫·科茨:《美国此次金融危机的根本原因是新自由主义的资本

主义》,载《红旗文稿》2008 年第 13 期。

[6]吴云峰:《后危机时代我国金融创新监管的法律因应之道——以美国次贷危机为视点》,载《北方法学》2011 年第 4 期。

[7]罗培新:《美国金融监管的法律与政策困局之反思——兼及对我国金融监管之启示》,载《中国法学》2009 年第 3 期。

[8]楼建波:《从 CDS 看金融衍生品的异化与监管——以瑞银集团诉 Paramax 案为例》,载《环球法律评论》2010 年第 1 期。

[9]易宪容、王国刚:《美国次贷危机的流动性传导机制的金融分析》,载《金融研究》2010 年第 5 期。

[10]周莉萍:《影子银行体系的信用创造:机制、效应和应对思路》,载《金融评论》2011 年第 4 期。

[11]钟伟、谢婷:《影子银行系统的风险及监管改革》,载《中国金融》2011 年第 12 期。

[12]中国人民银行合肥中心支行金融稳定处课题组:《金融稳定理事会关于加强影子银行监管的政策建议及对我国的启示》,载《金融发展评论》2011 年第 8 期。

[13]秦岭:《美国"影子银行"的风险与监管》,载《金融法苑》2009 年第 2 期。

[14]李建军、田光宁:《影子银行体系监管改革的顶层设计问题探析》,载《宏观经济研究》2011 年第 8 期。

[15]李东卫:《影子银行系统的监督与管理》,载《中共中央党校学报》2011 年第 2 期。

[16]周莉萍:《论影子银行体系国际监管的进展、不足、出路》,载《国际金融研究》2012 年第 1 期。

[17]中国人民银行调查统计司与成都分行调查统计处联合课题组:《影子银行体系的内涵及外延》,载《金融发展评论》2012 年第 8 期。

[18]何德旭、郑联盛:《影子银行体系与金融体系稳定性》,载《经济管理》2009 年第 11 期。

[19]杨松、张永亮:《新自由主义、金融危机与金融监管体制之变革》,载《法学杂志》2012 年第 1 期。

[20]张杰:《金融中介理论发展述评》,载《中国社会科学》2001 年第 6 期。

[21]胡庆康、刘宗华、魏海港:《金融中介理论的演变和新进展》,载《世界经

济文汇》2003 年第 3 期。

[22]李将军:《我国信托业是影子银行吗? ——兼论我国信托业的经济逻辑和价值》,载《中央财经大学学报》2012 年第 3 期。

[23]黄益平、常健、杨灵修:《中国的影子银行会成为另一个次债?》,载《国际经济评论》2012 年第 2 期。

[24][西班牙]Alicia Garcia Herrero、Stephen Schwarts、Le Xia 等:《中国影子银行:是否对金融系统的稳定构成威胁》,载《金融发展评论》2012 年第 1 期。

[25]卢峰、姚洋:《金融压抑下的法治、金融发展和经济增长》,载《中国社会科学》2004 年第 1 期。

[26]徐孟洲、杨晖:《金融功能异化的金融法矫治》,载《法学家》2010 年第 5 期。

[27]周思成:《关于新自由主义的危机——热拉尔·杜梅尼尔访谈》,载《国外理论动态》2010 年第 7 期。

[28]刘晓辉、罗文东:《国际金融危机中新自由主义面临的冲击和挑战》,载《国外社会科学》2011 年第 1 期。

[29]廖凡、张怡:《英国金融监管体制改革的最新发展及其启示》,载《金融监管研究》2012 年第 2 期。

[30]易宪容:《美国次贷危机的信用扩张过度的金融分析》,载《国际金融研究》2009 年第 12 期。

[31]孙天琦、张晓东:《美国次贷危机:法律诱因、立法解危及其对我国的启示》,载《法商研究》2009 年第 2 期。

[32]彭冰:《非法集资活动规制研究》,载《中国法学》2008 年第 4 期。

[33]彭冰:《商业银行的定义》,载《北京大学学报(哲学社会科学版)》2007 年第 1 期。

[34]梁赞诺夫、刘军梅:《后危机时代货币金融领域的变革前景》,载《国外社会科学》2010 年第 1 期。

[35]李扬:《影子银行体系发展与金融创新》,载《中国金融》2011 年第 12 期。

[36]贾向云、安晓丽:《不断深化的全球金融危机:从明斯基到马克思并超越两者(上)》,载《国外理论动态》2011 年第 11 期。

[37]贾向云、安晓丽:《不断深化的全球金融危机:从明斯基到马克思并超越两者(下)》,载《国外理论动态》2012 年第 1 期。

[38]何秉孟:《美国金融危机与国际金融垄断资本主义》,载《中国社会科学》2010 年第 2 期。

[39]高晋康:《民间金融法制化的界限与路径选择》,载《中国法学》2008 年第 4 期。

[40][美]大卫・科茨:《金融化与新自由主义》,孙来斌、李铁译,载《国外理论动态》2011 年第 11 期。

[41]廖振中、高晋康:《我国民间借贷利率管制法治进路的检讨与选择》,载《现代法学》2012 年第 2 期。

[42]刘道云、曾于生:《综合立法规制民间借贷研究》,载《河北法学》2013 年第 1 期。

[43]姜旭朝、丁昌锋:《民间金融理论分析:范畴、比较与制度变迁》,载《金融研究》2004 年第 8 期。

[44]席月民:《我国当前民间借贷的特点、问题及其法律对策》,载《政法论丛》2012 年第 3 期。

[45]岳彩申、袁林、陈蓉:《民间借贷制度创新的思路和要点》,载《经济法论丛》2009 年第 1 期。

[46]张书清:《民间借贷的制度性压制及其解决途径》,载《法学》2008 年第 9 期。

[47]张书清:《民间借贷法律价值体系的重构》,载《上海金融》2009 年第 2 期。

[48]葛立新、张国光、郭新强:《我国民间金融发展的内生机制和演化路径:一个理论分析》,载《金融监管研究》2012 年第 8 期。

[49]刘玄:《资产证券化对信贷市场逆向选择影响的研究——基于次贷危机的分析》,载《金融监管研究》2012 年第 7 期。

[50]应展宇:《美国衍生品监管的制度变迁:政治经济视角》,载《金融监管研究》2012 年第 4 期。

[51]李景欣、刘楠:《银行个人理财产品的法律分析》,载《法商研究》2007 年第 5 期。

[52]胡左浩、蒋方明、余伟萍:《在个人理财服务中影响服务质量的因素以及作用分析》,载《清华大学学报(哲学社会科学版)》2004 年第 3 期。

[53]龚明华、张晓朴、文竹:《影子银行的风险与监管》,载《中国金融》2011 年

第3期。

[54]卢川:《中国影子银行运行模式研究——基于银信合作视角》,载《金融发展评论》2012年第1期。

[55]易宪容:《“影子银行体系”信贷危机的金融分析》,载《江海学刊》2009年第3期。

[56][美]本·伯南克:《系统重要性金融机构、影子银行与金融稳定》,李志军、司马亚玺译,载《中国金融》2012年第12期。

[57]李波、伍戈:《影子银行的信用创造功能及其对货币政策的挑战》,载《金融研究》2011年第12期。

[58]郑振龙、孙清泉:《欧美CDS市场改革与中国信用风险缓释工具的市场制度设计》,载《金融论坛》2012年第1期。

[59]邵延进:《影子银行资金流向图谱及风险——以河北省为例》,载《中国金融》2011年第18期。

[60]王增武:《影子银行体系对我国货币供应量的影响——以银行理财产品市场为例》,载《中国金融》2010年第23期。

[61]文洪武:《基于现行法律框架的中国金融监管协调合作研究》,载《广东金融学院学报》2011年第4期。

[62]韩晶:《新自由主义:金融危机的根源》,载《经济研究参考》2009年第24期。

[63]赵光锐:《哈贝马斯谈新自由主义破产后的世界秩序》,载《国外理论动态》2009年第3期。

[64]于永宁:《我国影子银行监管法律制度的反思及重构——美国的经验及其借鉴》,载《法商研究》2015年第4期。

[65]朱慈蕴:《中国影子银行:兴起、本质、治理与监管创新》,载《清华法学》2017年第6期。

[66]楼建波:《法院判决对中国影子银行业务的间接激励——金融商法的视角》,载《清华法学》2017年第6期。

[67]陈斌彬:《论中央与地方金融监管权配置之优化——以地方性影子银行的监管为视角》,载《现代法学》2020年第1期。

[68]沈伟:《中国的影子银行风险及规制工具选择》,载《中国法学》2014年第4期。

[69]朱伟一:《中国式影子银行的法律定性》,载《中国政法大学学报》2014年第4期。

[70]沈伟:《银行的影子:以银行法为中心的影子银行分析框架》,载《清华法学》2017年第6期。

[71]沈朝晖:《企业资产证券化法律结构的脆弱性》,载《清华法学》2017年第6期。

二、外文文献

[1]Gary B. Gorton & Andrew Metrick, *Regulating the Shadow Banking System* (October 18, 2010), http://ssrn.com/abstract=1676947.

[2]Gary B. Gorton, *Slapped in the Face by the Invisible Hand: Banking and the Panic of* 2007(May 9, 2009), http://ssrn.com/abstract=1401882.

[3]Zoltan Pozsar et al., *Shadow Banking*(July 15, 2010), http://ssrn.com/abstract=1640545.

[4]Adrian, Tobias & Shin HyunSong, *The Shadow Banking System: Implications for Financial Regulation* (July 1, 2009), FRB of New York Staff Report No. 382, http://ssrn.com/abstract=1441324.

[5] Morgan Ricks, *Shadow Banking and Financial Regulation* (August 30, 2010), Columbia Law and Economics Working Paper No. 370, http://ssrn.com/abstract=1571290.

[6]David A. Skeel, *The New Financial Deal: Understanding the Dodd - Frank Act and its (Unintended) Consequences*(October 27, 2010), The New Financial Deal: Understanding the Dodd - Frank Act and Its (Unintended) Consequences, Wiley, November 2010; U of Penn, Inst for Law & Econ Research Paper No. 10 - 21, http://ssrn.com/abstract=1690979.

[7]Jason C. Hsu & Max Moroz, *Shadow Banks and the Financial Crisis of* 2007 - 2008(November 2, 2010), In Greg Gregoriou ed., The Banking Crisis Handbook, CRC Press, 2009, Chapter 3, p. 39 - 56, http://ssrn.com/abstract=1574970.

[8]Manmohan Singh, *The Sizable Role of Rehypothecation in the Shadow Banking System*(September 2, 2010), IMF Working Paper No. 10/172, http://ssrn.com/abstract=1670740.

[9]Erik F. Gerding, *The Shadow Banking System and its Legal Origins*(January

24, 2012),http://ssrn. com/abstract = 1990816.

[10]Hrishikesh D. Vinod, *Financial Reform, Innovative Hedging and the Volcker Rule*(May 1, 2010),http://ssrn. com/abstract = 1597450.

[11]Yeva Nersisyan & L. Randall Wray, *The Global Financial Crisis and the Shift to Shadow Banking*(February 25, 2010),Levy Economics Institute Working Paper No. 587,http://ssrn. com/abstract = 1559383.

[12]Elias Bengtsson, *Shadow Banking and Financial Stability: European Money Market Funds in the Global Financial Crisis*(February 28, 2011), Systemic Risk, Basel Ⅲ, Financial Stability and Regulation 2011, http://ssrn. com/abstract = 1772746.

[13]Marianne Ojo, *Financial Stability, New Macro Prudential Arrangements and Shadow Banking: Regulatory Arbitrage and Stringent Basel Ⅲ Regulations*(June 8, 2011),http://ssrn. com/abstract = 1859543.

[14]Steven L. Schwarcz, *Regulating Shadows: An Inquiry into the Market Failures of Shadow Banking*(January 15, 2013),http://ssrn. com/abstract = 2159455.

[15]Zoltan Pozsar & Manmohan Singh, *The Nonbank – Bank Nexus and the Shadow Banking System*(December 2011),IMF Working Papers, Vol. , p. 1 – 18, 2011,http://ssrn. com/abstract = 1971440.

[16]Roman A. Tomasic, *The Rescue of Northern Rock: Nationalization in the Shadow of Insolvency*(June 19, 2009),Corporate Rescue and Insolvency, Vol. 1, No. 4,p. 109 – 111, 2008,http://ssrn. com/abstract = 1422571.

[17]Benink, H. A., *Financial Regulation: Emerging from the Shadows*(May 15, 2003),ERIM Report Series Reference No. EIA – 2001 – 02 – ORG, http://ssrn. com/abstract = 678254.

[18]Adrian, Tobias and Ashcraft, Adam B., *Shadow Banking: A Review of the Literature*(October 1, 2012), FRB of New York Staff Report No. 580, http://ssrn. com/abstract = 2175144.

[19]Singh, Manmohan and Aitken, James, *The (Sizable) Role of Rehypothecation in the Shadow Banking System*(July 2010),IMF Working Papers, p. 1 – 15, 2010,http://ssrn. com/abstract = 1653186.

[20]Moe, Thorvald Grung, *Shadow Banking and the Limits of Central Bank*

Liquidity Support: How to Achieve a Better Balance between Global and Official Liquidity(April 3, 2012), Levy Economics Institute of Bard College Working Paper No. 712, http://ssrn.com/abstract=2033959.

[21] FSB, *Global Shadow Banking Monitoring Report* 2012, http://www.financialstabilityboard.org/publications/r_121118c.pdf.

[22] Financial Crisis Inquiry Commission Report, http://fcic-static.law.stanford.edu/cdn_media/fcic-reports/fcic_final_report_full.pdf.

[23] Financial Crisis Inquiry Commission, *Preliminary Staff Report: Shadow Banking and the Financial Crisis* 9, *n.* 8(May 24, 2010), http://fcic-static.law.stanford.edu/cdn_media/fcic-reports/2010-0505-Shadow-Banking.pdf.

[24] ECB, *Hadow Banking in the Euro Area an Overview*, http://www.ecb.int/pub/pdf/scpops/ecbocp133.pdf.

[25] Adair Turner, *Shadow Banking and Financial Instability*, a speech delivered by Lord Turner at the Cass Business School, http://www.fsa.gov.uk/library/communication/speeches/2012/0314_at.shtml.

[26] *Shadow Banking: Strengthening Oversight and Regulation Recommendations of the Financial Stability Board*, http://www.financialstabilityboard.org/publications/r_111027a.pdf.

[27] Adair Turner, *A Regulatory Response to the Global Banking Crisis*, http://www.fsa.gov.uk/pubs/other/turner_review.pdf.

[28] Ames Crotty, *Structural Causes of the Global Financial Crisis: A Critical Assessment of the "New Financial Architecture"*, Political Economy Research Institute Workingpaper Series Number 180.

[29] Cane, Marilyn Blumberg, Shamir, Adam and Jodar, Tomas, *Below Investment Grade and Above the Law: A Past, Present and Future Look at the Accountability of Credit Rating Agencies*(September 15, 2011), Fordham Journal of Corporate and Financial Law, Forthcoming; NSU Shepard Broad Law Center Research Paper No. 11-005, http://ssrn.com/abstract=1927907.

[30] *An Integrated Overview of Policy Recommendations*, http://www.financialstabilityboard.org/publications/r_121118.pdf.

[31] *A Policy Framework for Oversight and Regulation of Shadow Banking Enti-*

ties, http://www. financialstabilityboard. org/publications/r_121118a. pdf.

[32] *A Policy Framework for Addressing Shadow Banking Risks in Securities Lending and Repos*, http://www. financialstabilityboard. org/publications/r _ 121118b. pdf.

[33] Gorton, Gary B. and Metrick, Andrew, *Securitized Banking and the Run on Repo* (August 2009), NBER Working Paper No. w15223, http://ssrn. com/abstract = 1454939.

[34] Timothy F. Geithner, *Reducing Systemic Risk in a Dynamic Financial System*, The Economic Club of New York (9 June 2008), https://www. bis. org/review/r080612b. pdf.

[35] Dermine, Jean, *Banking Regulations after the Global Financial Crisis*, Good Intentions and Unintended Evil (January 9, 2013), INSEAD Working Paper No. 2013/02/FIN, http://ssrn. com/abstract =2198388.

[36] Ondersma, Chrystin D., *Shadow Banking and Financial Distress: The Treatment of "Money – Claims" in Bankruptcy* (January 4, 2013), http://ssrn. com/abstract =2196703.

[37] Frydman, Carola, Hilt, Eric and Zhou, Lily Y., *Economic Effects of Runs on Early "Shadow Banks": Trust Companies and the Impact of the Panic of* 1907 (July 25, 2012), http://ssrn. com/abstract =2117552.

[38] Whalen, Christopher, *Why Fixing the "Shadow Banking" Sector Is Essential for the U. S. Housing Market* (March 14, 2013), Networks Financial Institute Policy Brief No. 2013 – PB – 01, http://ssrn. com/abstract =2233381.

[39] Ronald J. Degen, *Moral Hazard and the Financial Crisis of* 2007 – 9: *An Explanation for Why the Subprime Mortgage Defaults and the Housing Market Collapse Produced a Financial Crisis that Was More Severe than any Previous Crashes* (*with exception of the Great Depression of* 1929), http://globadvantage. ipleiria. pt/files/2009/10/working_paper – 46_globadvantage. pdf.

[40] Guillaume Plantin, *Shadow Banking and Bank Capital*, (October 4, 2011), http://www. gplantin. net/ShadowBankingAndBankCapital. pdf.

[41] Wilmarth, Arthur E., *The Dodd – Frank Act: A Flawed and Inadequate Response to the Too – Big – To – Fail Problem* (April 19, 2011), Oregon Law Re-

view, Vol. 89, p. 951 – 1057, 2011; GWU Legal Studies Research Paper No. 516; GWU Law School Public Law Research Paper No. 516, http://ssrn. com/abstract = 1719126.

[42] Tian, Jianbo, *Shadow Banking System, Derivatives and Liquidity Risks* (March 15, 2010), MFA Annual Meeting, Chicago, March, 2011, http://ssrn. com/abstract = 1571707.

[43] Adrian, Tobias and Shin, HyunSong, *The Changing Nature of Financial Intermediation and the Financial Crisis of* 2007 – 09 (April 1, 2010), FRB of New York Staff Report No. 439, http://ssrn. com/abstract = 1576590.

[44] Institute of International Finance, "*Shadow Banking*": *A Forward Looking Framework for Effective Policy* (June 2012).

[45] European Commission, *Green Paper Shadow Banking*, http://ec. europa. eu/internal_market/consultations/2012/shadow_en. htm.

[46] Adrian, Tobias Shin, Hyun Song, *The Shadow Banking System: Implications for Financial Regulation*, Staff Report, Federal Reserve Bank of New York 382, https://www. econstor. eu/dspace/bitstream/10419/60962/1/606278184. pdf.

[47] The Financial Crisis Inquiry Report, *Final Report of the National Commission on the Causes of the Financial and Economic Crisis in the United States*, http://www. gpo. gov/fdsys/pkg/GPO – FCIC/pdf/GPO – FCIC. pdf.

[48] FSB, *Policy Framework for Addressing Shadow Banking Risks in Securities Lending and Repos* (29 August 2013), https://www. fsb. org/wp – content/uploads/r_130829b. pdf.

[49] Mark Carney, *Taking Shadow Banking out of the Shadows to Create Sustainable Market – based Finance* (16 June 2014), https://www. bankofengland. co. uk/ – /media/boe/files/article/2014/taking – shadow – banking – out – of – the – shadows – to – create – sustainable – market – based – finance. pdf? la = en&hash = 0F91EAB4AA5B5BE7750AB34F5765EAC70B048824.

[50] FSB, *Strengthening Oversight and Regulation of Shadow Banking— A Policy Framework for Strengthening Oversight and Regulation of Shadow Banking Entities* (18 November 2012), https://www. fsb. org/wp – content/uploads/r_121118a. pdf.

[51] Moreira, Alan and Savov, Alexi, *The Macroeconomics of Shadow Banking*

(April 29, 2016), Journal of Finance, Forthcoming, https://ssrn.com/abstract = 2310361.

[52] Pozsar, Zoltan and Pozsar, Zoltan, *A Macro View of Shadow Banking: Levered Betas and Wholesale Funding in the Context of Secular Stagnation* (January 31, 2015), https://ssrn.com/abstract = 2558945.

[53] Judge, Kathryn, *Information Gaps and Shadow Banking* (March 22, 2017), Virginia Law Review, 2017, Forthcoming, Columbia Law and Economics Working Paper No. 529, https://ssrn.com/abstract = 2751205.

[54] J. Gerber, *A Great Deal of Ruin: Financial Crises since* 1929, Cambridge University Press, 2019.

[55] Thorvald Grung - Moe, 2014, *Shadow Banking: Policy Challenges for Central Banks*, Economics Working Paper Archive wp_802, Levy Economics Institute.

[56] Eddy O. Wymeersch, *Shadow Banking and Systemic Risk* (2017), European Banking Institute Working Paper Series 2017 - No. 1, http://dx.doi.org/10.2139/ssrn.2912161.

[57] Judge, Kathryn, *Information Gaps and Shadow Banking*, Va. L. Rev. 103 (2017): 411.

[58] Lysandrou, Photis and Anastasia Nesvetailova, *This Time Was Different: The Global Safe Asset Shortage and Shadow Banking in Socio - Historical Perspective*. No. 2020 - 01, CITYPERC Working Paper, 2020.

[59] Gabor, Daniela, Goodbye (Chinese) Shadow Banking, *Hello Market - based Finance: Debate: Shadow Banking or Market - based Finance?* Development and Change FORUM 2018, Volume 49, p. 394 - 419.